职业教育·城市轨道交通类专业教材

城市轨道交通线路与站场

主　编　何再瑜　相颖慧
副主编　聂良涛　吕希奎
主　审　李　磊　朱蓓玲　陈文曦

人民交通出版社
北京

内 容 提 要

本书为职业教育城市轨道交通类专业教材。本书共分为7个模块,分别是城市轨道交通规划设计概述、城市轨道交通线路选线、城市轨道交通线路平面、城市轨道交通线路纵断面、城市轨道交通车站、城市轨道交通配线、城市轨道交通车辆基地站场设计。

本书既可作为高职、中职院校城市轨道交通类专业教材,也可作为相关行业岗位培训教材或者自学用书,同时可供从事城市轨道交通规划设计、建设和运营维保等专业技术人员阅读与参考。

*本书配有多媒体课件、教学图例、视频、动画等丰富资源,教师可通过加入"职教轨道教学研讨群"(教师专用QQ群号:129327355)获取资料。

图书在版编目(CIP)数据

城市轨道交通线路与站场/何再瑜,相颖慧主编.

北京:人民交通出版社股份有限公司,2025.8.

ISBN 978-7-114-20422-7

Ⅰ.U239.5

中国国家版本馆CIP数据核字第2025Y6T002号

职业教育·城市轨道交通类专业教材

Chengshi Guidao Jiaotong Xianlu yu Zhanchang

书　　名:**城市轨道交通线路与站场**

著 作 者:何再瑜　相颖慧

责任编辑:滕　威

责任校对:赵媛媛　刘　璇

责任印制:张　凯

出版发行:人民交通出版社

地　　址:(100011)北京市朝阳区安定门外外馆斜街3号

网　　址:http://www.ccpcl.com.cn

销售电话:(010)85285911

总 经 销:人民交通出版社发行部

经　　销:各地新华书店

印　　刷:北京印匠彩色印刷有限公司

开　　本:787×1092　1/16

印　　张:17.75

字　　数:360千

版　　次:2025年8月　第1版

印　　次:2025年8月　第1次印刷

书　　号:ISBN 978-7-114-20422-7

定　　价:49.00元(教材+实训任务单)

(有印刷、装订质量问题的图书,由本社负责调换)

PREFACE | 前言

【编写背景】

我国城市轨道交通已进入高质量建设和发展时期。从我国城市轨道交通的建设和运营情况来看,建设早期运营和维保介入力度的不足,导致后期运营和维保出现不同程度的困难。后期建设单位、设计单位、施工单位和运营单位等已经越来越重视将规划设计、建设、运营和维保这几个阶段衔接起来。这不仅能够使规划设计、建设更为科学,而且能够保证后期运营和维保的顺畅,从而保证整个城市轨道交通系统健康、有序发展。我们期望能够开拓学生思路,能够为城市轨道交通规划设计、建设、运营、维保人员提供参考资料,改变规划设计、建设与后期运营和维保脱节的现状。

【编写内容】

本教材主要内容包括城市轨道交通规划设计概述、线路选线、线路平面和纵断面、车站、配线、车辆基地站场设计,并穿插介绍了与线路规划设计紧密相关的知识点,如客流预测、车辆、限界、轨道、行车组织、运营交路等内容。

【编写特色】

1. 思政育人

本教材从培育爱国主义精神与民族自豪感、培养精益求精的精神与良好的职业素养、倡导团队合作与创新精神、提倡绿色发展观与社会责任感这几方面体现思政育人理念,通过大量的实际工程案例将思政育人理念融入具体教学内容中。

2. 校企合作

本教材的编写邀请了上海市隧道工程轨道交通设计研究院高级工程师、总工程师和上海申通地铁集团有限公司轨道交通培训中心的高级培训师参与,并得到了行业各专业专家的指导和帮助。教材采用了行业最新的规范和标准、新工艺和新技术,体现了专业方面的规范性、前沿性和前瞻性。

3. 纸数结合

本教材通过二维码为读者提供了视频、动画、图片等丰富资源，以帮助读者快速掌握专业重点和开阔眼界。

4. 教材内容全面、案例实用丰富

城市轨道交通的规划、建设和运营阶段看似分离，但实际上规划过程决定了建设过程，即前期确定的线网布置形式、车站车场的布局将对日后的建设、运营和维保产生深远的影响，甚至决定了运营的难易程度。线路和车站的规划和建设不仅是运营的基础，也将直接决定运营的组织方式、运营的可靠性和维保的便利性。本教材将规划设计、建设与运营和维保结合起来，实现运营和维保的提前介入，在规划设计、建设过程中体现后期运营和维保的需要和要求，体现出一定的前瞻性。

【编写团队】

本教材由上海交通职业技术学院何再瑜负责设计框架结构，并负责校对、统稿工作。教材编写分工如下：石家庄铁道大学吕希奎编写模块1，石家庄铁道大学聂良涛编写模块2，何再瑜编写模块3至模块6，上海市隧道工程轨道交通设计研究院相颖慧编写模块7，南京铁道职业技术学院韩宜康参与编写模块7。

本教材由上海市隧道工程轨道交通设计研究院的专家李磊、朱蓓玲和陈文曦主审。其中李磊主审模块1至模块6，朱蓓玲主审模块6和模块7，陈文曦参与主审模块5。同时，以上各位主审专家为本教材的修改提供了很多有价值的建议和帮助。

【致谢】

本教材的编写得到了上海市隧道工程轨道交通设计研究院的大力支持和帮助，感谢该院高级工程师李磊、朱蓓玲、陈文曦、况丽娟、焦丽莉、乐云凯、张敏等提供的指导及修改意见，同时也感谢上海申通地铁集团有限公司轨道交通培训中心陆定中在运营方面给予的相关建议和帮助。本教材的出版得到了人民交通出版社的大力支持，教材在编写过程中参阅了大量专业书籍、杂志上的专题文章，以及专业电子期刊和相关城市轨道交通企业官网信息，在此对人民出版社和相关作者表示衷心感谢。

由于编者水平有限，教材中难免有不足之处，欢迎广大读者批评指正。

编　者

2025年1月

数字资源索引

资源使用说明：

1. 扫描封面二维码，注意每个二维码只可激活一次；

2. 长按弹出界面的二维码关注“交通教育出版”微信公众号并自动绑定资源；

3. 微信公众号弹出“购买成功”通知，点击“查看详情”，进入后即可查看资源；

4. 进入“交通教育出版”微信公众号，点击下方菜单“用户服务—图书增值”，选择已绑定的教材进行查看。

序号	资源名称	资源类型	所在页码
1	城市轨道交通车辆的类型	三维动画	4
2	跨座式单轨交通系统	三维动画	5
3	中低速磁悬浮列车	三维动画	7
4	线路平纵断面设计	二维动画	22
5	城市轨道交通线路	二维动画	22
6	车辆限界	三维动画	37
7	车辆限界设备、限界建筑、限界轮廓线	二维动画	37
8	隧道施工常用方法	二维动画	47
9	车站施工常用方法	二维动画	47
10	缓和曲线曲率变化	三维动画	62
11	线间距	二维动画	85
12	坡度概念	三维动画	95
13	道岔的有害空间	视频	100
14	外轨超高的概念及设置方法	三维动画	100
15	城市轨道交通车站分类	二维动画	123
16	站台	视频	124

续上表

序号	资源名称	资源类型	所在页码
17	站厅付费区与非付费区的划分	二维动画	127
18	站台层平面布置	二维动画	139
19	站厅层平面布置(以武汉地铁2号线光谷广场站为实例)	二维动画	143
20	车站管理用房——车站控制室	二维动画	144
21	同站台换乘	二维动画	158
22	站厅换乘	二维动画	161
23	通道换乘	二维动画	161
24	站后折返	二维动画	168
25	站前折返	二维动画	169
26	普通单开道岔的结构	视频	198
27	道岔中心线表示	三维动画	198
28	钢轨工作边表示单开道岔	三维动画	198
29	道岔号数及其步量法	视频	199
30	车辆运用、检修库房和车间及其主要设备	三维动画	207
31	车辆段	三维动画	207
32	停车线、牵出线、出入段线	三维动画	210
33	检修线、临修线	三维动画	210
34	静调线、试车线、洗车线	三维动画	210

CONTENTS | 目录

模块 1　城市轨道交通规划设计概述 …… 1
单元 1.1　城市轨道交通基本概念 …… 3
单元 1.2　城市轨道交通分类 …… 4
单元 1.3　城市轨道交通规划设计流程 …… 11
单元 1.4　城市轨道交通规划设计各阶段相关内容 …… 13
复习思考题 …… 19
模块 2　城市轨道交通线路选线 …… 20
单元 2.1　城市轨道交通线路概述 …… 22
单元 2.2　线路选线概要 …… 25
单元 2.3　线路选线基础 …… 26
单元 2.4　主要设计原则和技术标准 …… 42
单元 2.5　影响线路选线的因素 …… 44
单元 2.6　线路选线的实施流程 …… 46
复习思考题 …… 53
模块 3　城市轨道交通线路平面 …… 54
单元 3.1　城市轨道交通线路平面定义及组成 …… 55
单元 3.2　地铁线路平面主要技术要素 …… 58
单元 3.3　不同城市轨道交通系统制式线路平面技术标准 …… 68
单元 3.4　地铁线路平面图识图 …… 77
单元 3.5　地铁线路平面设计 …… 84
复习思考题 …… 91
模块 4　城市轨道交通线路纵断面 …… 92
单元 4.1　城市轨道交通线路纵断面定义及组成 …… 93
单元 4.2　地铁线路纵断面主要技术要素 …… 95
单元 4.3　不同城市轨道交通系统制式线路纵断面技术标准 …… 102

单元4.4　地铁线路纵断面图识图 …………………………………………… 108
单元4.5　地铁线路纵断面设计 ……………………………………………… 115
复习思考题 ……………………………………………………………………… 119
模块5　城市轨道交通车站 ……………………………………………………… 121
单元5.1　城市轨道交通车站概述 …………………………………………… 122
单元5.2　车站分布及站位设置 ……………………………………………… 130
单元5.3　车站总平面布局 …………………………………………………… 134
单元5.4　车站主体建筑平面布局 …………………………………………… 138
单元5.5　车站主体建筑空间布局 …………………………………………… 146
单元5.6　车站附属建筑物平面布局 ………………………………………… 149
单元5.7　换乘站设计 ………………………………………………………… 153
复习思考题 ……………………………………………………………………… 163
模块6　城市轨道交通配线 ……………………………………………………… 165
单元6.1　配线概述 …………………………………………………………… 167
单元6.2　折返线 ……………………………………………………………… 167
单元6.3　停车线 ……………………………………………………………… 175
单元6.4　渡线 ………………………………………………………………… 181
单元6.5　出入线 ……………………………………………………………… 185
单元6.6　联络线 ……………………………………………………………… 190
单元6.7　安全线 ……………………………………………………………… 194
单元6.8　配线设计 …………………………………………………………… 197
单元6.9　配线与行车组织 …………………………………………………… 200
复习思考题 ……………………………………………………………………… 204
模块7　城市轨道交通车辆基地站场设计 ……………………………………… 205
单元7.1　城市轨道交通车辆基地概述 ……………………………………… 207
单元7.2　城市轨道交通车辆基地站场平面图识图 ………………………… 213
单元7.3　城市轨道交通车辆基地站场平面图布置的考虑因素 …………… 222
单元7.4　城市轨道交通车辆基地站场平面图设计 ………………………… 224
复习思考题 ……………………………………………………………………… 228
参考文献 ………………………………………………………………………… 229

模块 1

城市轨道交通规划设计概述

问题导入

城市轨道交通线路与站场的研究与设计贯穿于整个城市轨道交通规划设计阶段,城市轨道交通规划是前期研究阶段的重点,也是后续整个工程设计阶段的基础,规划与设计密不可分。同时,城市轨道交通线路与站场的规划设计要最大限度地体现城市轨道交通运营功能。而城市轨道交通线路规划是在了解城市轨道交通特点和系统制式的基础上进行的。那么,城市轨道交通的基本特性有哪些?城市轨道交通系统制式有哪些?城市轨道交通规划设计流程是怎样的?城市轨道交通规划设计各阶段又包含哪些内容?城市轨道交通线网规划与城市总体规划又有怎样的关系?本模块将回答这些问题。

学习目标

知识目标

1. 了解城市轨道交通的系统组成和基本特性。
2. 掌握各种城市轨道交通系统制式。
3. 掌握城市轨道交通的分类。
4. 了解城市轨道交通规划设计流程及主要内容。

技能目标

1. 能根据城市轨道交通各种分类标准进行正确分类。
2. 能识别不同城市轨道交通系统制式且能根据已知条件选用相应的系统制式。
3. 能分辨城市轨道交通规划设计流程,并能识读每个流程的信息。

素质目标

1. 具有规范、严谨的设计理念和高度的社会责任感。
2. 具有分析和解决问题的能力、独立思考的能力和批判性思维。
3. 具有持续学习新技术的理念和创新能力。
4. 具有良好的城市轨道交通工程伦理和环保意识。

建议学时

6 学时

案例引入

1863 年 1 月 10 日，世界上第一条地铁在英国伦敦正式开通运营，标志着世界城市轨道交通新时代的开始。1969 年 10 月 1 日，为了国防需要而修建的中国第一条地铁——北京地下铁道一期工程 401 线建成通车。中国地铁相对其他国家而言起步较早。北京地铁规划、修建之时，世界上除西欧、北美以外的其他地区大多还没有地铁。1976 年 1 月，为了战备而修建的天津第一条地铁试通车。1993 年 5 月 28 日，上海地铁 1 号线一期南段（徐家汇站至锦江乐园站）开通试运营。在 2010 年上海世博会开幕前，上海地铁创造了 100 台盾构机齐头并进、100 多座车站同时建设、100km 新线同时投入运营等一系列建设纪录，被誉为“世界城市地铁建设发展史上的奇迹”，代表了中国地铁建设的高潮。截至 2024 年，中国拥有城市轨道交通的城市超过 50 个，城市轨道交通运营里程超过 1 万 km，稳居世界第一，中国成为世界上拥有最长城市轨道交通线路的国家。同时，上海地铁拥有 3 个“世界第一”：运营里程在全世界第一个突破 800km 大关；列车数量超过 7000 辆，超过纽约地铁跃居世界第一；拥有 5 条全自动驾驶地铁线路，总里程 167km，跃升世界第一。

学习笔记

除了运营里程快速增加，各种不同的城市轨道交通系统制式也在共同发展，满足了不同区域和客流的需求。1906 年，中国第一条有轨电车线路在天津正式投入运营，这条有轨电车线路是中国近代交通史上的一个重要里程碑，标志着中国开始引入现代化的城市公共交通工具；2002 年 10 月 30 日，中国内地第一条轻轨线路——长春轨道交通 3 号线正式开通运营；2005 年 6 月 18 日，中国第一条跨座式单轨系统线路——重庆轨道交通 2 号线开通运营，开了具有特殊地理条件的山城轨道交通的先河，不仅解决了交通难题，还成为游客们争相合影的景点；2006 年 4 月 27 日，中国首条高速磁浮系统线路——上海磁浮列车示范线开通运营，是世界上第一条投入商业化运营的磁浮示范线，也是目前世界上唯一一条高速磁浮商业运行线；2008 年 2 月 29 日，中国首条自动导向轨道系统线路——北京首都国际机场旅客捷运系统开通；2010 年 5 月 12 日，中国第一条市域（郊）铁路——成灌快铁投入运营；2016 年 5 月 6 日，中国首条完全拥有自主知识产权的中低速磁浮商业运营线路——长沙轨道交通 S2 线开通运营，标志着中国磁浮技术实现了从研发到应用的全覆盖，中国成为世界上少数几个掌握该项技术的国家之一；2021 年 4 月 16 日，中国第一条导轨式胶轮电车系统——重庆云巴示范线投入运营；2023 年 9 月 26 日，中国第一条悬挂式单轨系统线路——武汉光谷空轨旅游线投入运营。根据中国城市轨道交通协会发布的信息，截至 2024 年 9 月 30 日，中国内地共有 58 个城市投运城轨交通线路 11590.89km。在 11590.89km 的城轨交通运营线路中，大运能系统8792.81km，占比75.86%；中运能系统1974.31km，占比17.03%；低运能系统823.77km，占比7.11%。

目前，中国城市轨道交通进入高质量和智能化发展时期，各城市的轨道交通线网规划都在不断推进和完善，以提高线网的密度和覆盖率，形成更加完善的轨道交通网络，方便市民出行。

单元1.1 城市轨道交通基本概念

一、城市轨道交通

1. 城市轨道交通的定义

城市轨道交通是指采用专业轨道导向运行，以服务通勤为主要目标的集约化城市公共客运交通系统。

2. 城市轨道交通的基本特性

城市轨道交通的基本特性体现在以下四个方面：

(1)工程特性。

城市轨道交通是多专业的系统工程，建设周期长、规模大、技术要求高、牵涉面广、风险高。

(2)交通特性。

①提供高效优质的出行服务：运输能力大、准时、速达、舒适、安全。

②提供节约能源的交通出行方式：低能耗、占地少。

③提供绿色交通环境：低噪声、低空气污染。

(3)经济特性。

①根据系统制式的不同，城市轨道交通系统每千米投资可以达到1亿~10亿元，造价高，投资大。

②企业财务收益与社会经济效益相差悬殊，投资回收期较长。

(4)社会特性。

城市轨道交通工程是市政公用工程，与城市中的道路工程、桥梁工程、隧道工程等具有同等地位，是隶属于各个省市的，所以城市轨道交通具有公用事业的性质，具有基础设施的功能。

二、城市轨道交通系统

1. 城市轨道交通系统的定义

城市轨道交通系统是指服务于城市客运交通，通常以电力为动力、以轮轨运行方式为特征的车辆或列车及其轨道等各种相关设施的总和。

学习笔记

2. 城市轨道交通系统的组成

城市轨道交通系统是一个复杂的系统，它包括多个组成部分，这些组成部分共同协作，以提供有效和安全的客运服务。城市轨道交通系统的主要组成部分有：

(1)轨道及路基、桥梁、隧道：为列车提供行驶的路径。

(2)车站：乘客进出城市轨道交通系统的直接场所。

(3)车辆基地：用于车辆的停放和维护。

(4)车辆：城市轨道交通系统的重要组成部分，包括地铁车辆、轻轨车辆、单轨车辆、现代有轨电车车辆等。

(5)供电系统：为轨道交通车辆提供电力，确保车辆的正常运行。

(6)通信系统：包括用于列车控制和乘客信息服务的通信设备。

(7)信号系统：包括列车自动控制(Automatic Train Control，ATC)系统和车辆段信号控制系统，用于列车联锁、进路控制、列车间隔控制、调度指挥、信息管理、设备工况监测及维护管理。

(8)通风、空调与供暖系统：主要为乘客、工作人员提供安全舒适的环境。

(9)给排水系统：可以保证废水得到有效处理，雨水得到合理排放，污物得到妥善处理。

(10)其他系统：包括环境与设备监控系统、综合监控系统、自动售检票系统、自动扶梯和电梯系统、站台屏蔽门系统、乘客信息系统和消防系统等。

学习笔记

单元1.2 城市轨道交通分类

一、按系统制式划分

城市轨道交通系统制式是具有完整技术体系的标准化城市轨道交通产品集成，车辆、轨道、供电系统、通信系统、信号系统等核心产品具有典型的技术经济特征。

城市轨道交通车辆的类型

按系统制式划分，城市轨道交通可分为地铁系统、轻轨系统、跨座式单轨系统、悬挂式单轨系统、自动导向轨道系统、有轨电车系统、导轨式胶轮电车系统、中低速磁浮系统、市域快速轨道系统、高速磁浮系统。

1. 地铁系统

地铁是指在城市中修建的快速、大运量、用电力牵引的轨道交通。上海地铁1号线地铁列车如图1-1所示。列车在全封闭的线路上运行，位于中心城区的地铁线路基本设在地下隧道内，中心城区以外的地铁线路一般设在高架桥或地面上。

地铁系统服务于高度密集发展的主城区，提供大运量、高频率和高可靠性的客运服务；采用钢轮钢轨系统，标准轨距为1435mm；地铁车辆的基本车型为地铁A型车、B型车和L_b型车，最高运行速度一般为80～100km/h。

2. 轻轨系统

轻轨系统（Light Rail Transit，LRT）是一种中运能的轨道运输系统，主要在城市地面或高架桥上运行，遇繁华街区，也可进入地下或与地铁接轨。上海地铁6号线轻轨列车如图1-2所示。

轻轨系统服务于较高密集发展的主城区次级客运走廊，与地铁系统共同构成市区轨道网络；采用钢轮钢轨系统，标准轨距为1435mm；轻轨车辆的基本车型为轻轨C型车和L_c型车，最高运行速度一般为80km/h。

图1-1 上海地铁1号线地铁列车

图1-2 上海地铁6号线轻轨列车

学习笔记

3. 跨座式单轨系统

跨座式单轨系统是一种中运能的轨道运输系统，是单轨交通的一种形式。重庆轨道交通2号线跨座式单轨列车如图1-3所示。车辆的橡胶车轮跨行于梁轨合一的轨道梁上，除走行轮外，在转向架的两侧尚有导向轮和稳定轮夹行于轨道梁的两侧，保证车辆沿轨道安全平稳地行驶。

跨座式单轨交通系统

跨座式单轨系统主要采用高架线的敷设方式，线路灵活，转弯半径小，爬坡能力强，噪声低；采用胶轮导轨系统；跨座式单轨车辆包括跨座式单轨A型车、跨座式单轨B型车，最高运行速度一般为80km/h。

4. 悬挂式单轨系统

悬挂式单轨系统是一种低运能的轨道运输系统，是单轨交通的一种形式。武汉光谷空轨旅游线悬挂式单轨列车如图1-4所示，德国伍珀塔尔悬挂式单轨列车如图1-5所示。悬挂式单轨车辆的转向架在钢制的箱形轨道梁上行走而车体悬挂在轨道梁下运行，车辆的走行轮与稳定轮均置于箱梁内部并沿梁内设置的轨道行驶。

悬挂式单轨系统主要采用高架线的敷设方式，线路灵活，转弯半径小，爬坡能力强，噪声低；采用胶轮导轨系统；悬挂式单轨车辆采用悬挂式单轨A型车、悬挂式单轨 B 型车,最高运行速度一般为 70 ~ 80km/h。

图 1-3　重庆轨道交通 2 号线跨座式单轨列车

图 1-4　武汉光谷空轨旅游线悬挂式单轨列车

5. 自动导向轨道系统

自动导向轨道系统是一种中、低运能的轨道运输系统,以无人驾驶胶轮电动车辆为主导,在配有运行道与导向轨的专用线路上全自动运行。自动导向轨道列车主要有两种类型:中央导向(图 1-6)和两侧导向。

自动导向轨道系统主要采用高架线的敷设方式,也可以采用地下线,线路灵活,转弯半径小,爬坡能力强,噪声小;采用胶轮导轨系统,自动导向轨道车辆的最高运行速度一般为 80km/h。

学习笔记

图 1-5　德国伍珀塔尔悬挂式单轨列车

图 1-6　上海轨道交通浦江线列车(中央导向)

6. 有轨电车系统

有轨电车系统是一种低运能的轨道运输系统,可分为旧式有轨电车和现代有轨电车。上海松江有轨电车列车如图 1-7 所示。有轨电车轨道主要敷设在城市道路路面上,车辆与其他地面交通混合运行。有轨电车系统多采用混合路权,个别区段采用独立路权。其作为大容量、快速轨道交通的补充和接驳,或服务于局域地区客运走廊,以提升局域地区公交服务水平。

现代有轨电车较多采用钢轮钢轨系统,少数采用胶轮导轨系统。钢轮钢轨系统的槽型轨轨距有两种,分别为 1067mm 和 1435mm。有轨电车车辆主要采用 70% 低地板有轨电车和 100% 低地板有轨电车,最高运行速度一般为 70km/h。

7. 导轨式胶轮电车系统

导轨式胶轮电车系统是一种低运能的新型轨道运输系统,是一种具有独立路权的胶轮电车系统。采用该系统的重庆璧山云巴列车如图 1-8 所示。导轨式胶轮电车系统采用内嵌式走行模式,在两条轨道之间布置导向轮,走行轮位于导轨梁两侧窄箱梁顶面,导向轮位于箱梁内侧,箱梁顶板向内侧伸出一定距离,可阻挡导向轮,防止列车倾覆。

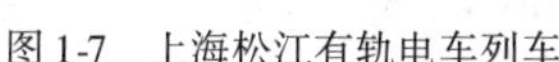

图 1-7　上海松江有轨电车列车

图 1-8　重庆璧山云巴列车

导轨式胶轮电车系统主要采用高架线的敷设方式,线路灵活,转弯半径小,爬坡能力强,噪声低;采用胶轮导轨系统;采用导轨式胶轮电车,目前已经投入商业运营的导轨式胶轮电车有比亚迪的云巴,车辆一般采用车载蓄电池供电,并且具备快充功能,无须敷设电气线路,最高运行速度一般为 80km/h。

学习笔记

中低速磁悬浮列车

8. 中低速磁浮系统

中低速磁浮系统是一种中运能的轨道运输系统,由直线异步电机驱动,是定子设在车辆上的常导磁浮轨道交通。长沙磁浮快线中低速磁浮列车如图 1-9 所示。中低速磁浮系统通过电磁力实现列车与轨道之间无接触的悬浮和导向,再利用直线异步电机产生的电磁力牵引列车运行。

中低速磁浮列车主要在高架桥上运行,特殊地段也可在地面或地下隧道中运行,线路灵活,转弯半径小,爬坡能力强,噪声低;采用磁浮系统;中低速磁浮列车车辆包括中低速磁浮 A 型车、中低速磁浮 B 型车、中低速磁浮 C 型车,最高运行速度一般为 100 ~ 140km/h。

9. 市域快速轨道系统

市域快速轨道系统(简称市域快轨,又称市域快线)是一种大、中运能的轨道运输系统。重庆江跳线市域铁路列车如图 1-10 所示。市域快速轨道系统是在市域范围内修建的最高运行速度为 120 ~ 160km/h、旅行速度(正常运营情况下,列车从起点站发车至终点站停车的平均运行速度)为 60km/h 及以上、采用电力牵引的快速轨道交通运输系统,列车在全封闭的线路上运行,结合沿线城市规划建设和环境,可采用地下、地面、高架等不同敷设方式。

市域快速轨道系统采用钢轮钢轨系统,标准轨距为 1435mm;市域快速轨道列车车辆采用市域 A 型车、市域 B 型车、市域 D 型车及符合线路特点的其他车型。

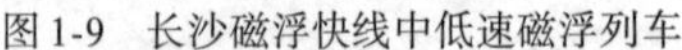

图 1-9　长沙磁浮快线中低速磁浮列车

图 1-10　重庆江跳线市域铁路列车

10. 高速磁浮系统

高速磁浮系统是一种大、中运能的轨道运输系统，由直线同步电机驱动，定子设在轨道上。上海磁浮列车示范线高速磁浮列车如图 1-11 所示。高速磁浮系统通过电磁力实现列车与轨道之间无接触的悬浮和导向，再利用直线同步电机产生的电磁力牵引列车运行。

图 1-11　上海磁浮列车示范线高速磁浮列车

高速磁浮列车主要在高架桥上运行，特殊地段也可在地面或地下隧道中运行；采用磁浮系统；高速磁浮列车车辆可以分为常导高速磁浮车和超导高速磁浮车，最高运行速度可达到 500km/h。

学习笔记

二、按运输能力划分

运输能力是指城市轨道交通在单向 1h 内运送乘客的最大数量，是系统制式的主要特性之一。按运输能力划分，城市轨道交通可分为大运能系统、中运能系统和低运能系统。

1. 大运能系统

大运能系统运输能力应为 3 万人次/h 及以上，大运能系统可选系统制式详见表 1-1。

2. 中运能系统

中运能系统运输能力应为 1 万 ~ <3 万人次/h，中运能系统可选系统制式详见表 1-1。

3. 低运能系统

低运能系统运输能力宜为 0.5 万 ~ <1 万人次/h，低运能系统可选系统制式详见表 1-1。

城市轨道交通按运输能力分类 表1-1

类型	运输能力（万人次/h）	可选系统制式
大运能系统	≥3	地铁系统、市域快速轨道系统、高速磁浮系统
中运能系统	1～<3	轻轨系统、跨座式单轨系统、自动导向轨道系统、中低速磁浮系统、市域快速轨道系统、高速磁浮系统
低运能系统	0.5～<1	悬挂式单轨系统、自动导向轨道系统、有轨电车系统、导轨式胶轮电车系统

三、按走行方式划分

走行方式是指城市轨道交通所采用的支承和导向形式。按走行方式划分，城市轨道交通可分为钢轮钢轨系统、胶轮导轨系统和磁浮系统。

1. 钢轮钢轨系统

钢轮钢轨系统是指通过钢制车轮踏面与钢轨轨面相互作用，实现车辆与轨道的接触支承和导向的城市轨道交通，可选系统制式详见表1-2。

2. 胶轮导轨系统

胶轮导轨系统是指通过胶轮与轨道梁面或道路路面接触支承和导向轮导向的城市轨道交通，可选系统制式详见表1-2。

3. 磁浮系统

磁浮系统是指通过磁力实现车辆与轨道的非接触支承、导向和驱动的城市轨道交通，磁浮系统包括中低速磁浮系统和高速磁浮系统，可选系统制式详见表1-2。

城市轨道交通按走行方式分类 表1-2

类型	可选系统制式
钢轮钢轨系统	地铁系统、轻轨系统、有轨电车系统、市域快速轨道系统
胶轮导轨系统	跨座式单轨系统、悬挂式单轨系统、自动导向轨道系统、导轨式胶轮电车系统
磁浮系统	中低速磁浮系统、高速磁浮系统

四、按服务层次划分

服务层次是指城市轨道交通线路首要的城镇空间服务范围。按服务层次划分，城市轨道交通可分为市域或都市圈轨道交通和城区轨道交通。

1. 市域或都市圈轨道交通

市域或都市圈轨道交通服务于市域或都市通勤圈外围地区与中心城区之间，旅行速度宜大于60km/h，可选系统制式详见表1-3。

学习笔记

2. 城区轨道交通

城区轨道交通服务于城区内部，旅行速度不宜大于 60km/h，可选系统制式详见表 1-3。

城市轨道交通按服务层次分类 表 1-3

类型	服务范围	旅行速度(km/h)	可选系统制式
市域或都市圈轨道交通	市域或都市通勤圈外围地区与中心城区之间	>60	中低速磁浮系统、市域快速轨道系统、高速磁浮系统
城区轨道交通	城区内部	≤60	地铁系统、轻轨系统、有轨电车系统、跨座式单轨系统、悬挂式单轨系统、自动导向轨道系统、导轨式胶轮电车系统、中低速磁浮系统

五、分类属性及技术特征

城市轨道交通分类属性及技术特征应符合表 1-4 的规定。

城市轨道交通分类属性及技术特征 表 1-4

序号	系统制式	服务层次	运输能力	走行方式	旅行速度(km/h)	参考车型	敷设方式
1	地铁系统	城区	大运能	钢轮钢轨系统	35～60	地铁 A 型车、地铁 B 型车、地铁 L_b 型车	地下为主
2	轻轨系统	城区	中运能	钢轮钢轨系统	25～35	轻轨 C 型车、轻轨 L_c 型车	高架为主
3	跨座式单轨系统	城区	中运能	胶轮导轨系统	30～35	跨座式单轨 A 型车、跨座式单轨 B 型车	高架为主
4	悬挂式单轨系统	城区	低运能	胶轮导轨系统	25～35	悬挂式单轨 A 型车、悬挂式单轨 B 型车	高架为主
5	自动导向轨道系统	城区	中运能或低运能	胶轮导轨系统	30～35	中央导向的胶轮车、两侧导向的胶轮车	高架为主
6	有轨电车系统	城区	低运能	钢轮钢轨系统	20～30	70% 低地板有轨电车、100% 低地板有轨电车	地面为主
7	导轨式胶轮电车系统	城区	低运能	胶轮导轨系统	20～30	导轨式胶轮电车	高架或地面

学习笔记

续上表

序号	系统制式	服务层次	运输能力	走行方式	旅行速度（km/h）	参考车型	敷设方式
8	中低速磁浮系统	城区、市域或都市圈	中运能	磁浮系统	35～80	中低速磁浮A型车、中低速磁浮B型车、中低速磁浮C型车	高架为主
9	市域快速轨道系统	市域或都市圈	大运能或中运能	钢轮钢轨系统	>60	市域A型车、市域B型车、市域D型车	根据沿线城市规划建设和环境确定
10	高速磁浮系统	市域或都市圈	大运能或中运能	磁浮系统	≥80	常导高速磁浮车、超导高速磁浮车	高架为主

单元1.3 城市轨道交通规划设计流程

按照国家政策要求，城市轨道交通的建设运营从大的方面一般分为前期研究、工程设计、施工建设和开通运营四个阶段。前期研究阶段重点在于规划，工程设计阶段重点在于设计，施工建设阶段重点在于建设，开通运营阶段重点在于运营。这四个阶段简称规划、设计、建设、运营。城市轨道交通线路与站场的研究与设计贯穿于整个城市轨道交通规划与设计阶段，其中线路是主要研究内容。所以，需要了解线路是怎么来的，以及线路在前期研究和工程设计阶段的相关任务。

前期研究阶段主要负责总体设计之前的规划和研究工作，一般包括城市轨道交通线网规划（以下简称线网规划）、城市轨道交通建设规划（以下简称建设规划）、城市轨道交通项目工程可行性研究（以下简称工程可行性研究）。部分城市在建设规划结束后，还会编制近期建设线路选线专项规划，以更好地支撑工程可行性研究编制和报批工作。线网规划、建设规划和工程可行性研究是前期工作中的重要环节，三者呈现“工作阶段上逐层编制、工作层次上前宏后微、工作重心上各有侧重”等特点。

工程设计阶段一般包括总体设计、初步设计和施工图设计，各个设计阶段的设计由浅至深进行。一般在初步设计结束后，为了便于建设单位对施工单位进行招标，还会进行施工招标图设计。

施工建设阶段包括施工和验收。

开通运营阶段包括初期运营、正式验收、正式运营。

城市轨道交通建设运营的具体流程如下：线网规划—建设规划—工程可行性研究—总体设计—初步设计—施工图设计—施工—验收—初期运营—正式验收—正式运营。如图1-12所示。

学习笔记

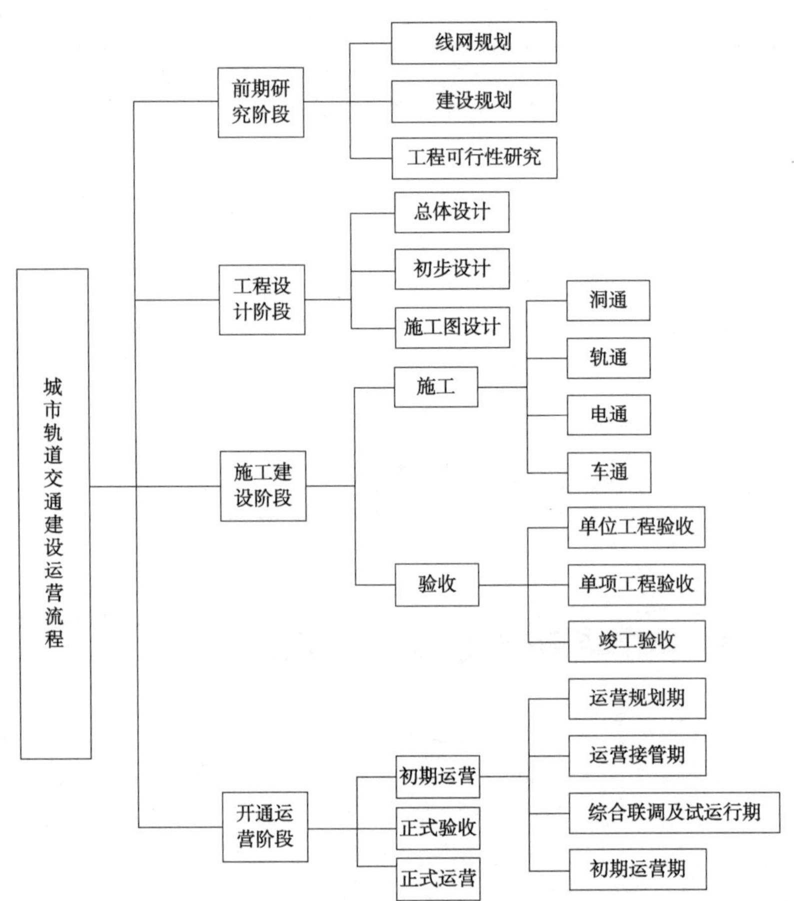

图 1-12 城市轨道交通建设运营流程图

注:(1)洞通阶段的主要工作为各车站及区间以及相关配套附属设施的土建施工。

(2)轨通阶段的主要工作为敷轨施工。

(3)电通阶段的主要工作为机电及装修施工。

(4)车通阶段的主要工作为各种验收检测以及试车。

2018 年中华人民共和国交通运输部发布的《城市轨道交通运营管理规定》(中华人民共和国交通运输部令 2018 年第 8 号)第二章“运营基础要求”中关于城市轨道交通规划设计的相关条款如下:

第五条 城市轨道交通运营主管部门在城市轨道交通线网规划及建设规划征求意见阶段,应当综合考虑与城市规划的衔接、城市轨道交通客流需求、运营安全保障等因素,对线网布局和规模、换乘枢纽规划、建设时序、资源共享、线网综合应急指挥系统建设、线路功能定位、线路制式、系统规模、交通接驳等提出意见。

城市轨道交通运营主管部门在城市轨道交通工程项目可行性研究报告和初步设计文件编制审批征求意见阶段,应当对客流预测、系统设计运输能力、行车组织、运营管理、运营服务、运营安全等提出意见。

城市轨道交通的建设最终是为运营服务的,尤其是城市轨道交通建设的前期研究和工程设计阶段要最大限度地考虑城市轨道交通运营功能的实现,这两个阶段的规划设计尤为重要,城市轨道交通规划设计应满足运营要求。单元1.4将对城市轨道交通规划设计各阶段主要工作任务进行阐述。

单元1.4 城市轨道交通规划设计各阶段相关内容

一、线网规划

1. 概述

城市轨道交通线网是多条城市轨道交通线路通过车站和联络线衔接组合而形成的网络系统。

城市轨道交通线网规划是指依据城市国土空间总体规划(以下简称城市总体规划)和城市综合交通规划,确定城市轨道交通线网的规划布局,提出城市轨道交通建设用地的规划控制要求,落实城市轨道交通发展目标和原则要求。

2. 线网规划的内容

线网规划应统筹人口分布、交通需求等情况,确定城市轨道交通的发展目标、发展模式、功能定位等;确定城市轨道交通线路走向、主要换乘节点、资源共享车辆基地选址和用地控制要求等,实现与城市人口分布、空间布局、土地利用相协调;做好城市轨道交通与主要铁路客站和机场等综合交通枢纽的衔接。

3. 线网规划的必要性

(1)线网规划是城市轨道交通工程项目建设报审、立项的必要条件,是开展线路选线和设计的主要依据。

(2)线网规划是确定城市轨道交通建设规模和修建顺序的依据,可以增强线路分期建设顺序的科学性。

(3)线网规划是确定换乘车站和换乘形式的基本依据,为预留工程建设的设计研究提供条件。

(4)线网规划是城市轨道交通工程建设用地规划控制的重要依据,是控制和降低工程造价的重要基础。

(5)线网是城市建设的骨架,线网规划顺应城市总体规划,支持、拉动城市建设发展,提高城市交通现代化品质,使城市轨道交通建设与运营进入良性循环并保持可持续发展的态势。

4. 线网规划与城市总体规划的关系

线网规划属于城市总体规划的重要专项规划,应与城市总体规划、城市综合交通规划协调一致,并被纳入城市总体规划。线网规划在城市总体规划中的位置如

学习笔记

图 1-13 所示。线网规划来自城市总体规划,又融入城市总体规划,它依据城市总体规划,支持城市总体规划,超前城市总体规划,回归城市总体规划。线网规划的年限应与城市总体规划的年限一致,同时应对远景城市轨道交通线网布局提出总体框架性方案,并应考虑可扩展性和发展弹性。

线网规划侧重于宏观战略性,要重点体现战略性、前瞻性、城市性、科学性、稳定性、严肃性和权威性。线网规划应满足网络化运营和资源共享的要求。

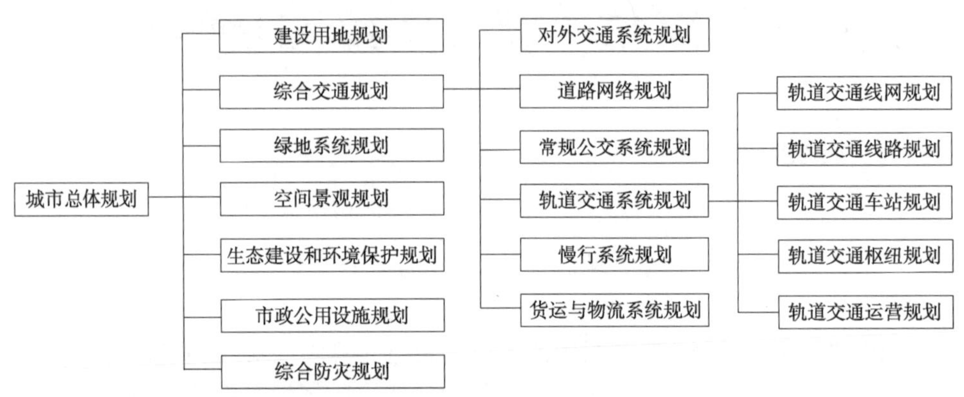

图 1-13　线网规划在城市总体规划中的位置

学习笔记

5. 城市轨道交通线网架构的基本类型

城市轨道交通线网架构从几何学、图论和数学形态学的角度分为点、线、面三个层次。在线网规划图中,点是局部研究,比如规划图中的车站可以看成"点";线是城市客流流经的主要线路,是城市主要交通走廊,比如规划图中单独的线路走向可以看成"线";面是城市轨道交通线网的基本架构。

线网架构按基本分布形态可以划分为放射型、网格型和环线型。事实上,各城市轨道交通线网规划在综合考虑城市发展需求后,体现出来的往往是上述几类基本分布形态的组合或是单一类型,最常见的形式有网格型、放射型和放射环线型。例如上海市的线网架构较接近于放射环线型,线网架构也体现了城市总体规划。

◆想一想:你所在的城市轨道交通线网规划图呈现什么样的线网架构类型?

6. 线路研究设计的相关任务

根据轨道交通的功能定位、发展模式和网络布局,深化线路方案研究,形成可行的线路基本走向方案,基本落实车辆基地、换乘节点、联络线等关键方案,并与相关专业配合,对影响线网布局的地质水文、文物古迹和工程重难点进行方案研究。

7. 线网规划的审批

《住房城乡建设部关于加强城市轨道交通线网规划编制的通知》(建城〔2014〕169 号)要求:线网规划成果应包括规划文本、规划图纸,并附规划说明书和基础资料汇编。上报线网规划时,除了提交线网规划主报告外,还需要提交规划附件和专题报告,如上位规划附件包括城市总体规划、城市综合交通规划,专题报告包括客流预测报告、沿线用地控制规划报告等。

线网规划编制(或者修改、修编)完成后,经技术审查,与城市总体规划一并审批。线网规划经批准后,具有法定效力,任何单位和个人不得随意修改;确需修改的,应当按照城市总体规划的修改程序进行。

线网规划成果依据《中华人民共和国城乡规划法》相关规定予以公布,公布的内容包括规划年限和范围、规划目标和规划方案等。

二、建设规划

1. 概述

建设规划是近期建设项目安排的实施性方案。城市要结合自身经济、人口、客流需求等情况,根据线网规划编制5~6年期的建设规划,作为项目实施的依据。

2. 建设规划的目的

建设规划编制的主要目的是在新一轮的建设过程中,明确远期目标和近期建设任务,以及相应的资金筹措方案,控制好轨道交通建设的节奏,依据城市的发展和财力情况量力而行,有序建设。

3. 建设规划的内容

根据线网规划、交通需求、建设管理能力、政府财力、新技术发展和国家政策导向等,结合城市发展重点提出建设规划。建设规划的内容包括背景分析、建设必要性评估、规划方案编制、工程方案编制、投资估算、建设保障和风险分析;完成用地控制规划,开展社会稳定性风险分析、环境影响评价、客流预测、交通一体化等方面的专题研究;结合城市特点,开展资源共享、网络化运营、地质灾害等专题研究。

4. 线路研究设计的相关任务

针对被纳入近期建设规划的项目,开展方案研究,应达到预可行性研究深度,完成建设规划配套预可行性研究报告的相关章节内容。在系统规模、设备初步选型和资源共享方案基础上,重点研究线路起讫点、基本路由、敷设方式、车站分布、换乘站和联络线等内容。对于涉及特殊不良地质、文物古迹、穿山岭和跨江海长大隧道、重要枢纽、集中拆迁片区(旧城改造、车辆基地等)和环境敏感点的控制性地段,与相关部门配合,进行专项论证。

5. 建设规划的审批

上报建设规划时,除了上报建设规划主报告外,还需要提交规划附件和专题报告,如上位规划附件包括城市总体规划、城市综合交通规划、线网规划、轨道交通用地控制规划等,下位规划附件包括用地控制性详细规划、沿线土地利用规划、交通一体化和交通衔接规划等,专题报告包括客流预测报告、环境影响评价报告、社会稳定性风险分析和评估报告、投融资专题报告和文物专题报告等,确保轨道交通沿线用地能够较好地得到控制。

学习笔记

第一轮建设规划，由中华人民共和国国家发展和改革委员会（简称国家发展改革委）审查后，上报国务院审批；非第一轮建设规划，由国家发展改革委审批，报国务院备案。国家发展改革委明确，各地轨道交通建设必须按照近期建设规划进行；近期建设规划没有批准的，不能上报工程可行性研究报告。

已经国家批准的建设规划应严格执行，原则上不得变更，不得随意压缩规划实施期限。在建设规划实施过程中，因城市规划、工程条件、交通枢纽布局变化等因素影响，城市轨道交通线路功能定位、基本走向、系统制式等发生重大变化的，或线路里程、地下线路长度、直接工程投资（不考虑物价上涨因素）等较建设规划增幅超过20%的，应按相关规定执行建设规划调整程序。建设规划调整应在规划中期评估完成后予以统筹考虑，原则上不得新增项目。原则上本轮建设规划实施最后一年或规划项目总投资完成70%以上的，方可开展新一轮建设规划报批工作。

一般情况下建设规划无须公示，但是建设规划的环境影响评价需要公示，须向社会公开征求建设规划环境影响的有关意见。

三、工程可行性研究

1. 概述

工程可行性研究是建设项目投资决策的基础和重要依据，须在经国家发展改革委批准的建设规划的基础上进行。

2. 工程可行性研究的必要性

工程可行性研究是围绕拟建项目的必要性和可行性进行研究。通过对与项目有关的资料、数据的调查研究，对项目的技术性、经济性、工程环境等进行进一步论证和分析，从而确定项目是否值得投资和如何进行投资，以及提出项目在落实建设规划、保护生态环境、节约能源、土地利用、征地拆迁、居民安置等方面的可行性意见，为项目决策、审查提供全面的依据。

3. 工程可行性研究的内容

工程可行性研究的主要内容包括项目建设背景和必要性、项目需求分析与产出方案、项目选址与保障方案、项目建设方案、项目运营方案、项目投融资与财务方案、项目影响效果分析、项目风险管控方案等。

4. 线路研究设计的相关任务

在建设规划线路方案基础上，通过上位规划研究，依据建设必要性、工程建设条件、客流预测分析及确定的线路功能定位、运输能力、速度目标值、换乘节点和资源共享关系，与行车等专业协商全线配线设置，与建筑、结构等专业协商站位设置和施工方法；对全线重要地段走向、局部线站位、线路敷设方式及纵断面、配线设置等方面进行比选研究，基本确定全线起讫点、线路走向、车站和换乘站设置、配线方案和线路平纵断面方案，并对工程可行性研究方案与建设规划方案进行详细的技术经济对比分析。

5. 工程可行性研究报告的审批

工程可行性研究报告上报审批时,除了上报工程可行性研究主报告外,还需要提交相关附件和专题报告。相关附件包括建设规划等;专题报告包括选址意见书、土地预审报告、客流预测报告、环境影响评价报告、岩土勘察报告、社会稳定性风险分析和评估报告、节能评估报告、安全预评价报告、场地地震安全评价报告、文物专题报告等。

城市轨道交通项目的工程可行性研究报告在2013年之前均由国家发展改革委审批,国家发展改革委收到各地的上报文件后,委托评估单位对工程可行性研究报告进行评估。2013年审批权限下放后工程可行性研究报告改由省发展改革委(直辖市为市发展改革委)审批。项目审批权限下放后,省级人民政府由城市轨道交通项目的申报主体转变为审批主体,进一步强化了其责任意识,极大地调动了其积极性。

四、总体设计

1. 概述

总体设计是在工程可行性研究报告的基础上,结合外部条件,对土建及机电工程的各专业系统进行深化研究和技术方案比选,确定工程的规模、设计原则、标准和技术要求。总体设计文件经建设单位组织审查批准后,作为下一步编制初步设计文件的依据。

按照城市轨道交通项目审批流程,总体设计不是国家规定的必须开展的设计阶段,通常根据项目进展和建设单位要求而定。其成果文件也无须经相关政府部门审批,一般经由建设单位组织的专家咨询评审即可。

2. 总体设计的工作重点

确定和统一工程各专业系统的设计原则和主要技术标准;稳定线路走向,确定运输能力和运营规模、运营组织和管理方案;结合工程边界条件,落实线路位置和车站站位及其站型、规模、换乘方式等方案;确定车辆基地、主变电所、控制中心等的位置和规模;确定各设备系统的功能定位及其组成内容和技术方案;对重要节点的结构方案、施工方案、防水方案等重大技术方案进行深化、优化研究;确定各专业系统组成和各系统之间横向技术接口,划分工程单元,筹划合理工期,控制工程投资总额,为开展初步设计工作做准备。

3. 线路研究设计的相关任务

在工程可行性研究报告的基础上,对工程可行性研究报告专家评审意见进行深入细致的研究分析,结合工程外部条件和相关基础资料,对主要方案进行进一步技术经济比选研究,基本稳定全线起讫点、线路走向、车站和换乘站设置、配线方案和线路平纵断面方案。

学习笔记

五、初步设计

1. 概述

初步设计阶段，各专业应对各自的设计方案和重大技术问题的解决方案进行综合技术经济分析，论证技术上的适用性、可靠性和经济上的合理性。初步设计文件应符合已批准的工程可行性研究报告、经审查的总体设计方案及落实的接口条件，能据以确定土地征用方案，进行主要设备及材料的准备、建筑物及构筑物的搬迁、管线的改移，并可据以进行施工图设计和施工准备，提供工程设计概算，作为审批并确定项目投资的依据。

2. 初步设计的内容

初步设计文件根据设计任务书（或批准的工程可行性研究报告、总体设计文件）编制，由设计总说明书、各专业设计说明书、图纸、主要设备及材料表和工程概算书等组成。

3. 线路研究设计的相关任务

在工程可行性研究报告和总体设计的基础上，对工程可行性研究报告和总体设计专家评审意见进行深入细致的研究分析，明确执行情况。不再进行大的方案比选，结合评审意见和项目具体问题可进行局部方案综合比选。工作重点转移到设计层面，与相关专业协调配合，明确专业接口，稳定线路设计方案，为施工图设计奠定基础。

学习笔记

六、施工图设计

1. 概述

施工图设计文件应能据以编制施工图预算、安排材料和设备订货、进行非标设备的制作、进行施工和安装、进行工程验收。

2. 施工图设计的内容

施工图设计文件应根据已批准的初步设计文件进行编制，内容以图纸为主，应包括封面、目录、设计说明、设计图等。施工图设计文件一般以专业、站、场段或系统独立编册。

3. 线路研究设计的相关任务

在初步设计的基础上，对初步设计专家评审意见进行深入细致的研究分析，明确执行情况。线路专业施工图设计的重点是在翔实准确的基础资料的基础上，深入细致地进行施工图设计，确保线路合理、合规，且通畅、可实施，与相关专业接口明确、稳定，满足施工要求。

综上所述，从线路角度来看整个规划设计的流程及主要内容如图 1-14 所示。

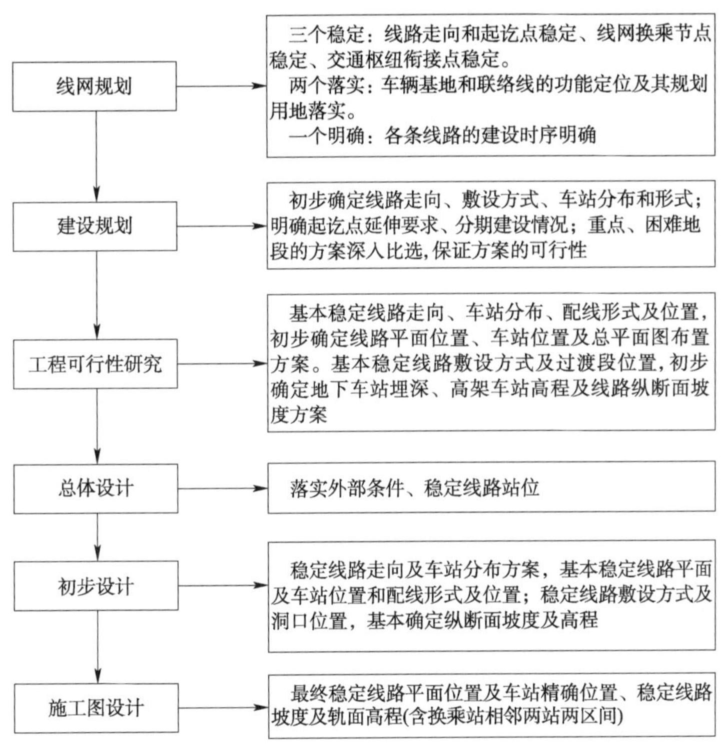

图1-14　线路规划设计流程及相关主要内容

学习笔记

复习思考题

1. 城市轨道交通系统的组成部分有哪些？

2. 城市轨道交通的基本特性是什么？

3. 分别按系统制式、运输能力、走行方式、服务层次划分的城市轨道交通有哪些类型？

4. 城市轨道交通规划设计流程是什么样的？每个流程的研究内容是什么？

5. 城市轨道交通线网规划、建设规划和工程可行性研究的内容分别是什么？

6. 简述城市轨道交通线网规划与城市总体规划的关系。

7. 城市轨道交通线网架构的基本类型有哪些？

8. 在城市轨道交通总体设计、初步设计和施工图设计中，线路研究设计的相关任务分别是什么？

模块 2

城市轨道交通线路选线

问题导入

城市轨道交通线路选线是前期研究阶段的重点内容,也是线路设计的重要组成部分。在前期研究阶段,要体现线路总体设计的思想,从总体角度进行选线。城市轨道交通线路选线的基础是什么?线路总体方案的主要设计原则和主要设计标准有哪些?影响线路选线的因素有哪些?线路走向与路由方案比选包含哪些内容?本模块将回答这些问题。

学习目标

知识目标

1. 掌握城市轨道交通线路定义、线路分类及线路专业特点。
2. 了解城市轨道交通线路选线基础内容。
3. 了解城市轨道交通线路总体方案的主要设计原则和技术标准。
4. 掌握城市轨道交通线路走向及路由选择的影响因素及比选内容。
5. 掌握城市轨道交通线路的敷设方式。

技能目标

1. 能识读城市轨道交通线路选线各基础内容,并提取有效信息。
2. 能熟练使用城市轨道交通地铁系统与线路相关的主要技术标准。
3. 能根据城市轨道交通线路走向及路由选择的影响因素及比选内容,对方案进行比选。
4. 能根据实际情况,灵活运用城市轨道交通线路敷设方式。

素质目标

1. 具有大局观和总体观,能从全局角度看问题,同时具备综合分析能力、复合思维和评判能力。
2. 具有持续学习新技术的理念和创新能力。
3. 具有良好的城市轨道交通工程伦理和环保意识。

建议学时

6 学时

案例引入

重庆轨道交通环线于 2013 年 10 月 28 日开工建设，于 2021 年 1 月 20 日正式全线闭合运营，是重庆市轨道交通线网的重要组成部分，也是重庆市唯一的闭合轨道环形线路。该线路全长 50.88km，共设置 33 个站点，其中换乘站点 13 个，是重庆市目前轨道交通线网中换乘站点最多的线路。环线连接 5 个行政区，串联 1 号线、2 号线、3 号线、4 号线、5 号线、6 号线、9 号线、10 号线等轨道交通线路。重庆轨道交通环线是能连通铁路、公路、水路、空中航线的轨道交通线路，是缓解城市交通拥堵、拉大城市骨架、优化城市结构布局、促进主城区整体发展、连接主城组团和交通枢纽的重要轨道交通骨干线。

该环线工程是当今世界上封闭成环运营里程最长、车辆型式最新（首创 As 车辆）、越江难度最大（3 种桥型，2 次跨越长江，1 次跨越嘉陵江）、换乘线路和车站最多（线网中 11 条线、13 座车站）、衔接能力最强（3 座高铁火车站、4 座综合公交枢纽站、5 个城市组团、3 线互联互通、11 线换乘）的超级轨道交通工程。

重庆轨道交通环线选线设计正是依托车辆型式的创新、桥梁和隧道工程技术的创新等条件完成的。设计团队在山地城市轨道交通领域，首次提出并建设智慧车站，创新了复杂工程环境下的轨道交通工程设计建造技术，建成了国际首条集大跨度越江桥梁、高架区间及车站、超大断面暗挖法及明挖法地下车站、盾构法（TBM）区间、矿山法区间等多种工法于一线的轨道交通环线工程。设计团队解决了山地城市轨道交通工程设计建造关键技术难题，形成了具有自主知识产权的山地城市轨道交通设计建造技术体系和标准体系，累计获得国家专利授权 20 余项，编制地方标准 4 部，等等。该工程的科研成果整体上在国内领先，部分达到国际先进水平，为我国山地城市轨道交通建设积累了宝贵经验，为制定山地城市轨道交通技术标准奠定了坚实的基础。

重庆轨道交通环线工程创造了单一环线运营效率最高的世界纪录，打破多项世界桥梁建设纪录，也是世界上首次采用越行线路的轨道交通封闭环线。重庆轨道交通环线以其在技术创新、高质量建设、环境保护和社会贡献等方面的突出表现，赢得了国际社会的高度评价，荣获 2022 年度菲迪克工程项目奖“年度杰出项目奖”。这一成就不仅是对该环线工程本身的认可，也是对中国城市轨道交通建设水平的重要肯定。

学习笔记

单元2.1 城市轨道交通线路概述

一、线路的定义

线路平纵断面设计

在轨道交通系统中,广义的线路是指轨道、路基、桥梁、隧道的总称。轨道是线路的上部建筑,路基、桥梁、隧道是线路的下部建筑或列车运维空间。狭义的线路指轨道,比如“线路养护维修”和“线路工程”中的线路就属于这个范畴。

在轨道交通设计领域,专业名词“线路”是以轨道的中心线为研究对象,研究它的走向、形态以及相互连接、组合的技术,主要包括线路的平面与纵断面。它不仅决定了工程的位置和走向,还直接影响了工程的施工难度、成本和效果。比如“线路设计”和本书中的线路就属于这个范畴。

二、线路的分类

城市轨道交通线路

学习笔记

城市轨道交通线路按照运营功能可分为正线(干线与支线)、配线和车场线。

1. 正线

正线是贯穿所有车站、区间,供载客列车运行的线路。

城市轨道交通正线是独立运行的线路,应采用双线设计,右侧行车制,上、下行分行。南北向线路宜以由南向北运行为上行方向,反之为下行方向。东西向线路宜以由西向东运行为上行方向,反之为下行方向。环状线路宜以顺时针方向为上行方向,以逆时针方向为下行方向。分期建设的线路全线的上、下行方向应该一致。环线运行方向也会用内环和外环来定义,内环为顺时针方向,外环为逆时针方向。比如上海地铁4号线为环线,它的上行方向就是内环顺时针方向。

2. 配线

配线是为保证正线运营而配置的、一般不行驶载客车辆的、与运营正线直接贯通的线路。配线主要包括折返线、停车线、渡线、安全线、车辆基地出入线和联络线,这部分内容将在模块6“城市轨道交通配线”中重点讲述。

3. 车场线

车场线是指在车辆段或停车场内部,承担列车停放、检修、转线等作业的线路,包括停车线、试车线、洗车线等。这部分内容将在模块7“城市轨道交通车辆基地站场设计”中重点讲述。

三、线路的形态

一般情况下,城市轨道交通线路的形态有直线形、环形和Y形。

直线形线路包括穿越市中心的直径线和从市中心发出的放射线(这里说的直线,不是几何意义的直线,包括曲线)。多数城市轨道交通线路是直线形线路。

环形线路是环绕市区、首尾相接的线路。例如,北京地铁 2 号线、上海地铁 4 号线就是环形线路。

Y 形线路是设置支线的线路,从主线某站分岔,形成 Y 形。例如,上海地铁 10 号线、11 号线,广州地铁 3 号线都是 Y 形线路。

城市轨道交通线路宜按独立运行原则进行设计。在客流需要的情况下,确实需要设置支线时,通过论证,在不影响主线运输能力并确保安全的情况下,可以考虑共线运行。具体安全保障措施不限于汇入方向线路的平行进路,还可结合停车线、折返线等双向均设平行进路。

四、线路命名

1. 城市轨道交通建设线路命名

在城市轨道交通规划和建设过程中,有关管理部门按线路性质对城市轨道交通建设线路进行命名,在线路序号前分别冠以“M”“R”“S”“L”字头。

(1)M 线。

地铁被冠以“M”字头,“M”是 Metro 的缩写。M 线一般分布在城区,最高运行速度一般为 80km/h,站间距为 1km 左右,一般使用 A 型车或 B 型车,6 节或 8 节编组。

M 线主要穿过市区繁华的中心地带,并和 R 线融为一体。

(2)L 线。

轻轨被冠以“L”字头,“L”是 Light Rail 的缩写,一般分布在近郊。L 线最高运行速度为 80km/h,站间距为 1km 左右,一般使用小型车,4 节或 6 节编组。

L 线主要用于城市内人口密度较低的地区,作为 M 线网的补充。

(3)R 线、S 线。

市域轨道交通线被冠以“R”“S”字头,是指联系中心城区与市郊各新城以及新镇的轨道交通线。例如,北京市市郊铁路被冠以“S”字头,上海市市域级快速线被冠以“R”字头。其最高运行速度在城市外围可达到 100 ~ 160km/h,在中心城区往往受条件制约要适当降低。

R 线、S 线主要连接中心城区和市郊卫星城。

北京市轨道交通网由地铁 M 线、轻轨 L 线、市郊铁路 S 线组成;上海市轨道交通网由市域级快速线 R 线、市区级地铁 M 线和市区级轻轨 L 线组成。

2. 城市轨道交通运营线路命名

城市轨道交通运营线路有不同的命名方法,主要有序号命名法和地域命名法,以及序号和地域结合命名法。

(1)序号命名法。

大多数城市采用序号命名法,即以序号命名为 1 号线、2 号线、3 号线……如上

学习笔记

海不管是地铁还是轻轨,一律命名为轨道交通×号线,目前已经运营线路为1～18号线。国内已修建城市轨道交通的大部分城市一般都采用这一命名法。

(2)地域命名法。

少数城市采用地域命名法,即以线路所经过的地区或者终点地名命名。如深圳地铁将原1～5号线分别命名为罗宝线、蛇口线、龙岗线、龙华线、环中线,香港有东铁线、观塘线、荃湾线、港岛线、东涌线、将军澳线、迪士尼线、机场快线,台北有木栅线、淡水线、新店线、中和线、板南线、新北投支线、小南门支线。

(3)序号和地域结合命名法。

北京的市区地铁采用序号命名法,如地铁1号线、2号线、3号线……;郊区地铁采用地域命名法,有机场线、亦庄线、大兴线、房山线、昌平线、西郊线。

五、线路标志

线路标志是用以表明线路状态和位置的指示设备。线路标志有公里标、百米标、曲线标、圆曲线和缓和曲线始终点标、竖曲线始终点标、坡度标等。线路标志按计算公里方向设在线路右侧,双线区段需分别设线路标志时,应设在列车运行方向右侧。

(1)公里标、百米标,设在一条线路自起点计算每一整公里、整百米处。

(2)曲线标,设在曲线中点处,其面向线路的侧面,标明曲线中心里程(里程数字字头朝向为计算公里方向)、半径大小、曲线和缓和曲线长度,以及曲线超高和加宽值。

(3)圆曲线和缓和曲线始终点标,设在直缓、缓圆、圆缓、缓直各点处,标明方向为直线、圆曲线或缓和曲线,在曲线两端直缓(直圆)、缓直(圆直)标志背向线路的侧面,标明曲线长度、缓和曲线长度和曲线半径。

(4)竖曲线始终点标,设在竖曲线起点和终点处。

(5)坡度标,设在线路变坡点处,两侧各标明其所朝方向的上、下坡度值及长度。面向线路的侧面标明变坡点里程,其变坡点里程数字字头应朝向计算公里方向。

六、线路专业的特点

城市轨道交通线路涉及的主要工作内容是线路设计,线路设计体现在规划和设计两个阶段,在实际工作中涉及的专业称为线路专业。线路专业的特点如下:

(1)线路专业是工程设计的“龙头”专业。线路专业是城市轨道交通工程设计中最先行的专业,线路专业将设计好的线路提供给其他相关专业,其他相关专业必须根据设计好的线路进行相关专业的设计。

(2)线路专业是轨道交通工程的“大综合”专业。线路方案必须与其他相关专业协同研究后才能确定,线路专业与其他相关专业的主要设计接口如图2-1所示。

学习笔记

(3)线路专业引领各个专业,是“无实物工程量”的总体专业。线路专业的成果是线路平纵断面图,没有实物相对应,是其他有实物工程量(比如轨道、车站、区间等)专业设计的依据。

(4)线路专业贯穿前期研究阶段和工程设计全过程。

(5)线路方案具有灵活性、相对性,注重综合最优。

图 2-1 线路专业与其他相关专业的主要设计接口

(6)线路专业信息量大、协调内容多、接口多、涉及面广,所以线路专业不仅需要对内协调(与其他相关专业的协调),还需要对外协调(与政府各职能部门的沟通与协调,如规划部门、文物保护部门、环境保护部门、交通管理部门、地面公交管理部门、铁路部门、水务部门等)。

单元 2.2 线路选线概要

城市轨道交通线路选线是在已经确定的城市轨道交通线网规划的基础上,研究某一条或某一段线路的具体位置。它是线网规划、建设规划和工程可行性研究阶段的重要内容,主要包括线路的走向与路由、车站设置、配线设置、线路交叉形式以及线路敷设方式等内容。在前期研究阶段,选线要体现线路总体设计的思想,还要统筹考虑车站分布与站位选址、车场选址与接轨站设置、资源共享的联络线设置等,从总体角度进行选线。城市轨道交通线路选线概要如下:

(1)城市轨道交通线路改建不易,线路设计按远期考虑。城市轨道交通线路一经建成运营,无论在地下、地面还是高架,线路位置的改变都十分困难,其改建会造成大量的拆迁工程,并破坏多年来逐渐形成的协调环境。城市轨道交通在规划和设计阶段经常涉及“设计年限”,比如线网规划、客流预测、行车交路和车辆及设备配置等均要分年限。根据《地铁设计规范》(GB 50157—2013)的有关规定,地铁工程的设计年限应分为初期、近期、远期。初期可按建成通车后第 3 年确定,近期应按建成通车后第 10 年确定,远期应按建成通车后第 25 年确定。城市轨道交通的设计年限较长,应按远期设计年限进行线路选线研究与设计。

(2)一般情况下,线路设计为双线,为全封闭线路。当一条线路长度不超过 20km 时,可设置一座车辆基地或几条线路共址;当一条线路长度超过 20km 时,通常每条线路会设置一个车辆段和一个停车场。从合理组织正线运营、减

学习笔记

少车辆空驶里程、提高运营效率等方面考虑，车辆段（停车场）的接轨站应尽量靠近车辆基地。合理的车辆段（停车场）布局，应综合体现运行交路、方便运营、检修集中、资源共享、节省用地、减少投资的特点，实现良好的技术性与经济性。

（3）车辆段（停车场）布局和功能定位应结合网络化建设要求，贯彻“先网络，后单线”的设计理念，充分实现资源共享。以线网规划为根本前提，遵循规划原则，既可设置多线合用大架修资源的车辆基地，也可以设置共址合建的车辆基地，充分发挥轨道交通建设的规模效应。同时，为了资源共享的实现，需要设置连接两线的联络线。

（4）城市轨道交通线路设计长度一般不宜过长，且站间距不宜过大。城市轨道交通主要服务于通勤客流，为保证线路的客流吸引力，通常站间距为1～2km，线路设计长度一般小于50km较合适。站间距在城市中心区和人口稠密地区宜为1km，在城市外围区约为2km。超长线路的站间距可适当加大。

（5）站间距设置与列车最高运行速度相匹配。列车从启动加速到达到最高运行速度，再由最高运行速度制动，使列车在车站中心位置停下来，需要一定的距离，其长度与最高运行速度成正比。城市轨道交通的小站间距制约了列车的最高运行速度。目前，国内外城市轨道交通系统实际上选用的车辆的最高运行速度，市区线一般为80km/h，市域快轨一般为100～120km/h，市域铁路一般不低于120km/h。

学习笔记

（6）选线方案具有灵活性、相对性，一般需要经多方案比选确定。线路方案的选择没有绝对的对错之分，体现的是合理性和综合最优，且在线路选线过程中应符合相关设计规范的技术标准。

（7）设计过程除了受其他专业的约束，项目的建设和运营条件也会约束线路总体方案的可行性和合理性。

单元2.3 线路选线基础

城市轨道交通线路选线前先要收集设计基础资料和确定主要技术标准。

一、设计基础资料与主要技术标准

1.设计基础资料

设计基础资料是指线路研究设计所需的前提性、基础性资料。需要收集、梳理这些资料或委托相关单位提供相应研究成果。

（1）法律、法规、标准、规范类。

如国家有关城市轨道交通规划和建设的法律、法规、政策；国家有关土地、环保、节能、安全等方面的法律、法规、政策;《地铁设计规范》(GB 50157—2013)、《城市轨道交通设计规范》(DG/TJ 08-109—2017)、《城市轨道交通工程技术规范》(DG/TJ 08-2232—2017)等规范。

(2)上位规划类。

如城市总体规划、城市综合交通规划、城市轨道交通线网规划、城市轨道交通近期建设规划等。

(3)前期研究及设计成果类。

如规划预控方案或轨道交通建设用地专项控制性规划、选线专项规划、建设项目选址意见书、各阶段研究报告及评审意见和批复等。

(4)城市及沿线相关基础资料类。

①国民经济和社会发展统计年鉴及近期发展规划。

②沿线相关地区控制性详细规划。

③城市气象与自然地理资料。

④工程地质、水文地质、地质灾害、地震基本烈度与设防等级资料。

⑤人防设施与设防等级资料。

⑥客流预测报告。

⑦沿线土地权属和性质调查报告。

⑧沿线及场段水系调整规划报告。

⑨沿线河道性质、等级、现状,规划河底断面和高程,通航净空要求,以及大江大河的冲刷预测。

⑩地下管线及地下障碍物探测报告。

⑪岩土工程勘察报告。

⑫沿线道路、桥梁、隧道、铁路、机场、高压线、加油加气站、重大管线等现状及其相关工程的规划、设计资料及控制要求。

⑬沿线供电、供水、排水、消防给水现状及规划资料。

⑭沿线各级文物保护单位和优秀历史建筑相关资料。

⑮已建轨道交通线路、相关市政工程为本线预留工程的有关资料。

⑯沿线最新 1:500 电子地形图。

⑰规划道路红线、绿线及河道蓝线、电力黄线、保护建筑紫线等资料。

(5)项目管理类及其他。

如设计技术要求及相关市政府、市有关部门的会议纪要等。

2. 主要技术标准的确定

在所收集的设计基础资料的基础上,根据系统选型及主要技术标准,在地形图上绘制线路方案。选线贯穿整个前期研究阶段,一旦线路走向和路由有调整,就要重新进行选线。而选线的基础就是在线路总体方案确定后,依据相关技术标准选择相应的参数进行设计,技术标准是否变化也是决定选线是否成功的关键因素,如果技术标准有变化,原本设计的线路可能会走不通。

学习笔记

学习笔记

从线路总体设计的角度来说，选线前至少需要确定以下主要技术标准：

(1)设计速度。

(2)正线数目。

(3)正线线间距。

(4)最小平面曲线半径。

(5)最大纵断面坡度。

(6)车辆类型及列车编组。

(7)最小行车间隔。

(8)牵引供电制式。

(9)列车运行控制方式。

(10)调度指挥方式。

从选线设计的角度来说，还需要确定更多影响线路设计的其他相关技术标准。在选线过程中，对于线网规划、建设规划等前期研究阶段的初期选线，首先要进行线路平面的正线设计，那么一般在确定线路的最小平面曲线半径、线间距、敷设方式和站台长度后就可以进行线路平面的正线设计了；如果设计更深入，还需要进行配线设计和线路纵断面设计。一般情况下，线路的最小平面曲线半径、站台长度、最大纵断面坡度等技术标准是由城市轨道交通系统制式决定的，如车辆型式、车辆尺寸、编组长度、车辆速度目标值等；线间距是由限界和结构间距决定的；线路的配线设置是由运营方案决定的，如列车运行交路方案、配线方案、线路通过能力和列车折返能力等。而系统制式和运营方案又是由客流预测结果决定的。以下内容主要阐述与线路选线技术标准相关联的基础知识。

二、城市轨道交通客流预测

1. 客流预测定义

城市轨道交通客流预测是利用城市交通需求预测模型，预测各目标年限城市轨道交通网络、线路或车站相关客流指标的过程。客流预测需要明确客流预测年限和范围，如以 2020 年为建成开通初期运营年，某条线路的客流预测年限和范围如下：

(1)初期：2023 年，车站 A—车站 H，线路运营长度 33.2km。

(2)近期：2030 年，车站 A—车站 H，线路运营长度 33.2km。

(3)远期：2045 年，车站 A—车站 H，线路运营长度 33.2km。

2. 客流预测内容

城市轨道交通某条具体线路的客流预测一般包括如下内容：

(1)各预测年人口、就业岗位、土地开发趋势。

(2)各预测年交通需求发展预测。

(3)××号线客流指标（站点上下客流量、线路断面客流量、高峰小时最大断面客流量、线路之间换乘量、平均乘距等）。

(4)××号线客流预测影响因素分析。

3. 客流预测方法

客流预测的方法有很多种,其中传统且经典的"四阶段法"凭借其优点,在我国城市轨道交通客流预测中的应用相当普遍。城市轨道交通客流预测一般以传统的"四阶段"理论为基础,借助于交通现状调查和总体规划相关数据,建立土地使用与交通之间的定量预测分析模型。"四阶段法"包括 4 个主要阶段:

(1)出行发生与吸引预测:预测潜在乘客的产生点和吸引点。

(2)出行分布预测:分析乘客从出发地到目的地的分布情况。

(3)交通方式划分预测:预测乘客选择不同交通方式的比例。

(4)交通分配预测:在实际路网上分配交通量,预测轨道交通线路的客流量。

4. 客流预测结果

一般情况下,客流预测结果包含全日客流量、全日周转量、平均乘距、客流强度、全日高断面客流量和高峰小时最大断面客流量等信息,每个预测内容都包括了初期、近期和远期的预测结果。其中与车辆选型和编组关系最密切的就是远期高峰小时最大断面客流量,远期高峰小时最大断面客流量是从预测的远期线路的早高峰和晚高峰两个小时段的单向最大区间断面客流量中选取的最大值。××线预测客流汇总表见表 2-1,某线路的 2045 年(远期)高峰小时最大断面客流量为 5.5 万人次/h,大于 3 万人次/h,说明其具备大运能系统的运输能力。

学习笔记

××线预测客流汇总表 表 2-1

指标	时间		
	2023 年(初期)	2030 年(近期)	2045 年(远期)
全日客流量(万人次/d)	82	109	133
全日周转量(万人次·km/d)	641	768	926
平均乘距(km)	7.8	7.0	7.0
客流强度(万人次/d)	2.1	2.8	3.4
全日高断面客流量(万人次/d)	18.1	23.4	28.7
高峰小时最大断面客流量(万人次/h)	3.6	4.6	5.5

三、城市轨道交通系统制式选择及车辆选型

1. 系统制式的选择

系统制式的选择一般需要满足以下 6 个方面的要求。

(1)运能要求。

城市轨道交通系统应满足项目远期高峰小时最大断面客流量要求,并有一定的运能富余。

(2)技术要求。

城市轨道交通系统要符合本工程设计标准,适应高架敷设方式和线路平纵断面条件。

(3)环境要求。

城市轨道交通系统应有助于减少项目对环境的污染,满足项目在控制噪声、振动、粉尘污染等方面的要求。

(4)经济性要求。

城市轨道交通系统在满足乘坐舒适、运行安全、技术成熟、维护方便等要求的前提下,还要满足经济高效等要求。

(5)可持续发展要求。

城市轨道交通系统应满足城市轨道交通网络化运营、资源共享和可持续发展的要求。

(6)国产化率要求。

城市轨道交通系统应满足1999年国家计委发布的《关于城市轨道交通设备国产化的实施意见》中关于轨道车辆、机电设备平均国产化率不低于70%的要求。

例如,表2-1中某线路的2045年(远期)高峰小时最大断面客流量为5.5万人次/h,大于3万人次/h,首先判断其属于大运能系统。大运能系统可选的系统制式有地铁系统、市域快速轨道系统、高速磁悬浮系统,若线路为市区线,采用地下线的敷设方式,可选用地铁系统。

学习笔记

2. 车辆选型

(1)车辆选型原则。

车辆选型遵循下述原则:

①车辆选型及车辆编组的确定,应满足远期高峰小时高断面客流量要求,并有一定的运能储备,列车扩编应满足基本动力单元配置要求。

②车辆牵引、制动等动力性能,以及编组形式中的动拖比,应适应线路运行条件和故障牵引的需要。

③车辆制造技术先进、成熟,运行安全、可靠,噪声低,节省能源,环保效益好,造型美观,防火防灾,检修方便。

(2)车辆选型内容。

车辆选型包括车辆基本型式的选择、车辆编组形式的确定和车辆主要技术参数的选取。

①车辆基本型式的选择。

在系统制式确定后,再选择车型和车辆编组形式。如表2-1中某线路远期高峰小时最大断面客流量预测值为5.5万人次/h,按《城市轨道交通工程项目建设标准》(建标104—2008)的量级分类,已属于大运量线路,根据城市轨道交通网的规划和建设标准选用A型车是合适的。A型车车辆基本长度端车24.4m、中间车22.8m,基本宽度3m,额定载客量为266人/辆(站立标准5人/m^2)。

②车辆编组形式的确定。

列车编组的大小应充分满足远期输送能力的需求,并考虑一定的运能富余和车内舒适度,也要顾及车辆的制造、技术性能和养护方面的合理优化。如表 2-1 中某线路的 2045 年(远期)高峰小时最大断面客流量为 5.5 万人次/h,在选用地铁系统的 A 型车的情况下,列车编组方案的比选见表 2-2。

列车编组方案比选表　　表 2-2

<table>
<tr><th colspan="3" rowspan="2">指标</th><th colspan="3">编组方案</th></tr>
<tr><th>6 辆</th><th>7 辆</th><th>8 辆</th></tr>
<tr><td colspan="2">载客量(人/列)</td><td>站立标准 5 人/m^2</td><td>1596</td><td>1862</td><td>2128</td></tr>
<tr><td colspan="3">列车长度(m)</td><td>140</td><td>162.8</td><td>185.6</td></tr>
<tr><td colspan="3">远期高峰小时最大断面客流量预测值(万人次/h)</td><td>5.5</td><td>5.5</td><td>5.5</td></tr>
<tr><td rowspan="2">输送能力(单向)(万人次/h)</td><td>开行 30 对</td><td>站立标准 5 人/m^2</td><td>4.79</td><td>5.59</td><td>6.38</td></tr>
<tr><td colspan="2">富余率(%)</td><td>不足</td><td>持平</td><td>16.0</td></tr>
</table>

从以上比较可以看出:6 辆编组运能不能满足本线的远期需求,7 辆编组运能仅与远期需求持平,不能应对日常运营中客流量的波动以及将来客流量的可能增长,因此本线初期、近期、远期均可以采用 8 辆编组。另外,目前通用的地铁系统的 A 型车多采用 2 动车 1 拖车作为基本动力单元、2 组单元连挂而成的 6 辆编组,再增加 1 组 2 动车单元可以形成 8 辆编组,所以 8 辆编组采用 6 动车 2 拖车,动拖比为 3:1。

③车辆主要技术参数的选取。

车辆型式确定后,需要选取该车型的主要技术参数,因为不同的系统制式和车型对应的车辆运行的线路条件是不同的。车辆主要技术参数中的车辆长度、车辆宽度、车辆定距、车辆的最高运行速度等,均会直接影响线路技术标准的确定和线路设计。地铁系统 A 型车的主要技术参数如下。

a. 车辆类型。

包含三种基本类型的车辆:Tc 车、Mp 车和 M 车。

列车编组:– Tc * Mp * M = Mp * M = M * Mp * Tc –

其中,Tc 车为带司机室拖车;Mp 车为带受电弓的动车;M 车为不带受电弓的动车;= 为半自动车钩;– 为全自动车钩;* 为半永久牵引杆。

b. 车辆主要结构尺寸。

车辆长度(车钩连接面之间长度):Tc 车为 24400mm;Mp 车、M 车为 22800mm;列车长度(8 节编组)为 185600mm;站台平面处车体外部最大宽度为 3000mm;车辆高度(轨面至车顶高,新轮,不含受电弓和排气口)为 3800mm;地板面距轨面高度为 1130mm;车辆定距为 15700mm;转向架固定轴距为 2500mm;客室车门数为 5 对/辆。

c. 车辆载客量。

座位(纵向布置)为 48 座/辆;站立标准为 6 人/m^2的载客量为 310 人/辆;站立标准为 5 人/m^2的载客量为 266 人/辆。

d. 车辆主要动力性能指标。

车辆构造速度为 90km/h;最高持续运行速度为 80km/h。

在干燥、清洁的平直线路和额定电压下,处于定员(AW2)负载和车轮半磨耗状态的车辆,应具备以下牵引特性:平均初始加速度不小于 1.0m/s^2(0~40km/h),平均加速度不小于 0.6m/s^2(0~80km/h)。

在干燥、清洁的平直线路上,列车制动减速度应符合下列规定(包括相应时间):常用制动平均减速度为 1.0m/s^2;紧急制动平均减速度为 1.3m/s^2;紧急制动距离为 190m。

e. 车辆运行的线路条件。

轨距为 1435mm;最小竖曲线半径为 2000m;正线最小平面曲线半径为 350m;正线最大坡度为 30‰;站台高度为 1080mm;站台边至线路中心线距离为 1600mm。

四、城市轨道交通运营方案

确定城市轨道交通运营方案的前提性要素有速度目标值、车辆型式与车辆编组和运营组织模式。运营方案中的行车组织、系统规模及运输能力与线路定线密切相关,主要涉及站间距设置、车站规模和配线的设计,以下内容重点阐述速度目标值、运营组织模式、线路通过能力、列车运行交路、配线设置。

1. 速度目标值

从城市轨道交通运营角度来说,关于速度有两个参数比较重要,一个是旅行速度,另一个是最高运行速度。旅行速度是指在正常运营情况下,列车从起点站发车至终点站停车的平均运行速度,城市轨道交通旅行速度一般情况下为 30~60km/h。最高运行速度是指列车在正常运营状态下所达到的最高速度。大部分的城市轨道交通除了市域快速轨道系统和中低速、高速磁浮系统以外,最高运行速度一般为 70~100km/h,大多数为 80km/h,市域快速轨道系统的最高运行速度一般为120~160km/h。

速度目标值是项目总体设计的决定性参数之一,是城市轨道交通最重要的技术指标之一。速度目标值的确定要考虑多种因素:线路的功能定位、时间目标值、敷设方式、旅行速度、站间距、节约能耗、线路条件、行车组织方案等。

以地铁系统为例,确定城市轨道交通车辆速度目标值时,一般以平均站间距为首要依据。当站间距约为 3km 时,推荐速度目标值为 120km/h;当站间距约为 2km 时,推荐速度目标值为 100km/h;当站间距约为 1.5km 时,推荐速度目标值为 80km/h。而市域快速轨道系统的速度目标值应根据线路长度、线路特征、站间距以及乘客出行需求等进行确定,以满足上位规划的时间目标要求。

学习笔记

2. 运营组织模式

地铁系统线路一般不长，沿线客流以短距离出行为主时，宜组织站站停列车。站站停运营组织模式简单，无须设置越行线，节省工程投资。

市域快速轨道系统应以上位规划的时间目标为需求导向，并结合项目功能定位、车站分布、客流构成、工程条件、线路能力等因素综合研究，确定是否适合开行快慢车运营组织模式。

3. 线路通过能力

根据《地铁设计规范》(GB 50157—2013)，系统设计能力应满足相应年限设计运输能力的需要，系统设计远期最大能力应满足行车密度不小于 30 对/h 的要求。运输能力由通过能力和输送能力组成，其中通过能力又由线路通过能力、列车折返能力、出入线能力等决定。

(1)线路通过能力是指在一定的车辆类型、信号设备和行车组织方法条件下，城市轨道交通系统线路的各固定设备在单位时间内(通常是高峰小时)所能通过的列车数。目前，城市轨道交通信号系统大多采用 CBTC 系统(Communication Based Train Control System，基于通信的列车控制系统)移动闭塞制式，能满足 30 对/h 的线路通过能力的要求，最小行车间隔为 120s。

自动闭塞行车时的线路通过能力计算公式为

$$n_{线路} = \frac{3600}{t_{间}} \tag{2-1}$$

式中：$n_{线路}$——1h 内线路能通过的最大列车数，列；

$t_{间}$——追踪列车最小间隔时间，s。

(2)列车折返能力是指轨道交通折返站在单位时间(通常是高峰小时)内能够折返的最大列车数，计算公式为

$$n_{折返} = \frac{3600}{t_{折}} \tag{2-2}$$

式中：$t_{折}$——折返出发间隔时间，s。

(3)出入线能力是指单位时间内，列车从车辆基地通过出入线进入正线或从正线返回车辆基地的最大列车数。

$$\begin{cases} n_{出} = \dfrac{3600}{t_{出}} \\ n_{入} = \dfrac{3600}{t_{入}} \end{cases} \tag{2-3}$$

式中：$t_{出}$——从出场(段)线进入正线间隔时间，s；

$t_{入}$——从正线进入入场(段)线间隔时间，s。

根据表 2-2 的结果，该线每小时开行 30 对列车时，最大输送能力为 6.38 万人次/h(站立标准 5 人/m^2)，完全能满足 5.5 万人次/h 的远期高峰小时最大断面客流量预测值的要求，并可以达到较高的服务水平。

学习笔记

全线输送能力见表 2-3。

全线输送能力　表 2-3

指标		时间			备注
		2023 年（初期）	2030 年（近期）	2045 年（远期）	
高峰小时最大断面客流量（万人次/h）		3.6	4.6	5.5	
载客量（人/列）		2128	2128	2128	站立标准 5 人/m^2
高峰小时开行列车对数		18（大 12 小 6）	24（大小各 12）	30（大小各 15）	
最大断面输送能力（单向）（万人次/h）		3.83	5.11	6.38	站立标准 5 人/m^2
富余率（%）		6.4	11.1	16.0	站立标准 5 人/m^2
运用车数（列/辆）	大交路	28/224	28/224	35/280	
	小交路	9/72	18/144	23/184	
	合计	37/296	46/368	58/464	

4. 列车运行交路

列车运行交路是指列车在规定的运行线路上往返运行的方式，规定了列车运行区段、折返车站以及按不同交路运行的列车对数。因此，如何根据线路不同区段的客流特征制定合理的运行交路，既能让运能符合客流需要，又能让列车运用更为经济高效，是行车计划编制过程中的首要考虑问题。

列车运行交路的设置原则如下：

①以预测客流为基础，初期、近期、远期相结合，全线统筹研究。

②结合客流的断面分布特征，合理设置中间折返运行的小交路，以节省车辆，降低运营成本，节能降耗，科学运营。

③中间折返站的选择及站型应符合客流特点，功能完备，并结合车站工程的条件，节约工程投资。

④“以人为本”，方便乘客。各区段均应保持一定的服务水平，设置较短的行车间隔，照顾到相关线路间的换乘需求。

列车运行交路常采用的形式包括单一交路、大小交路、嵌套交路和 Y 形交路等。

（1）单一交路。

单一交路是指列车在全线的两个终点站之间进行折返运行，单一交路方案示意图如图 2-2 所示。单一交路适用于全线各站客流较为均衡的线路，其运营组织

学习笔记

方式较为简单,乘客无须在小交路终点站换乘大交路列车;同时单一交路折返点少,相对于多交路而言更节省司机数。如上海的浦江线为单一交路运行。

(2)大小交路。

大小交路是指大交路列车在全线运行,在两个终点站折返,小交路列车则在部分区段运行,在两个中间站折返,大小交路方案示意图如图 2-3 所示。对于客流分布不均衡的线路,采用单一交路运行会出现客流较小区段运能浪费、客流较大区段运能不足的情况。因此,在配属列车数量有限的情况下,通常采用大小交路的开行方案,既满足大客流区段的运能需求,又能提高列车使用效率。目前,大部分的城市轨道交通都采用大小交路运行方案。

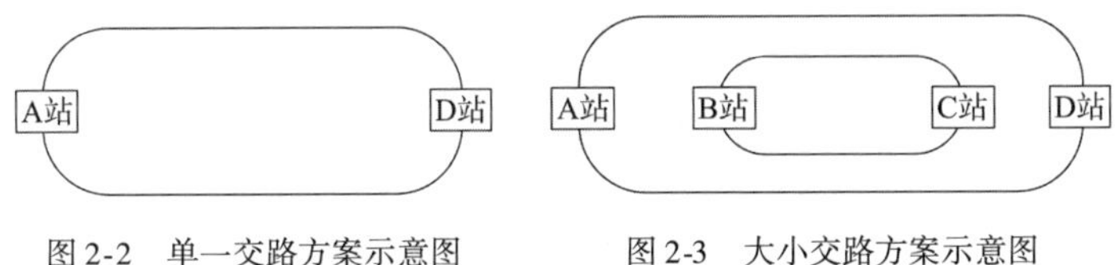

图 2-2　单一交路方案示意图　　图 2-3　大小交路方案示意图

(3)嵌套交路。

嵌套交路由两个相互独立的交路组成,且无贯通交路,嵌套交路方案示意图如图 2-4 所示。对于线路较长且客流出行方向两端均以中心城区为主、两端客流交换量不大的线路,可使用嵌套交路的开行方案,使两个交路的共线区段覆盖中心城区站点,同时也可根据不同区域的客流情况灵活调整两个交路的开行比例。嵌套交路的缺点在于往来于两端非共线区域之间的乘客需要增加一次换乘。城市轨道交通一般较少运用嵌套交路运行方案。

(4)Y 形交路。

Y 形交路是由主线和支线组成的交路形式,列车在主线和支线上分别开行贯通,并可根据主、支线上不同客流特征调整各自交路的开行比例和运能,Y 形交路方案示意图如图 2-5 所示。Y 形交路使两个方向的乘客均能到达共线段的站点,与独立运营的线路相比更节约建设成本。但是,一方面由于受共线段列车追踪能力、折返能力等设备条件制约,非共线段的运能会受到限制,即主、支线段的运能无法同时提升到很高的水平;另一方面,由于列车需开往不同方向,对于运营组织及故障情况下的处置要求相对较高。Y 形交路运行方案一般多应用于主支线上,如上海地铁 10 号线运用的就是该种交路形式。

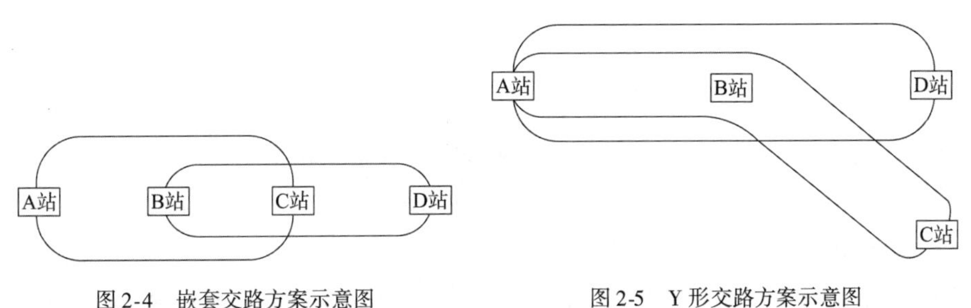

图 2-4　嵌套交路方案示意图　　图 2-5　Y 形交路方案示意图

列车运行交路计划应在各设计年限线路各区段客流量统计和客流特征分析的基础上，结合线路通过能力和客流量的大小，进行工程可行性研究后加以确定。远期年高峰小时最大断面客流量图如图 2-6 所示，根据某线路的客流量预测结果，远期年高峰小时最大断面客流量图的分布形态呈现两端小、中间大的特征，且两端客流量均衡，近似菱形，因此很适宜采用大小交路方案。经过分析研究，从断面客流量的分布规律、运营组织的科学合理、换乘客流的方便程度及车辆配置等方面综合考虑，结合工程实施条件，在古浪路站和春申路站设置小交路，采用 1∶1 大小交路开行方案，远期列车运行交路图如图 2-7 所示。

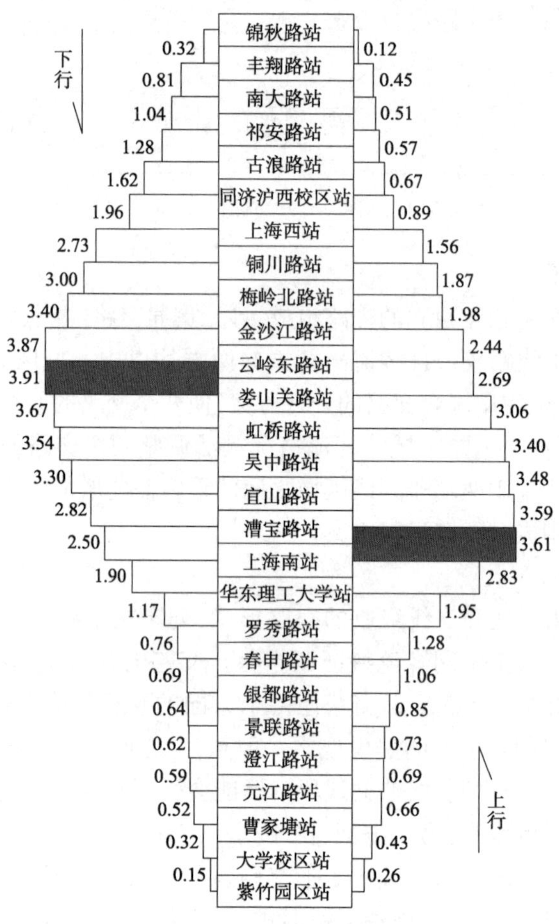

图 2-6　远期年高峰小时最大断面客流量图(单位：万人次/h)

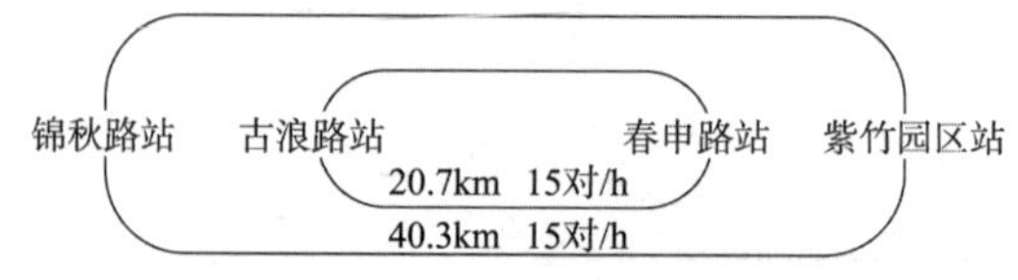

图 2-7　远期列车运行交路图

5. 配线设置

配线应在满足线路运营、管理和安全要求的前提下，结合工程条件综合设置。

配线一般紧邻车站设置,纳入车站部分,对于条件复杂的车站和工程实施难度大的车站尽量不设置配线。配线需要行车专业和线路专业相互协调配合才能设置。配线中的折返站体现在列车运行交路图中,配线设置将在模块6“城市轨道交通配线”中详细阐述。

五、限界

城市轨道交通在车站和区间范围内有轨道结构、通信、信号、供电、给排水等各种设备,无论是在地面、隧道内还是在高架上,为了保证列车在轨道上运行安全,列车的外轮廓线始终都与周围的一切建(构)筑物和各种设备的轮廓线之间保持空间性的安全距离,以防止列车在运行中与沿线建(构)筑物和设备发生碰撞。限界就是为此而规定的轮廓尺寸线,即在空间范围内安全间隔的警戒线。

限界是限定车辆运行及轨道区周围建(构)筑物范围的轮廓线。城市轨道交通限界分车辆限界、设备限界和建筑限界。其中起控制作用的是设备限界和建筑限界。限界是按平直轨道的条件制定的。曲线地段应在直线段的基础上根据曲线半径和轨道超高等进行加宽和加高。圆形隧道采用移动隧道中心线的办法。缓和曲线部分应在直线地段建筑限界的基础上进行加宽。

学习笔记

车辆限界

1. 车辆限界

车辆轮廓线依据车辆横剖面包络而成,是设计车辆限界的基础资料。车辆限界是指地铁车辆在平直线路(直线段)上,以设计最高运行速度行驶时,车体及部件(包括受电弓、空调机组、转向架等)在正常运行、最大偏移或振动工况下所形成的最大动态包络线。车辆限界用以控制车辆设计和制造尺寸,确定站台和站台屏蔽门定位尺寸。

车辆轮廓线与车辆限界示意图如图2-8所示。车辆限界根据车辆主要尺寸等有关参数,并考虑在静态和动态情况下以及车辆振动等正常状态下车辆所达到的横向、竖向偏移量及偏移角度,按可能发生的最不利的情况计算确定。

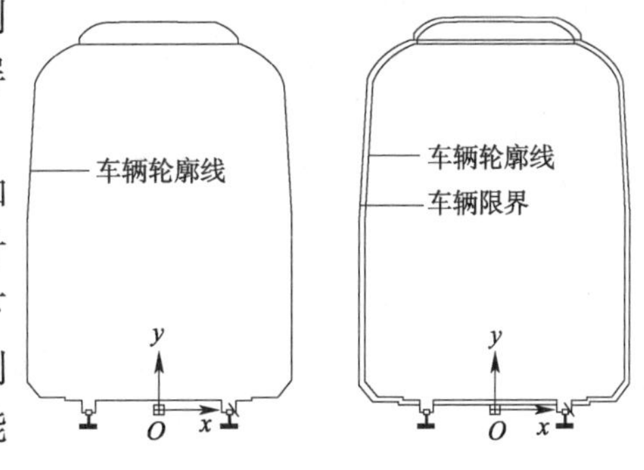

图2-8 车辆轮廓线与车辆限界示意图

2. 设备限界

设备限界是指车辆在故障运行状态下所形成的最大动态包络线,是用以限制行车区的设备安装的控制线,设备限界示意图如图2-9所示。设备限界是在车辆限界的基础上,考虑计算车辆限界时未计及的因素,如弹簧折断、空气簧漏气或过充,以及其他非正常状态引起的车辆额外偏移(不包括事故状态下车辆发生的偏移)而预留一定的安全间隙。

车辆限界
设备、限界
建筑、限界
轮廓线

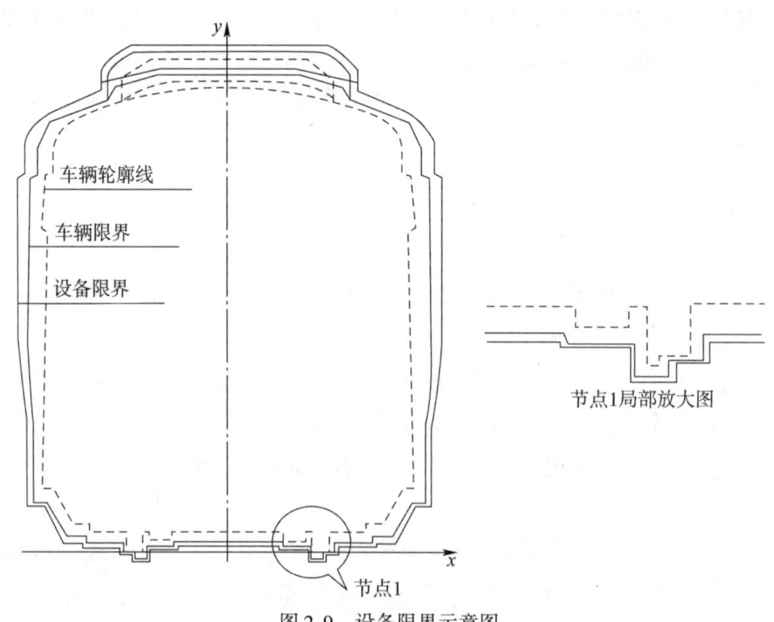

图 2-9　设备限界示意图

3. 建筑限界

建筑限界是满足车辆运行和设备安装要求的有效净空的最小尺寸,是在设备限界基础上,满足设备和管线安装尺寸要求后的最小有效断面,是任何沿线永久性固定建筑物在考虑了施工误差值、测量误差值及结构永久变形等因素后不得向内侵入的界线。

道岔区的建筑限界应在直线地段建筑限界基础上,根据不同类型的道岔进行导曲线加宽。道岔转辙机等的建筑限界加宽应根据信号专业的要求单独考虑。

建筑限界分为隧道内建筑限界、地面建筑限界(图 2-10)和高架建筑限界(图 2-11)。隧道内建筑限界按工程结构形式可分为矩形隧道建筑限界(图 2-12)、圆形隧道建筑限界(图 2-13)和马蹄形隧道建筑限界(图 2-14)。

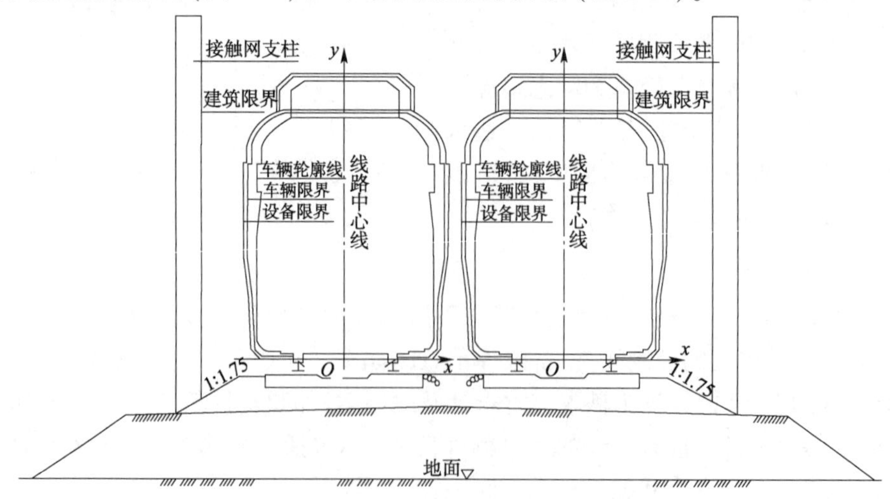

图 2-10　地面建筑限界示意图

◆想一想:限界与线路有什么关系?

在双线并行地段,限界决定了线间距;在车站站台范围内,限界决定了线路中心线至站台边缘的距离;在单线地段,限界和桥梁或隧道结构决定了线间距。其中线间距与线路中心线至站台边缘的距离会在后面单元中详细介绍。

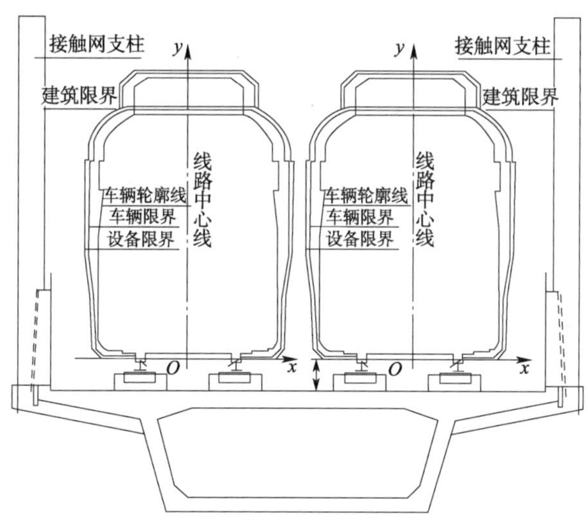

图2-11　高架建筑限界示意图

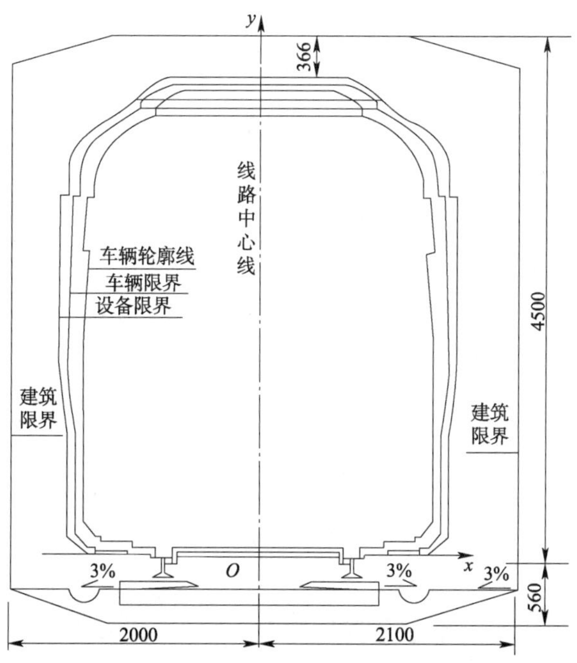

图2-12　矩形隧道建筑限界示意图(尺寸单位:mm)

学习笔记

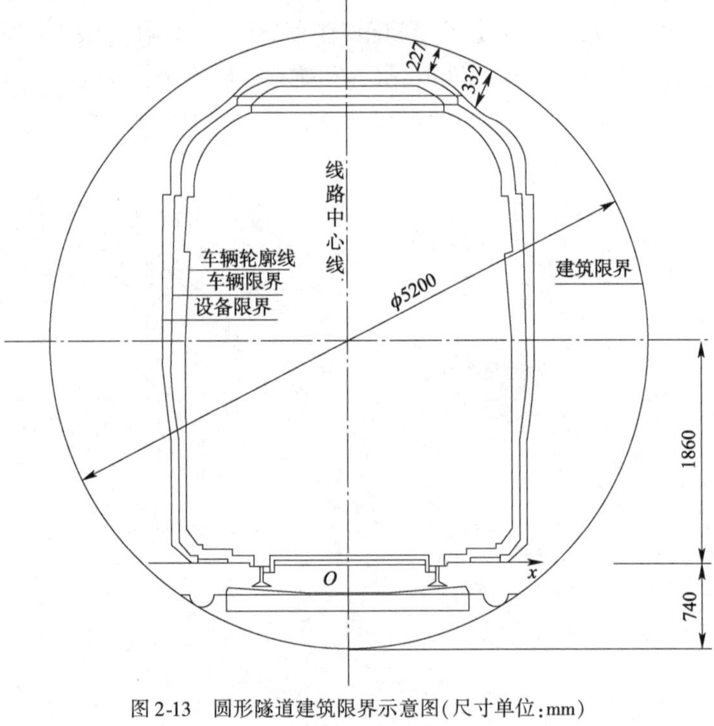

图 2-13　圆形隧道建筑限界示意图(尺寸单位:mm)

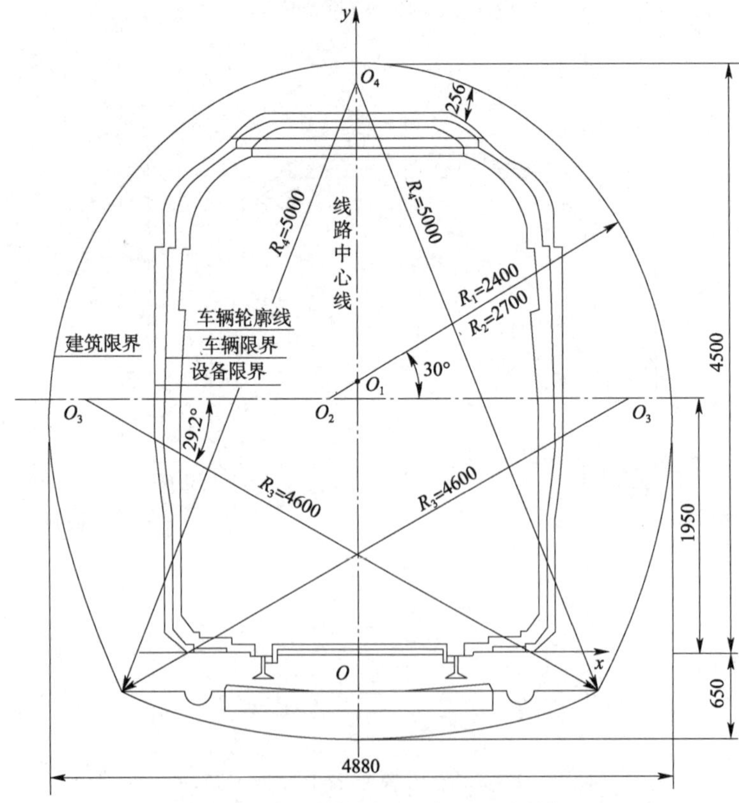

图 2-14　马蹄形隧道建筑限界示意图(尺寸单位:mm)

学习笔记

4. 限界图

在实际的城市轨道交通限界设计过程中,每条线路根据不同的区间结构、车站结构和站台形式、出入线段的结构等设计出不同的限界图。如果某线路为地下线,线路区间为单洞单线设计,那么限界图一般由以下图纸组成:区间直线段单圆形隧道建筑限界图、直线段岛式站台车站矩形隧道限界图、直线段侧式站台车站矩形隧道限界图、出入线矩形隧道限界图、出入线双线直线敞开段建筑限界图。某线路区间直线段圆形隧道建筑限界图如图2-15所示。

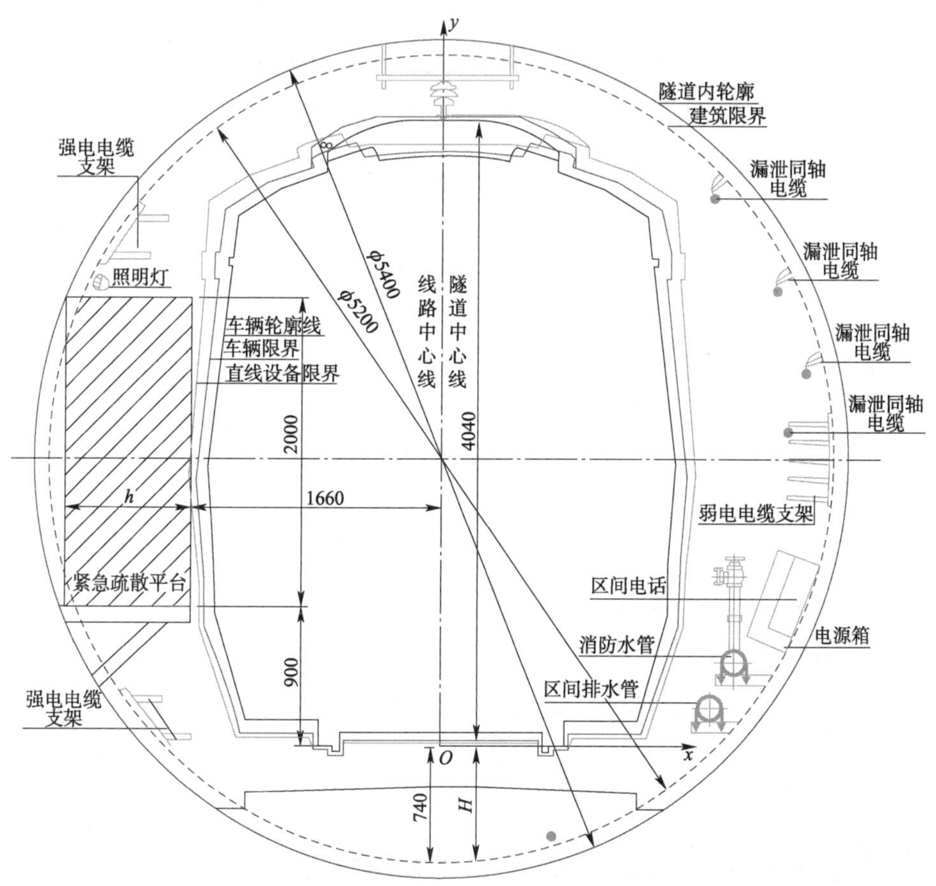

图2-15 某线路区间直线段圆形隧道建筑限界图(尺寸单位:mm)

注:管片内径取值5400mm;若为普通道床,H取值760mm;若为中等减振措施道床,H取值800mm;若为高等减振措施道床,H取值840mm;h为紧急疏散平台宽度。

◆想一想:从限界图中可以读取哪些信息?

六、轨道

轨道是城市轨道交通运营设备的基础,它直接承受列车荷载,并引导列车运行。在列车运行的动力作用下,它的各个组成部分必须具有足够的强度和稳定性,承受来自列车的纵向和横向的位移推力,保证列车按照规定的速度、方向不间断地运行。

学习笔记

线路选线与轨道密切相关，较普遍采用钢轮钢轨走行系统，它的轨道是由钢轨、轨枕、扣件、道床、道岔及其他附属设备等组成，轨距为1435mm。

1. 钢轨质量

城市轨道交通使用的钢轨主要有50kg/m钢轨和60kg/m钢轨两种，60kg/m钢轨在使用寿命、安全可靠性、降噪、杂散电流防护等方面均优于50kg/m钢轨。一般地铁系统的正线、配线及试车线推荐采用60kg/m钢轨；车场线（除试车线）采用50kg/m钢轨。

2. 轨道结构高度

轨道结构高度影响限界，地铁系统的轨道结构高度与不同的地段、结构类型、扣件和不同的道床型式有关。上海轨道交通某地下线的轨道结构高度见表2-4。

上海轨道交通某地下线的轨道结构高度 表2-4

序号	地段		轨道结构高度（mm）
1	地下线	矩形隧道长轨枕埋入式整体道床	560
2		圆形隧道长轨枕埋入式整体道床	800
3		矩形隧道轨道减振器扣件短轨枕式整体道床	600
4		矩形隧道钢弹簧浮置板整体道床	800
5		圆形隧道钢弹簧浮置板整体道床	800
6	出入线、试车线地面线部分混凝土枕碎石道床		840
7	库外线混凝土枕碎石道床		620
8	库内线整体道床		600

3. 道岔

道岔与配线设计密切相关，道岔部分内容详见模块6“城市轨道交通配线”。

单元2.4 主要设计原则和技术标准

主要设计原则和技术标准是选线设计的前提条件，对于不同的系统制式、不同的线路，设计原则和技术标准也会不同。下面以某城市轨道交通工程可行性研究阶段的地铁线路为例，对主要设计原则和技术标准选取部分内容进行阐述，这些内容与城市轨道交通线路选线设计密切相关。

一、主要设计原则

（1）以城市总体规划为指导，以城市轨道交通线网规划、建设规划为依据，以线路选线规划为基础，以提高城市公共交通体系的运营服务水平为目标，贯彻“科

学习笔记

技创新型、资源节约型、环境友好型”城市轨道交通设计理念，打造“安全、高效、科技、绿色、可经营和人文化”的城市轨道交通。

(2)贯彻“先网络、后单线，先总体、后分项，先运营、后建设”和“以人为本”的设计理念，站在整个网络的高度，坚持科学发展观，考虑与其他轨道交通线的衔接、换乘功能，并做发展预留(包括线路延伸、换乘联络、接口预留等)，以适应未来发展需要。

(3)坚持确保轨道交通基本功能的实现，车站工程实施应遵循尽量与市政道路改扩建工程结合、尽量与周边地块开发结合、尽量减少对道路交通的影响、尽量减少前期动拆迁和管线搬迁的原则，认真分析研究线路前期研究中关于选线设计和重要节点的设置，进一步征询市、区政府等有关部门意见，做好与相关市政工程的协调工作。吸取国内外城市轨道交通工程建设的经验与教训，高起点、高要求进行总体及系统方案研究。

(4)应充分考虑网络资源共享和综合利用。

(5)设计年限：初期2025年，近期2030年，远期2045年。

(6)客流：按设计年限预测客流，并考虑与其他轨道交通线的换乘客流。

(7)行车组织：双线线路、右侧行车、独立运营。线路远期最大设计通过能力不小于30对/h。

(8)线路走向：应符合城市总体规划和轨道交通线网规划。

(9)选线及站(场)址选择应在实现交通功能的前提下，尽可能考虑与周边综合开发相结合。

(10)车站：体现“以人为本”的理念，车站布置应以实现交通功能为主，强化换乘的便捷性和直接性。车站规模应根据预测客流、行车组织、交通功能及消防等因素，结合设备系统功能与运营管理的集成整合，进行模块化、集约化、标准化设置。完善车站功能，减小车站规模，优化结构体系，降低工程造价和运营成本。

(11)换乘车站设计应充分利用已建的预留工程，因地制宜地选择合理的换乘方式。与近期规划线路换乘车站同步建设，为远期线路做好接口预留。换乘设施的通过能力需满足远期换乘客流的需要。机电设备系统按共享原则集中考虑布置。

(12)限界：根据车辆尺寸、设备安装、线路特性及施工方法等分析计算确定。单圆盾构隧道内限界按设置纵向应急平台考虑，建筑限界放大至5600mm。

(13)车辆段及停车场：选址合理，布局紧凑，满足车辆停放及检修要求，综合考虑全线所需通过能力并以此确定规模，且考虑与其他线车辆段共享资源的可能性。

(14)修建程序：根据客流分布、财务、运营效益等因素，考虑修建程序。

二、主要技术标准

1. 线路

(1)最小平面曲线半径。

区间正线：350m，困难时300m。车站：尽量采用直线，曲线半径一般大于或等

学习笔记

于1000m,困难情况下曲线半径大于或等于800m。配线:200m,困难情况下150m。车场线:最小150m,困难情况下110m。

(2)最大坡度。

正线:30‰,困难情况下35‰。地下车站:2‰。配线:35‰,困难情况下40‰。

(3)竖曲线半径。

区间正线:5000m,困难时3000m。车站端部:3000m,困难时2000m。配线:2000m。

(4)折返线、停车线长度。

须满足运营作业和地铁规范要求,并与信号、行车、轨道等专业协商确定。

2. 轨道

(1)轨距:1435mm。

(2)钢轨:正线60kg/m,车场线50kg/m。

(3)道岔:正线采用60kg/m钢轨9号单开道岔,停车线采用60kg/m钢轨9号单开和三开道岔,车场线(除停车线)采用50kg/m钢轨7号道岔。

3. 行车组织

(1)车辆编组:A型车8辆编组(6动车2拖车)。

(2)行车密度:最大行车密度不小于30对/h。

4. 车辆(采用A型车)

(1)外形尺寸:22800mm×3000mm×3800mm。

(2)额定载客量:266人/辆(站立标准5人/m^2)。

(3)最高运行速度:80km/h。

5. 车站

(1)有效站台长度为186.6m,站台宽度按乘降量计算,中心城区地下岛式站台宽度一般不小于12m,有条件情况下不宜小于12.5m,单侧站台宽度不宜小于2.8m;侧式站台每侧宽度不宜小于3.5m(不含梯宽)。

(2)线路直线段,站台地坪装修面距轨顶面1.08m,站台边缘距线路中心线1.57m。

单元2.5 影响线路选线的因素

在城市轨道交通线网规划中,关于各条线路的走向和路由一般已经有了较粗略的规划。然而,城市建设过程中会发生一些变化,例如,城市用地规划的调整、建设时序的变化、大的客流集散点的重新选址等。这些变化不可避免地会对已经规划好的线路走向与路由产生影响,因此,工程建设前仍需要对此加以研究。

一、线路的作用及功能定位

为城市居民的生产、生活提供交通服务，是修建城市轨道交通线路的主要目的。城市轨道交通线路建设主要是为了提高人们的生活质量，提高居民的出行服务水平，带动城市发展。其他方面的作用还包括运输战备物资等。地铁多数建于地下，由于它的隐蔽性，在战争状态下，它可以用来隐蔽人员、物资，调动兵力和开办地下军工厂等。例如，第二次世界大战期间，伦敦、莫斯科地铁都发挥了很好的战备作用。所以，在线路选线前，首先需要结合城市规划及需求，明确线路的功能定位，确定线路选线设计的重点。

二、客流集散点和主客流方向

这一因素主要包括在设计年限内线路所经过的大型集散点的建设状况、可能形成的客流走廊状况以及主客流方向等。无论是从城市轨道交通系统的内部效益，还是从方便市民出行的社会效益考虑，城市轨道交通系统都要最大限度地吸引客流，其线路应尽量经过一些大型客流集散点，一般要放弃控制点间的最短路由方向。例如，上海地铁一期工程衡山路至人民广场，线路长约5km，有复兴中路、淮海中路和延安中路3条路由可选，复兴中路方案线路长度最小，施工干扰也小，但最后选定线路长200m的淮海中路方案，理由是淮海中路是繁华商业街，所吸引客流量比复兴中路多50%。

学习笔记

三、城市规划道路网及其建设状况

城市轨道交通线路必须与城市的规划道路网建设密切配合，在未建成规划道路的地段建设城市轨道交通时，要注意城市轨道交通线路与规划道路的关系，在能力运用上要配套、合理。城市道路分为快速路、主干道、次干道、支路等。快速路、主干道是贯穿整个城市或各区的主路，道路宽阔、交通可达性好，道路两侧往往集中了许多重要的单位、商场等，人口密度高。地下城市轨道交通线路一般应选择在城市主路敷设，能较多地吸引其范围内客流，换乘方便，能更好地为市民服务，运营效益高。只有在特殊条件下或为了转换主路，才在过渡地段选择在次干道以下等级道路敷设线路。

四、线路的敷设方式和技术条件

线路的敷设方式以及采用的技术条件对线路的走向及路由也会产生很大影响，在不满足线路技术要求的地段，须绕行或另选路由。

五、城市经济实力

城市轨道交通项目建设费用高，如地铁每公里造价可达数亿元。限于财力，在路由选择上，为了降低造价，除有计划地与旧城改建结合之外，要尽量避免造成大量的拆建工程。此外，各城市根据经济状况需要有计划地分期、分批建设城市轨道交通。

某些场合下,还有一些其他因素也会对线路路由产生决定性影响,如城市发展与改造计划、城市的环境保护要求和消防要求变化等,这些因素在特定条件下还可以起到主导作用。

单元2.6 线路选线的实施流程

一、线路走向与路由的确定

线路走向是指轨道交通线路的基本通往和经由方向,主要由线路各控制点(起点、中途必经据点和终点)间的相互位置决定。当控制点只有起点和终点时,其走向即为两点间连线;若控制点为3个或3个以上,即除起点、终点外,尚有1个或1个以上中途必经据点,尽管其总走向仍受其起点与终点连线走向的严格制约和控制,但在各个地段仍有可能出现两个或两个以上不同的走向方案。

1. 线路走向与路由的确定方法

(1)根据线路的功能定位对线路进行总体布局。

(2)确定线路的必经控制点。

(3)调整控制点之间的路由,最大限度地吸引客流。

(4)结合地质、地形现状进行选线。

(5)根据施工方案和施工条件进行选线。

(6)结合土地利用情况进行选线。

(7)根据城市的经济实力进行选线,减少拆迁工程。

(8)尽量避让受保护建筑。

2. 线路通过特大型客流集散点的路由选择的方法

一般认为,特大型客流集散点是指产生上下车3万人次/h或20万人次/d以上客流量的地点。当特大型客流集散点离开线路直线方向或经由主路时,线路路由选择有下列方法:

(1)路由绕向特大型客流集散点。

这是一种主要的路由选择方法,能为特大型客流集散点提供两个方向的服务,为乘客提供较大的方便,宜尽量选用。

(2)采用支线连接。

当特大型客流集散点位于郊区,使线路长度增加过多时,可以考虑采用支线连接。

(3)延长车站出入口通道,并设自动步道。

当线路联系客流集散点较为困难,特大型客流集散点距线路不超过300m时,可以考虑采用自动步道方案。

学习笔记

(4)调整线网部分线路走向。

在实际工作中,根据具体条件的不同,必须进行部分线路的调整时,可以对线网进行修编,再重新申报。

(5)调整特大型客流集散点。

线网确定后,规划及拟建中的特大型客流集散点应主动靠近车站,统一规划,综合设计,分步实施,以节省建设资金,给乘客带来方便。

二、敷设方式的选择

城市轨道交通线路敷设方式可分为地下、地面和高架三种。

1. 地下线

城市轨道交通地下线一般选择建设在城市中心繁华地区,这是对城市环境影响最小也是造价最高的一种线路敷设方式。地下线路能较好地解决立交问题和城市景观问题,节省土地,使土地资源得到合理的利用,适用于城市中心区、建筑密度高的地区、规划重点地区以及对环境要求高的地段。应根据地质情况和地下构筑物情况确定地下线埋置深度。地下结构形式的不同,会导致线间距也不同。

地下线的区间隧道施工一般多采用暗挖法,其中盾构法是最常用的方法。根据盾构型式的不同,常见的有 3 种线路布置形式:一种是单圆小盾构的单线设置,上下行线路分开设置,线路可并行,也可以上下重叠设置,比较灵活,能适应复杂的线路条件,覆土较浅;另外一种是单圆大盾构的双线设置,上下行线路并行设置,覆土较深,对于道路宽度要求也较高;还有一种是双圆或矩形盾构的双线设置,上下行线路并行设置,对于道路宽度要求也较高,但是沉降相对较大,上海地铁 6 号线、8 号线、2 号线东延伸、10 号线就采用了双圆盾构技术。盾构法施工的区间隧道因为需要一定的覆土压力,埋深较大。区间隧道埋深对造价影响不大,但应尽量选择较好的地质层。地下线示意图如图 2-16 所示。

学习笔记

隧道施工常用方法

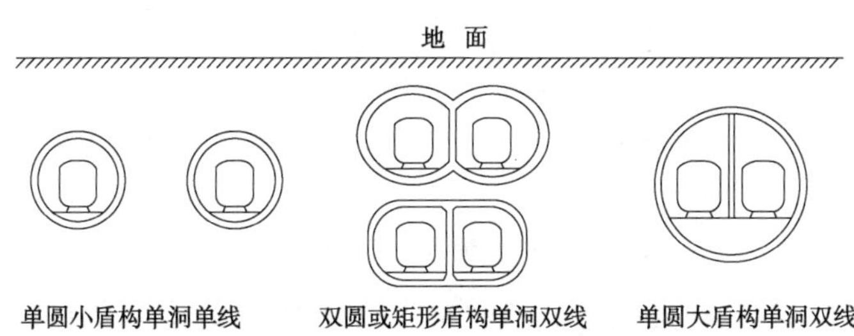

图 2-16　地下线示意图

车站施工常用方法

地下车站施工常用的方法有明挖法和暗挖法两种,采用不同的施工方法会形成不同的车站结构。采用明挖法施工的车站一般多为矩形框架结构,采用暗挖法施工的车站多为拱式车站。一般情况下,大部分地下车站采用明挖法施工,从车站造价、乘客乘降条件来说,埋深越小越好。

2. 地面线

城市轨道交通地面线是造价最低的一种敷设方式，一般敷设在有条件的城市道路或郊区，为保证城市轨道交通车辆的快速运行，一般为专用路权，与城市道路相交时，一般设置为立交。地面线一般多采用路基形式，双线并行设置。地面线示意图如图2-17所示。

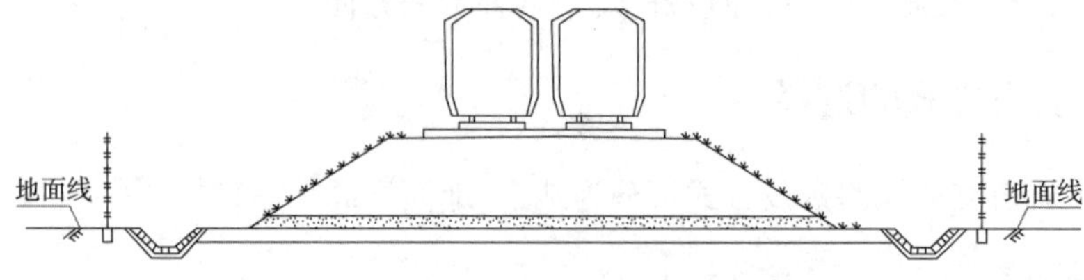

图2-17　地面线示意图

穿越市中心的城市轨道交通线一般很少设置地面线，主要原因是市区一般用地较为紧张，道路交叉口较多，干扰较大。在中心城与卫星城之间或城市边缘地带，应尽可能创造条件设置地面线，以降低工程造价。

3. 高架线

高架线既保持了专用道的形式，占地较少，又对城市交通干扰较小，造价介于地面线和地下线之间。高架线是城市轨道交通中一种重要的线路敷设方式。高架线路一般采用高架桥并行设置，梁型不同，线间距也不同。目前国内应用于城市轨道交通的桥梁形式有箱形梁、U形梁和钢梁等。其中U形梁因为结构简单、承载能力强、抗弯性能好、施工方便、空间利用率高和维护成本低在城市轨道交通高架线中得到广泛应用，高架线U形梁示意图如图2-18所示，如上海地铁8号线、11号线、17号线等高架段就采用了U形梁。

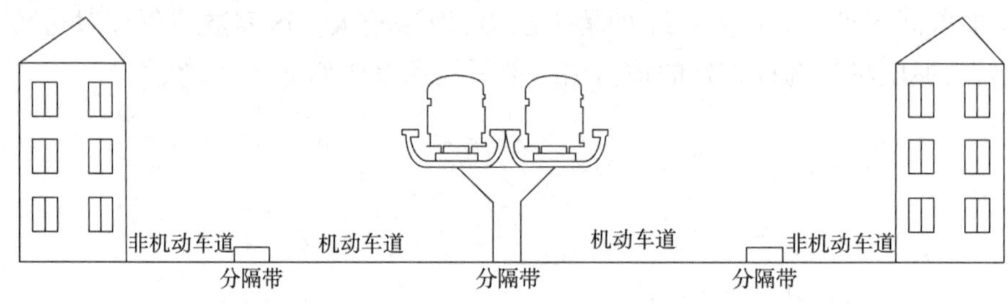

图2-18　高架线U形梁示意图

国内外对穿越城区的城市轨道交通线甚至道路设置高架线存在一些争议，争议的焦点在于三个方面：一是高架线路对市区（一般指旧城区）景观有些影响，可能破坏市容；二是高架线产生的噪声、振动等对周围环境有不良影响；三是高架对沿线居民的隐私权有所侵犯，易引起纠纷。一般认为，当城市道路红线宽度在40m以上且两侧各有约20m的绿化带时，可以考虑设置路中高架线，但须满足环评的要求。

上述三种敷设方式应结合城市的总体规划、城市道路条件、周围建（构）筑物、人口密度、线路所穿越的地区环境、工程技术要求及造价、建设环境和资金情况等进行选择,因地制宜地规划和设计。根据情况,地铁系统一般敷设在地下,但也可以设置为高架线,最典型的是上海轨道交通 3 号线。轻轨多采用高架线方式,如武汉轨道交通 1 号线;但在人口集中、建筑密集的市中心也可以设置为地下线,如重庆跨座式单轨就有相当长一段采用地下线。一般来说,无论轻轨还是地铁,在市区中心宜采用地下线,线路两端靠近郊区可采用高架线或地面线。不同线路敷设方式的特点见表 2-5。

不同线路敷设方式特点一览表　　　表 2-5

比较内容	地下线	地面线	高架线
适用范围	城市中心区、建筑密度高的地区、规划的重点地区以及对环境要求高的地段	非城市中心区	非城市中心区
对城市土地利用的影响	与城市规划配合得最好,能促进沿线土地利用	隔断了线路两侧土地	对沿线一定范围内存在不利影响
对道路红线的要求	无特殊要求	有一定要求	有一定要求
对城市交通的影响	基本无影响	隔断了线路两侧的横向交通,须据情况处理	影响较小
对工程地质条件的适用性	在地质不良地带将付出较高工程代价,不适用于工程地质不良地区	好	好
占地	在地下,地面以上占地很少	多	较少
对环境的影响	不影响城市景观,对沿线的主要影响是运营产生的振动	影响城市景观;运营时产生的噪声和振动对沿线一定范围有影响	影响城市景观;运营时产生的噪声和振动对沿线一定范围有影响
工程造价	高	最低	较低

三、车站分布及站位设置

城市轨道交通车站的建设成本高昂,其造价在初始投资中占比很大,尤其是地下车站。由于车站造价高,车站数量对整个城市轨道交通的工程造价影响较大,在进行线路选线设计时,对车站数量及其分布一般要进行多方案比选。比选时要分析乘客使用条件、运营条件、周围环境以及工程难度和造价等方面,通过全面、综合的评价,确定推荐方案。

线路上各车站位置的设置,对城市轨道交通作用的发挥有很大的影响。站位的设置应满足城市轨道交通线路设计及运营的要求,同时考虑城市公共交通组织和城市规划的要求。车站位置的确定是十分复杂的,车站位置一般只有在工程可

学习笔记

行性研究甚至初步设计阶段才可以最终确定。

关于车站分布及站位设置将在模块5“城市轨道交通车站”中详细阐述。

四、配线设置

城市轨道交通配线须统筹考虑线网布局、车站分布、断面客流特征等,在对运行交路、折返能力、安全保障、故障救援及工程投资等要素进行综合分析后设置。不同的配线类型在城市轨道交通系统中发挥着不同的作用,它们共同保障了列车安全、高效的运行。在实际的轨道交通规划和设计中,需要根据具体的线路条件、运营需求和工程条件等因素,合理选择和设置配线类型,以实现最佳的运营效果和经济效益。配线设计详见模块6“城市轨道交通配线”相关内容。

五、线路方案比选

1. 线路方案比选内容

城市轨道交通线路根据不同的阶段,其深度和广度也不同。在工程可行性研究阶段,选线一般是在1:2000的地形图中进行的。一般来说,根据线路技术条件和地物地貌,可提出2个或3个方案作为比选和论证的基础。线路方案比选一般可从以下5个方面着手:

(1)客流吸引条件,包括客流量大小、吸引范围内居住及工作人口数、沿线客流集散点以及与其他交通工具换乘条件等。

(2)线路条件,包括线路长度、曲线半径、车站设置条件等。

(3)施工条件,包括车站和区间的施工难易程度、施工场地布置条件、房屋与管线的拆迁工程量等。

(4)对城市环境的影响,包括施工期对城市道路、建筑、绿化以及居民的影响和运营后线路对城市的景观产生的影响及其噪声等。

(5)费用和工期,主要包括工程造价、运营费和施工工期等。

在某些特定项目中,根据情况还可能需要增加某些比选条件,以全面反映方案的优劣。

2. 线路方案比选实例

以上海地铁12号线嘉善路站—南京西路站段线路(图2-19)研究为例,进行方案比选的分析,在该段方案研究时,上海地铁10号线和14号线还未建设。该段线路地处上海中心城的核心区域,途经复兴中路、淮海中路、延安中路等众多重要干道,建筑密集,以上海历史文化为主体的特色居住小区和公建设施广泛分布。该地区也是上海市轨道交通网络锚固的重要节点,12号线与1号线、2号线、9号线、10号线及14号线相会形成换乘节点。因此,该段线路走向及站位的选择将涉及历史文化保护建筑、名木古树、道路交通、轨道交通换乘站及换乘枢纽等诸多方面。结合当时10号线陕西南路和茂名南路两大设站方案,提出了该段线路沿茂名南路、陕西南路两个走行方案。具体方案分析如下:

学习笔记

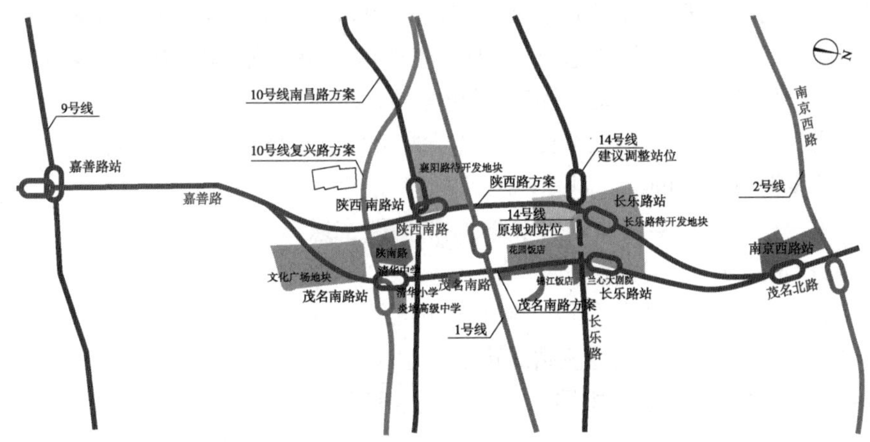

图 2-19　嘉善路站—南京西路站段线路走行方案比选示意图

(1)茂名南路方案。

该方案线路出嘉善路站后向北沿嘉善路走行,线路以一个小半径曲线折向东,穿越文化广场等部分街坊,再以一个小半径曲线向北转入茂名南路,在复兴中路设站与当时还未建设的 10 号线(复兴路方案)换乘,该站附近有 3 所学校,须动迁。随后线路沿茂名南路北行,下穿 1 号线区间隧道后至长乐路设站,与当时沿长乐路走行的规划 14 号线换乘。最后线路穿越延安路高架后,以小半径曲线转入茂名北路,在南京西路、茂名北路口西南侧街坊设站,与已建 2 号线南京西路站换乘。线路沿途经过 3 所学校及国泰电影院、花园饭店、锦江饭店、兰心大剧院等众多保护建筑。本段线路长约 2. 95km,设有嘉善路站、茂名南路站、长乐路站、南京西路站,四站站间距分别为 1400m、825m、720m。该方案特点如下:

①从路网中线路分布密度来看,12 号线走茂名南路,路网分布距离均衡。

②茂名南路沿线历史保护建筑及高层建筑众多,12 号线为避让 1 号线陕西南路站东侧车站,需要穿越国泰电影院及锦江饭店沿街保护建筑区。

③10 号线与 12 号线茂名南路站采用"L"形换乘,换乘条件较好,且可更好地促进文化广场地块的开发建设,吸引文化广场客流。但车站施工时需动迁 3 所学校,对复兴中路、茂名南路交通、绿化有影响,且与复兴中路路中雨水管有矛盾;长乐路站附近有历史保护建筑,车站工程实施难度较大;两车站埋置较深、施工难度大,工程费用较高。

(2)陕西南路方案。

该方案线路出嘉善路站后,沿嘉善路北行,以小半径曲线穿越嘉善路至陕西南路间部分街坊,再以小半径曲线转入陕西南路,在陕西南路西侧街坊内设陕西南路站,分别与 10 号线(南昌路方案)、1 号线换乘,形成倒"Z"形三线换乘枢纽,该换乘枢纽可结合当时的襄阳路待开发地块设置。随后线路沿陕西南路向北,至长乐路以小半径曲线折向东后设长乐路站,与规划 14 号线换乘,该站可结合当时的长乐路待开发地块设置。线路出长乐路站后穿越延安路高架至茂名北路,设南京西路站,与已建 2 号线换乘。本段线路长约 2. 98km,设有嘉善路站、陕西南路站、长乐

学习笔记

路站、南京西路站，四站站间距分别为1595m、705m、680m。该方案特点如下：

①该方案有局部线路穿越街坊，但是陕西南路沿线障碍物相对较少，12号线走行条件较好，线形相对茂名南路方案更为顺直。

②陕西南路站可与10号线、1号线形成三线换乘枢纽，并结合襄阳路地块的综合开发设置，动迁和施工难度较小。

③两线车站工程实施对复兴中路、陕西南路交通影响较小。

(3)比选结果。

综上所述，从线路走行及设站条件等方面综合分析，陕西南路方案中10号线、12号线换乘车站站位避免了该站周边3所学校的动迁，以及对周边建筑扩建项目的影响，同时也避免了复兴中路上大直径雨水管和复兴中路、茂名南路沿线绿化的搬迁；10号线、12号线车站工程实施对复兴中路、陕西南路交通影响较小。同时12号线、14号线长乐路换乘枢纽可结合长乐路北侧地块的开发设置，避开了长乐路、茂名南路众多历史保护建筑。另外，陕西南路与茂名南路相距很近，12号线局部改走陕西南路方案对线网分布及密度没有影响，反而避免了12号线对茂名路沿线花园饭店、锦江饭店、兰心大剧院、国泰电影院等保护建筑及文化广场等的影响；线路无须穿越国泰电影院及锦江饭店等有桩建筑，区间及长乐路站、陕西南路站的埋深较茂名南路站浅。所以最后选择了陕西南路方案，嘉善路站至南京西路站线路方案比较见表2-6。

学习笔记

嘉善路站至南京西路站线路方案比较 表2-6

序号	比较内容	工程方案	
		茂名南路方案	陕西南路方案
1	线路长度(km)	2.95	2.98
2	车站数(座)	4	4
3	在线网中的位置	均衡	比较均衡
4	吸引客流条件	较好	好
5	换乘条件	较好	与1号线、10号线形成三线换乘枢纽，换乘条件好
6	施工难易程度	茂名南路路幅狭窄，沿线保护建筑多，施工困难	施工难度较小
7	对道路交通、绿化的影响	较大	较小
8	对保护建筑的影响	大	小
9	相关线路车站工程实施难度	10号线、14号线换乘站工程实施难度大	较小
10	站间距	较均衡	欠均衡
11	推荐意见	不推荐	推荐

复习思考题

1. 在城市轨道交通设计领域,线路是如何定义的?

2. 城市轨道交通线路专业的特点有哪些?

3. 城市轨道交通线路分为哪几类?

4. 城市轨道交通线路的形态有哪些?

5. 线路选线主要技术标准的确定与哪些专业相关联?

6. 客流预测的"四阶段法"包括哪 4 个阶段?预测客流汇总表中的哪项决定了车辆选型与编组?

7. 城市轨道交通系统制式的选择一般需要满足哪几个方面的要求?

8. 车辆选型包括哪几个方面的内容?

9. 如何确定城市轨道交通速度目标值?

10. 什么是线路通过能力?一般情况下,地铁系统设计远期最大能力为多少?

11. 什么是列车运行交路?常用的城市轨道交通列车运行交路方案有哪些?

12. 什么是城市轨道交通限界?城市轨道交通限界分为哪几类?

13. 地铁系统正线和车场线应用的钢轨质量分别为多少?轨距为多少?

14. 城市轨道交通线路的主要技术标准有哪些?

15. 影响城市轨道交通线路选线的因素有哪些?

16. 线路敷设方式有哪些?它们的特点分别是什么?

17. 当特大型客流集散点离开线路直线方向或经由主路时,路由选择的方法有哪些?

18. 线路方案比选内容有哪些?

学习笔记

模块 3

城市轨道交通线路平面

问题导入

城市轨道交通线路平面是线路纵断面设计的基础。地铁线路平面是由哪些线形组成的？包含哪些技术要素？地铁系统线路平面的技术要素是如何设置和取值的？与哪些因素有关？技术标准有哪些？不同城市轨道交通系统制式线路平面技术标准有什么区别？地铁系统的线路平面是如何设计的？本模块将回答这些问题。

学习目标

知识目标

1. 掌握城市轨道交通线路平面的定义。
2. 掌握城市轨道交通线路平面的组成和技术要素的确定。
3. 了解各种城市轨道交通系统制式线路平面的技术标准。
4. 掌握城市轨道交通线路平面图识图。
5. 了解城市轨道交通线路平面位置及线间距设计。

技能目标

1. 能区分不同城市轨道交通系统的最小曲线半径。
2. 能根据给定的城市轨道交通线路平面图进行平曲线参数和特征点里程的计算。
3. 能合乎规范地使用最高运行速度为 80km/h 地铁系统 A 型车线路平面主要技术标准。
4. 能识读地铁系统线路平面图施工图图纸各部分内容。
5. 能根据给定的电子地形图和物探信息在 AutoCAD 软件上进行初步的线路平面设计。

素质目标

1. 具有规范严谨的设计理念、求真务实的工作态度和高度的责任感。
2. 具有良好的职业道德和规范、安全与质量控制等职业素养。
3. 具有良好的团队协作、人际交往和协商沟通的能力。
4. 具有良好的城市轨道交通工程伦理和环保意识。

建议学时

8 学时

案例引入

北京地铁6 号线全长52.9km,采用全地下敷设方式,共设35 座车站,采用8 节编组 B 型车。6 号线是经北京中心城区的东西向的地铁骨干线路,也是一条穿越北京旧城的地铁线路。在6 号线上运行的列车是市区中运行速度最快的列车,最高运行速度为 100km/h。北京地铁要进旧城,不可避免地要做好文物保护工作。

原规划设计的地铁6 号线北海、故宫段方案是从阜成门进入内城,经西四站、北海公园站、美术馆东街站向东,在东四站和地铁 5 号线交会。在北海公园站,6 号线将从故宫护城河下经过,地铁隧道距离紫禁城西北角楼仅 20m。根据《古建筑振动控制技术标准》(T/CECS 1118—2022),力学专家从振动控制角度提出意见:根据北京、上海地铁列车运行振动规律,原设计路线在角楼处产生的振动速度将不满足国家标准;合适的振动安全距离应不小于 50m。

在北京地铁6 号线既要进北京旧城,又要保证紫禁城角楼地基稳定的前提下,规划设计单位在考虑运行振动对文物建筑的影响,并对此进行充分科学的论证分析后,从最安全的角度出发,最终选取了北海、故宫段避绕紫禁城的方案,避免了文物保护的问题。该方案具体内容如下:6 号线沿朝阜大街走行的一段线路向北平移1.5km,改沿平安大街走行,最终线路经东黄城根绕到东四西大街,再向东行。经过平面改移后的线路,在从阜成门进入内城的北海段上,将原设置的西四站、北海公园站、美术馆东街站更改为平安里站、北海北站、南锣鼓巷站。

北京在其他地铁线路的建设中,也十分注意避绕古建筑。例如,北京地铁 8 号线二期工程要经过鼓楼,为保护鼓楼,其线路没有从鼓楼地下穿过,而是西移超过50m,还将鼓楼车站向南移,距离鼓楼 100m,从而避免了近距离影响鼓楼基础。又如,北京地铁 16 号线在通过动物园时,为保护畅春楼,线路向南偏移。

以上案例中,线路平面设计方案的调整最大限度地减少了对地面建筑物的影响,确保了古建筑的安全。城市轨道交通线路平面不仅要结合周边环境设计,其技术标准还要符合相应的规范要求。

学习笔记

单元 3.1 城市轨道交通线路平面定义及组成

线路平面设计一般是指在确定线路路由的情况下,对线路的平面位置、车站的位置以及全线的配线进行详细分析和计算后,最终确定线路的准确位置。

线路平面是线路中心线在水平面上的投影。一般情况下,最理想的线路平面就是每个站点之间用直线相连,这样距离最短。实际上线路平面位置的设置会遇到各种无法避绕的障碍物，比如地面建筑物、地下管线和其他建筑物，为了避绕障碍物，必须通过曲线来实现。所以，城市轨道交通线路平面一般由直线和曲线组成，曲线又由圆曲线和缓和曲线（连接圆曲线和直线的曲线）组成，线路平面组成如图 3-1 所示。

◆想一想：为什么需要设置上述不同线形？

线路设计最终为运营服务，线路平面设计的合理性最终会反映在乘客乘坐时的体验和感受中。这就要求车辆在行驶过程中，满足乘客在乘坐车辆时的安全性、平顺性和舒适性的要求，这些要求就体现在车辆行驶轨迹线上。

（1）满足安全性的要求，也就是保证车辆行驶轨迹是连续的，即在任何一点上不出现错头、折点或间断，这就要求曲线和直线的连接必须相切。不连续的平面线形如图 3-2 所示。

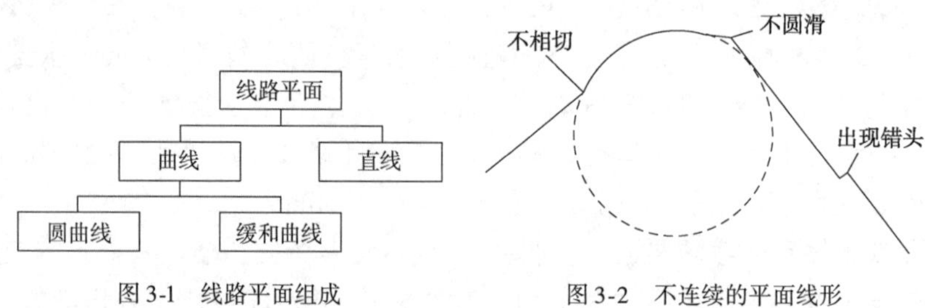

图 3-1　线路平面组成　　图 3-2　不连续的平面线形

（2）在满足安全性要求的情况下，还要满足平顺性的要求，也就是保证车辆行驶轨迹线的曲率（曲率表示曲线在某一点的弯曲程度，半径的倒数就是曲率。曲率越大，表示曲线的弯曲程度越大，直线曲率为零，圆曲线曲率为常数，缓和曲线曲率为变数）是连续的，即轨迹上任何一点不出现两个曲率值。一般情况下，这就要求不能同时连接两条半径不同的圆曲线。曲率不连续的平面线形如图 3-3 所示。

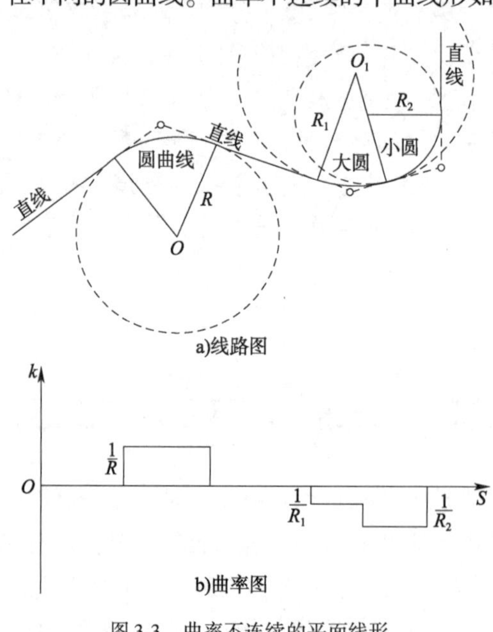

图 3-3　曲率不连续的平面线形

(3)在满足安全性、平顺性要求的情况下,还要满足舒适性的要求,也就是保证车辆行驶轨迹线的曲率对里程或时间的变化率是连续的,即轨迹上任何一点不出现两个曲率变化率值。曲率连续的平面线形及对应的曲率变化率如图3-4所示。舒适性的要求就体现在缓和曲线段。

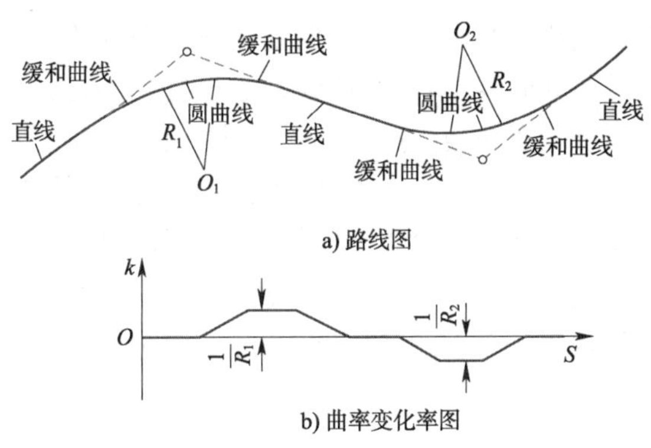

图3-4 曲率连续的平面线形及对应的曲率变化率

城市轨道交通平面线形正是由上述3种基本几何线形即直线、圆曲线和缓和曲线通过合理组合而构成的,其也被称为"平面线形三要素"。根据实际情况,平面线形的基本形式一般有以下两种情况:

(1)直线—圆曲线—直线。此种情况下,当圆曲线半径大到一定程度时,也就是曲率很小时,直线到圆曲线的曲率对乘客的舒适性基本上没有影响,那么就可以不设置缓和曲线,直接从直线过渡到圆曲线,这种线路平面线形的基本形式(不设缓和曲线)如图3-5a)所示。比如在地铁系统的最高运行速度为80km/h的线路设计中,当圆曲线半径较大(一般情况下,>3000m)且不设超高时,不设置缓和曲线。

(2)直线—缓和曲线—圆曲线—缓和曲线—直线。比如在地铁系统的最高运行速度为80km/h的线路设计中,当圆曲线半径较小(一般情况下,≤3000m)且设置超高时,需要加设缓和曲线,这种线路平面线形的基本形式(加设缓和曲线)如图3-5b)所示。

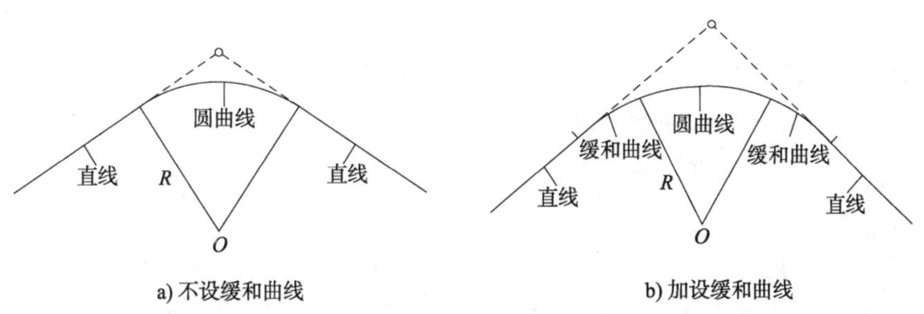

图3-5 线路平面线形的基本形式

学习笔记

单元3.2　地铁线路平面主要技术要素

城市轨道交通的线路平面由直线、圆曲线和缓和曲线组成。线路平面设计的主要技术要素包括最小圆曲线半径、圆曲线最小长度、夹直线最小长度、缓和曲线线形和长度等。在城市轨道交通线路平面设计中，由于车辆类型、行车速度、地形条件等的不同，涉及的最小圆曲线半径和圆曲线最小长度、缓和曲线的线形和长度、夹直线最小长度均会不同，所以不同系统制式的技术要素都会有差别，那么这些技术要素是如何确定的呢？在城市轨道交通系统制式中，地铁系统在国内广泛应用，根据《地铁设计规范》(GB 50157—2013)，下面对地铁系统的线路平面技术要素进行介绍。

一、圆曲线

1. 圆曲线半径

线路平面圆曲线半径应根据车辆类型、地形条件、运行速度、环境要求等综合因素比选确定。圆曲线半径的取值一般情况下为50m的倍数；困难情况下，可以取10m、5m的倍数；特殊情况下，比如上下行线需要同心圆设计，可以是小数。正常情况下，为了得到较顺直的线形，尽量采用较大的圆曲线半径。但是城市轨道交通线路不同于一般铁路，它往往受城市道路和建筑物控制，曲线半径选择自由度小，常须设置较小的半径曲线，但是曲线半径也不能无限制地小，所以最小圆曲线半径标准是线路平面设计中的主要技术标准之一。

(1)最小圆曲线半径。

◆想一想：最小圆曲线半径标准选择的主要影响因素有哪些呢？

①圆曲线半径对行车速度的影响。

如果已知列车最高运行速度、最大超高和允许欠超高，那么可求得最小圆曲线半径，其理论计算公式：

$$R_{min}=\frac{11.8v_{max}^2}{h_{max}+h_{qy}} \tag{3-1}$$

式中：R_{min}——满足欠超高要求的最小圆曲线半径，m；

v_{max}——最高运行速度，km/h；

h_{max}——最大超高，mm；

h_{qy}——允许欠超高，mm。

当 $v_{max}=80$km/h，$h_{max}=120$mm，$h_{qy}=60$mm 时，$R_{min}=420$m。也就是说，如果列车按照最大运行速度 80km/h 经过圆曲线的话，那么最小圆曲线半径需要达到420m 才能满足要求。

学习笔记

如果已知圆曲线半径、最大超高和允许欠超高，那么可求得列车通过该圆曲线时的最高运行速度。

$$v_{max} = \sqrt{\frac{R(h_{max} + h_{qy})}{11.8}} \tag{3-2}$$

当 $R = 350\text{m}, h_{max} = 120\text{mm}, h_{qy} = 60\text{mm}$ 时，$v_{max} = 73\text{km/h}$。也就是说，如果列车通过半径为350m的圆曲线时，列车所能达到的最大运行速度为73km/h。

列车通过圆曲线地段时，为保证行车安全和满足乘客舒适性要求，列车必须限速运行。列车通过圆曲线时允许的最大运行速度应根据圆曲线半径、超高和乘客舒适性要求计算确定，圆曲线限速见表3-1。

圆曲线限速 表3-1

圆曲线半径 R(m)	50	300	350	400	450	500	550	600	650
圆曲线限速 v(km/h)	1.7	67.5	73.0	78.0	82.7	85.2	91.5	95.5	99.4

②圆曲线半径对运营、维保的影响。

根据车轮在圆曲线钢轨上的运行轨迹，由于内外轨的长度差异，车轮在圆曲线上滚动运行时会产生滑动摩擦，圆曲线半径越小，滑动摩擦越大，噪声越大，钢轨磨耗越严重。

从运营角度来看，通过圆曲线半径对行车速度影响分析，列车经过小半径圆曲线时，半径越小，限速越小，同时噪声越大，这不仅降低列车在该线路的运行速度，而且会影响乘客的舒适性。

从维保角度来看，圆曲线半径越小，钢轨的磨耗越严重，也就是说，圆曲线半径越小，钢轨更换周期越短。根据国内铁路曲线钢轨磨耗的研究结果，200m半径圆曲线的换轨周期比400m半径圆曲线的换轨周期缩短约40%。这使换轨费用、维护费用、施工费用都大幅增加，从而大大提高维保成本。所以，400m以下的小半径圆曲线具有限制列车速度、养护比较困难、钢轨侧面磨耗严重及噪声大等缺点，特别是在运量大、密度高的线路。

③圆曲线半径对工程方案的影响。

较小的圆曲线半径，能够较好地适应地形、地物、地质等条件，可以大大提高选线的灵活性。一方面，在一线城市，高层建筑、高架桥等工程设施大量兴建，其深桩基础对轨道交通线路选线造成很大的约束。如果使用较小的半径圆曲线避绕这些障碍物，可以节省数千万元甚至上亿元的工程拆迁费用。另一方面，在采用小半径圆曲线后，线路走向的调整余地增加，那么换乘站设计方案的灵活性也提高，设置平行换乘或其他较短换乘路径的可行性大大提高。若最小圆曲线半径标准定得过高，必将给设计和施工带来很大困难，并大幅度地增加工程投资。

④圆曲线半径对工程可实施性的影响。

在地面或高架线路中，可根据不同车辆型式选取相应的最小圆曲线半径。在地下线路中，明挖法和部分暗挖法能够适应各种小半径圆曲线的施工，但对盾构法

学习笔记

而言,目前国内受现有设备的限制,只能实施半径在250m以上圆曲线的工程,而日本早已研发了能够实施半径在80m以上的圆曲线工程的盾构设备,并将其大量运用于东京、大阪的地铁建设中。

⑤车辆类型对圆曲线半径的影响。

对于大运量或高运量的轨道交通车辆,其轴距制约了其在一定速度下所能通过的最小圆曲线半径。地铁系统的车辆长度大,转向架的固定轴距也长,其在一定速度下通过圆曲线时,所需要的圆曲线半径也较大。如果要兼顾通过曲线速度不宜过低,在用足轨道超高的情况下,最小圆曲线半径也不宜过小。

圆曲线最小曲线半径的选择应该综合考虑,从运营、维保角度出发,最小圆曲线半径应尽量少用;实际工程中圆曲线半径也并非越大越好,从降低工程造价和方案的灵活性出发,有时采用小半径圆曲线更为合适。同时,最小圆曲线半径的选择在技术上主要受能够适应较小半径圆曲线的新型车辆和施工技术的限制。在实际工作中,圆曲线半径宜按标准半径系列从大到小合理选用,地铁线路最大圆曲线半径一般不超过3000m。

根据《地铁设计规范》(GB 50157—2013),圆曲线最小曲线半径应符合表3-2的规定。

学习笔记

圆曲线最小曲线半径(m)　　表3-2

线路	A型车		B型车	
	一般地段	困难地段	一般地段	困难地段
正线	350	300	300	250
出入线、联络线	250	150	200	150
车场线	150	—	150	—

美国、日本和法国等为了降低地铁工程造价,采取了较为灵活的最小圆曲线半径标准值,如纽约地铁的最小圆曲线半径为107m,芝加哥和波士顿地铁为100m;东京、大阪等城市的地铁线路的最小圆曲线半径大部分不足200m;巴黎地铁的最小圆曲线半径仅为75m。

(2)圆曲线半径在车站站台段的设置。

◆想一想:车站站台段线路能否设在曲线上?

车站站台段线路能设置在曲线上,但是车站站台段线路宜设在直线上。原因如下:

①站台上有大量乘客,直线站台通视条件好,有利于行车安全。

②城市轨道交通多为高站台,曲线站台边缘与车辆间的踏步距离不均匀,不利于乘客上下车和乘车安全。

车站曲线半径不仅与站台边缘与车辆(车门处)的间隙有关,也与车辆与站台门的间隙有关,但是主要由站台边缘与车辆(车门处)的间隙来决定。例如地铁系统的A、B型车在车站站台有效长度范围的线路曲线最小半径,若按车辆与站台边缘间隙控制计算，则根据A、B型车参数，按车辆与曲线站台边缘最大间隙180mm控制，直线地段按70mm控制，可确定车站最小曲线半径，按A、B型车分别进行计算，确定为800m和600m；若按车辆与站台门间隙控制计算，直线地段按130mm、曲线地段按180mm考虑，按A、B型车分别进行计算，确定为1500m和1000m。

根据《地铁设计规范》(GB 50157—2013)，车站站台宜设在直线上。当设在曲线上时，其站台有效长度范围的线路曲线最小半径应符合表3-3规定。

车站曲线最小半径(m) 表3-3

车型		A型车	B型车
曲线半径	无站台门	800	600
	有站台门	1500	1000

一般情况下，大多数按有站台门设计，上海地方标准A型车车站曲线最小半径为1000m，困难情况下为800m。

注意：车站站台段线路能设置在曲线上，这里的曲线可以是圆曲线，也可以是缓和曲线。如圆曲线进入站台范围，只要半径满足规范要求即可；如果缓和曲线进入站台范围，只要满足缓和曲线的曲率小于或等于圆曲线要求的曲率就可以。例如对于地铁A型车，缓和曲线进入无站台门站台范围内的曲率只要小于或等于1/800，就满足要求。

◆想一想：道岔能否设在曲线上？

不能，道岔应设在直线上，且道岔端部至曲线端部的距离，9号道岔不应小于5m，车场线一般采用7号道岔，可减小到3m。

2. 圆曲线长度

◆想一想：城市轨道交通圆曲线长度是不是越小越好？

城市轨道交通圆曲线长度小，对改善瞭望条件、减小行车阻力和养护维修有利，但是圆曲线长度太小对行车稳定性和乘客舒适性会产生不利影响。

(1)圆曲线最小长度规定为不小于一节车厢长度，目的是避免一节车厢同时跨越在3种线形上，造成车辆运动轨迹过渡不顺畅，从而出现脱轨事故，对行车稳定性和乘客舒适性产生不利影响。从运行安全性考虑，规定A、B型车运行的圆曲线最小长度分别不小于25m和20m。

(2)对于困难地段，允许减小到一节车厢的全轴距(车辆最前位和最后位的车轴中心线间的水平距离)，一般可用在非正线、低速运行地段。尽量不要出现在正线上。

(3)车场线圆曲线最小长度不应小于3m，因为车场内为低速运行区，车场内曲线往往是道岔后的附带曲线，曲线半径较小。车场线路为了场地布置紧凑，可以按一个转向架固定轴距(一个转向架的最前位和最后位的车轴中心线间的水平距离)设置，这样基本可以满足低速运行的线路条件。

学习笔记

《地铁设计规范》(GB 50157—2013)规定:圆曲线最小长度,在正线、联络线及车辆基地出入线上,A 型车不宜小于25m,B 型车不宜小于20m,在困难情况下不得小于一节车厢的全轴距;车场线不应小于3m。

最小圆曲线半径和圆曲线最小长度是圆曲线的主要技术要素。

二、缓和曲线

缓和曲线
曲率变化

1. 缓和曲线设置目的

在直线与圆曲线之间设置的曲率连续变化的曲线称为缓和曲线。缓和曲线设置目的是实现曲率半径、轨距加宽和外轨超高的逐渐过渡,减少列车在突变点处的轮轨冲击,保证乘客舒适安全。

(1)直线与圆曲线间存在曲率半径的突变,为了缓和行车方向发生的突变以及离心力的突然产生和消失,需要在直线与圆曲线之间实现曲率由0逐渐变化至圆曲线曲率的过渡,为此要加设缓和曲线。这是设置缓和曲线的主要目的之一。当正线圆曲线半径足够大时,这种突变对城市轨道交通行车影响很小,可以不设置缓和曲线。

(2)车辆的轴距是固定的,为使车辆能顺利地通过曲线,在半径很小的曲线上,轨距要适当扩大,这种扩大,称为曲线轨距加宽。由直线段的0逐渐变化至圆曲线段的轨距加宽值需要在缓和曲线段实现。

学习笔记

(3)由于惯性离心力的作用,列车在曲线上运行时乘客会有不适感。因此通常通过设置外轨超高产生向心力,以达到平衡离心力的目的,这就是曲线超高。由直线段的0逐渐变化至圆曲线段的超高值需要在缓和曲线段实现。当圆曲线较短且计算超高值较小(一般在20mm以下)时,可不设缓和曲线,但曲线超高应在圆曲线外的直线段内完成递变。

道岔附带曲线可不设缓和曲线和超高,因为列车侧向通过道岔时要限速,而道岔附带曲线距道岔很近,列车速度不可能很快提高,并且要求道岔附带曲线半径不小于道岔导曲线半径,这主要是为了保证列车通过附带曲线时速度不低于过岔速度。

2. 缓和曲线线形和长度

《地铁设计规范》(GB 50157—2013)规定:线路平面圆曲线与直线之间应设置三次抛物线形的缓和曲线;缓和曲线长度 L 应根据曲线半径 R、列车设计速度 v 以及曲线超高值 h 等因素,按照规范合理选用。线路曲线超高-缓和曲线长度见表3-4。

线路曲线超高-缓和曲线长度 表3-4

R	v	100	95	90	85	80	75	70	65	60	55	50	45	40	35
3000	L	30	25	20	20	20	20	20	—	—	—	—	—	—	—
	h	40	35	30	30	25	20	20	15	15	10	10	10	5	5

续上表

R	v	100	95	90	85	80	75	70	65	60	55	50	45	40	35
2500	L	35	30	25	20	20	20	20	20	—	—	—	—	—	—
	h	50	45	40	35	30	25	25	20	15	15	10	10	10	5
2000	L	45	40	35	30	25	20	20	20	20	20	—	—	—	—
	h	60	55	50	45	40	35	30	25	20	20	15	10	10	5
1500	L	55	50	45	35	30	25	20	20	20	20	20	—	—	—
	h	80	70	65	60	50	45	40	35	30	25	20	15	15	10
1200	L	70	60	50	40	40	30	25	20	20	20	20	20	—	—
	h	100	90	80	70	65	55	50	40	35	30	25	20	15	10
1000	L	85	70	60	50	45	35	30	25	20	20	20	20	20	
	h	120	105	95	85	75	65	60	50	45	35	30	25	20	15
800	L	85	80	75	65	55	45	35	30	25	20	20	20	20	20
	h	120	120	120	105	95	85	70	60	55	45	35	30	25	20
700	L	85	80	75	75	65	50	45	35	25	20	20	20	20	20
	h	120	120	120	120	110	95	85	70	60	50	40	35	25	20
600	L	—	80	75	75	70	60	50	40	30	25	20	20	20	20
	h	—	120	120	120	120	110	95	85	70	60	50	40	30	25
550	L	—	—	75	75	70	65	55	40	35	25	20	20	20	20
	h	—	—	120	120	120	120	105	90	75	65	55	45	35	25
500	L	—	—	—	75	70	65	60	45	35	30	25	20	20	20
	h	—	—	—	120	120	120	115	100	85	70	60	50	40	30
450	L	—	—	—	—	70	65	60	50	40	30	25	20	20	20
	h	—	—	—	—	120	120	120	110	95	80	65	55	40	30
400	L	—	—	—	—	—	65	60	55	45	35	30	20	20	20
	h	—	—	—	—	—	120	120	120	105	90	75	60	50	35
350	L	—	—	—	—	—	—	60	55	50	40	30	25	20	20
	h	—	—	—	—	—	—	120	120	120	100	85	70	55	40
300	L	—	—	—	—	—	—	—	55	50	50	35	30	25	20
	h	—	—	—	—	—	—	—	120	120	120	100	80	65	50
250	L	—	—	—	—	—	—	—	—	50	50	45	35	25	20
	h	—	—	—	—	—	—	—	—	120	120	120	95	75	60
200	L	—	—	—	—	—	—	—	—	—	50	45	40	35	25
	h	—	—	—	—	—	—	—	—	—	120	120	120	95	70

注：R 为曲线半径(m)；v 为设计速度(km/h)；L 为缓和曲线长度(m)；h 为超高值(mm)。

学习笔记

❖案例

查表3-4,回答下列问题。

(1)当最大运行速度为80km/h,曲线半径$R=400$m、1200m、3000m、3500m时,超高正常配置,缓和曲线长度L为多少?

解:当$R=400$m时,$L=65$m(当$R=400$m,超高用最大值,最高速度只能达到75km/h,所以L取速度为75km/h对应的值);

当$R=1200$m时,$L=40$m(超高正常配置);

当$R=3000$m时,$L=20$m(超高正常配置);

当$R=3500$m时,$L=0$(不设缓和曲线)。

(2)缓和曲线长度有什么规律?

解:缓和曲线长度均为5m的整倍数。缓和曲线的最小长度为20m,主要是由不短于一节车辆的全轴距而确定的,目前我国地铁车辆的全轴距最大不超过20m。

三、夹直线

夹直线是指两相邻曲线间的直线,夹直线示意图如图3-6所示。根据曲线处是否设置缓和曲线的情况,夹直线长度有可能是直缓点与缓直点之间的距离,也可能是直缓点和直圆点、圆直点和直缓点之间的距离。对于线路线形来说,夹直线长度越大越好,但是当相邻曲线距离较近时,可能会出现两曲线相邻端点间的夹直线过短的情况。夹直线长度不能太小,夹直线最小长度的确定须考虑以下因素:

学习笔记

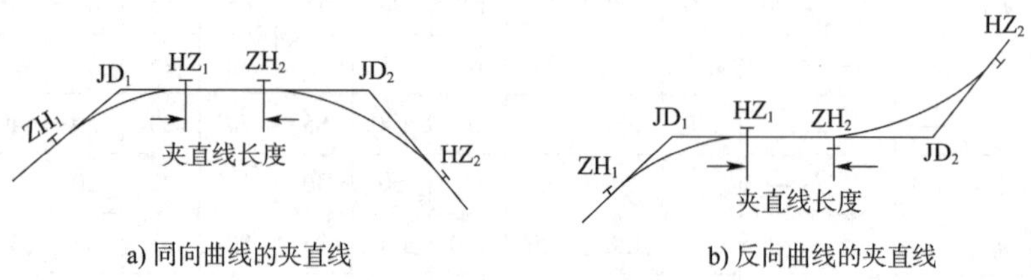

图3-6　夹直线示意图

(1)从乘客舒适性角度来看,夹直线太短,会增加车辆从前一个曲线进入第二个曲线时的振动叠加。

(2)从行车安全性角度来看,根据轮轨的几何关系,夹直线太短,会造成一辆车同时跨越两条曲线,引起车辆左右摇摆,影响行车平稳性和安全性。正线上,一辆车不跨越两种线形,原则上夹直线长度不小于一辆车长度,对于地铁系统来说,A型车为25m,B型车为20m。

(3)从维保角度来看,夹直线太短,不易保持直线方向,增加养护难度。

《地铁设计规范》(GB 50157—2013)规定:正线、联络线及车辆基地出入线上,两相邻曲线间,无超高的夹直线最小长度不宜小于$0.5v$(m),并应满足在困难情况下的最小长度λ要求。夹直线最小长度见表3-5。

夹直线最小长度 λ(m) 表3-5

正线、联络线、出入线	一般情况	≥0.5v	
	困难时	A型车	B型车
		25	20

注:1. v 为列车通过夹直线的运行速度(km/h)。

2. 道岔缩短渡线,其曲线间夹直线可缩短为10m。

四、平面曲线几何要素计算

有关曲线要素的计算公式可以分为两种情况:一种是当概略定线不加设缓和曲线时的平面曲线要素计算,或者当圆曲线半径大于3000m而不加设缓和曲线时的平面曲线要素计算;另一种是圆曲线半径小于或等于3000m且加设缓和曲线时的平面曲线要素计算。

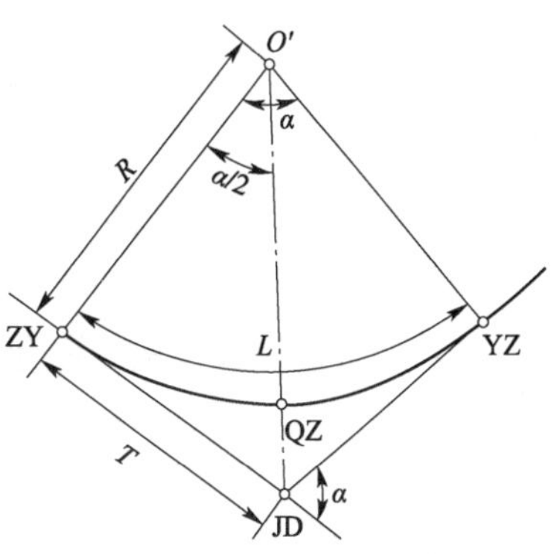

图3-7 不加设缓和曲线的平面曲线要素计算示意图

ZY-直圆点;YZ-圆直点;QZ-曲线中点;JD-交点

1. 不加设缓和曲线的平面曲线要素计算

不加设缓和曲线的平面曲线,会形成直圆点和圆直点两个曲线特征点,不加设缓和曲线的平面曲线要素计算示意图如图3-7所示。不加设缓和曲线的平面曲线要素计算如下:

$$T = R \cdot \tan \frac{\alpha}{2} \tag{3-3}$$

$$L = \frac{\pi \cdot \alpha \cdot R}{180} \tag{3-4}$$

$$E = R \cdot \left(\sec \frac{\alpha}{2} - 1\right) \tag{3-5}$$

式中:R——圆曲线半径,m;

T——切线长度,m;

L——曲线总长度,m;

E——外矢距,m;

α——圆曲线转角,(°)。

◆想一想:概略定线时,选定圆曲线半径后,如果需要加设缓和曲线,缓和曲线如何加入直线与圆曲线中呢?缓和曲线是都占用圆曲线段,还是都占用直线段,还是占用一半圆曲线段、一半直线段呢?

2. 加设相等缓和曲线的平面曲线要素计算

当缓和曲线加入图3-7中时,缓和曲线长度的一半会占用未加设缓和曲线的直线段,另一半会占用原来的圆曲线段。加设缓和曲线的平面曲线,会形成直缓点(ZH)、缓圆点(HY)、圆缓点(YH)、缓直点(HZ)四个曲线特征点,加设相等缓和曲线的平面曲线要素计算示意图如图3-8所示。

学习笔记

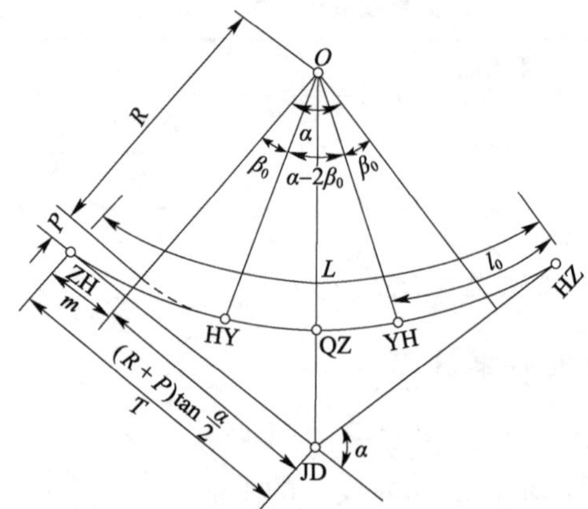

图 3-8 加设相等缓和曲线的平面曲线要素计算示意图

加设相等缓和曲线的平面曲线要素计算如下：

$$T = (R + P) \cdot \tan\frac{\alpha}{2} + m \tag{3-6}$$

$$L = \frac{\pi \cdot \alpha \cdot R}{180} + l_0 \tag{3-7}$$

$$E = (R + P) \cdot \sec\frac{\alpha}{2} - R \tag{3-8}$$

$$P = \frac{l_0^2}{24R} - \frac{l_0^4}{2688R^3} \approx \frac{l_0^2}{24R} \tag{3-9}$$

$$m = \frac{l_0}{2} - \frac{l_0^3}{240R^2} \approx \frac{l_0}{2} \tag{3-10}$$

式中：R——圆曲线半径，m；

T——切线长度，m；

L——曲线总长度，m；

α——圆曲线转角，(°)；

l_0——缓和曲线长度，m；

E——外矢距，m；

P——圆曲线内移距离（内移距），m；

m——切垂距，m。

实际工作中，涉及平面曲线的要素计算主要是计算平面曲线的切线长度 T 和曲线总长度 L。圆曲线转角 α、圆曲线半径 R 和缓和曲线长度 l_0，这三个要素作为已知条件，在线路定线时，首先根据线路情况确定线路转角和圆曲线半径，再根据圆曲线半径、行车速度和超高情况查表 3-4 确定缓和曲线长度，最后计算平面曲线的切线长度 T 和曲线总长度 L。

另外，曲线各特征点里程关系，可按下列方法推求：

HZ 点里程 = ZH 点里程 + L；

HY 点里程 = ZH 点里程 + l_0；

YH 点里程 = HZ 点里程 − l_0。

❖案例

当 $R=800\text{m}$, $\alpha=5°28'51''$, $l_0=55\text{m}$ 时,计算该平面曲线的切垂距、内移距、切线长度、曲线总长度和圆曲线长度;若已知 ZH 点里程为 SK24 + 300m,请计算 HY、YH 和 HZ 点的里程。(计算结果保留三位小数)

解:(1)切垂距 = 27.500m

内移距 = 0.158m

切线长度 = 65.800m

曲线总长度 = 131.529m

圆曲线长度 = 131.529 − 2 × 55 = 21.529m

(2)HZ:24300 + 131.529 = 24431.529　　里程为 SK24 + 431.529m

HY:24300 + 55 = 24355　　里程为 SK24 + 355m

YH:24431.529 − 55 = 24376.529　　里程为 SK24 + 376.529m

3. 加设不等缓和曲线的平面曲线要素计算

一般情况下,缓和曲线在同一个圆曲线中,加设时会采用相等缓和曲线。在实际工作中,区间线路地形或障碍物限制可能会导致两相邻曲线间夹直线最小长度不满足规范要求,或者是车站站台范围内的缓和曲线的曲率不满足规范要求,在这种线路难以调整的情况下会根据行车速度情况,适当缩短其中一个缓和曲线长度,所以会出现一个圆曲线中加设两个不同长度的缓和曲线的情况。加设不等缓和曲线的平面曲线要素计算示意图如图 3-9 所示,加设不等缓和曲线的平面曲线要素计算如下:

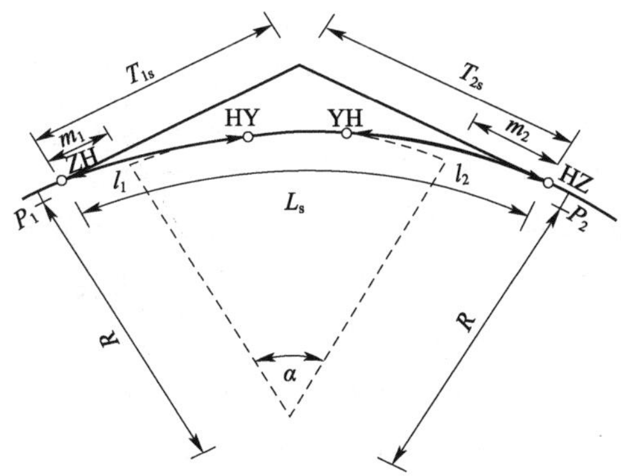

图 3-9　加设不等缓和曲线的平面曲线要素计算示意图

$$T_{1s}=(R+P_1)\tan\frac{\alpha}{2}+\frac{(P_2-P_1)}{\sin\alpha}+m_1 \tag{3-11}$$

$$T_{2s}=(R+P_2)\tan\frac{\alpha}{2}+\frac{(P_1-P_2)}{\sin\alpha}+m_2 \tag{3-12}$$

$$L_s=\frac{\pi\cdot\alpha\cdot R}{180}+\frac{(l_1+l_2)}{2} \tag{3-13}$$

式中：R——圆曲线半径，m；

T_{1s}、T_{2s}——切线长度，m；

L_s——曲线总长度，m；

α——圆曲线转角，(°)；

l_1、l_2——缓和曲线长度，m；

P_1、P_2——圆曲线内移距离，m；

m_1、m_2——切垂距，m。

单元3.3　不同城市轨道交通系统制式线路平面技术标准

城市轨道交通线路平面的技术标准随着系统制式的不同而不同，因为不同的系统制式采用不同的车辆和轨道等，但技术标准确定的基本原理同地铁系统。下面列举我国已经运营的几种常见的系统制式的线路平面相关技术标准。

一、城市有轨电车线路平面技术标准

根据《城市有轨电车工程设计标准》(CJJ/T 295—2019)，城市有轨电车线路平面技术标准规定如下：

(1)平面最小曲线半径应符合下列规定：

①正线一般情况下不宜小于50m，困难情况下不宜小于25m；

②辅助线及车场线一般情况下不宜小于25m，困难情况下不宜小于20m；

③车站一般情况下不宜小于400m，困难情况下不宜小于300m。

(2)圆曲线最小长度不宜小于15m，困难情况下不应小于一辆车的全轴距。夹直线最小长度不宜小于15m，困难情况下不应小于一辆车的全轴距。

(3)对不与道路混行的专用路权曲线地段，宜设置超高及缓和曲线，并应符合《地铁设计规范》(GB 50157—2013)的规定。当正线曲线半径 $R \geqslant 2500$m 时，可不设缓和曲线，其超高顺坡应在直线段完成。

(4)地面线平交道口或混行地段轨应与道路路面齐平，困难条件下可不设超高，应明确列车速度限值。

二、自动导向轨道交通线路平面技术标准

根据《自动导向轨道交通设计标准》(CJJ/T 277—2018)，自动导向轨道交通线路平面技术标准规定如下：

(1)采用最高运行速度时，平面最小曲线半径应按式(3-14)计算。

$$R_{min} = \frac{v_{max}^2}{1.27S_e + 12.96a_s} \tag{3-14}$$

式中：v_{max}——最高运行速度，km/h；

S_e——设计超高，%；

a_s——未被平衡的离心加速度，取 $a_s = 0.4m/s^2$。

（2）正线平面最小曲线半径应根据最高运行速度要求选择，平面最小曲线半径见表3-6。

平面最小曲线半径 表3-6

最大运行速度（km/h）	100	80	60
一般地段最小曲线半径（m）	650	450	250
困难地段最小曲线半径（m）	150	100	60

（3）出入线、联络线配线的最小曲线半径不应小于60m，车场线的曲线半径不应小于35m。其他配线如折返线、渡线、临时停车线等的最小曲线半径可采用22m。

（4）车站站台计算长度段应设在直线上，曲线引起的建筑限界加宽不宜进入站台计算长度范围内，特殊困难地段车站可设置在曲线上。位于车站有效站台范围内的线路最小曲线半径，当不设站台屏蔽门时不应小于600m；当设置站台屏蔽门时不应小于1000m。

（5）新建线路不应采用复曲线；在困难地段，经技术经济比较后可采用复曲线。

（6）线路平面直线与圆曲线间应采用三次抛物线形的缓和曲线连接，缓和曲线长度见表3-7，最小缓和曲线长度不应小于15m。

缓和曲线长度（m） 表3-7

R（m）	v（km/h）														
	100	95	90	85	80	75	70	65	60	55	50	45	40	35	30
3000	30	25	20	20	15	—	—	—	—	—	—	—	—	—	—
2500	35	30	25	20	20	15	—	—	—	—	—	—	—	—	—
2000	40	35	30	25	20	20	15	—	—	—	—	—	—	—	—
1500	55	50	40	35	30	25	20	15	—	—	—	—	—	—	—
1200	70	60	50	45	35	30	25	20	15	—	—	—	—	—	—
1000	85	70	60	50	45	35	30	25	20	15	—	—	—	—	—
800	85	80	75	65	55	45	35	30	25	20	15	—	—	—	—
600	—	80	75	75	70	60	50	40	35	25	20	15	—	—	—
500	—	—	—	75	70	65	60	45	35	30	25	15	—	—	—
400	—	—	—	—	—	65	60	55	45	35	30	20	15	—	—
300	—	—	—	—	—	—	—	55	50	45	35	25	20	15	—
200	—	—	—	—	—	—	—	—	—	—	45	40	30	20	—
100	—	—	—	—	—	—	—	—	—	—	—	—	—	30	25

注：R为曲线半径，v为设计速度。

学习笔记

(7)正线、联络线及出入线的圆曲线及夹直线最小长度见表3-8。

圆曲线及夹直线最小长度　　表3-8

圆曲线长度(m)	一般情况	0.5v
	困难情况	15
夹直线长度(m)	一般情况	0.5v
	困难情况	15

注:v为列车通过圆曲线、夹直线的运行速度(km/h)。

(8)在采用高架线、地面线以及采用单洞双线的地下线时,线路平面设计应采用同心圆。

(9)直线地段高架及地面线路最小线间距应根据限界确定,当两线间无墙柱、平台时,最小线间距宜为车宽加0.6m;曲线地段尚应计入曲线加宽值。当疏散平台设于两线中间时,应另增加疏散平台宽度。

三、跨座式单轨交通线路平面技术标准

根据《跨座式单轨交通设计标准》(GB/T 50458—2022),跨座式单轨交通线路平面技术标准规定如下:

(1)线路平面曲线半径应结合车辆类型、行车速度、地形、地质、地物等条件,以及线路对工程、运营的影响确定。正线和配线最小平面曲线半径不应小于100m,并宜选取大半径曲线。车场线曲线半径不得小于50m。

(2)双线平行地段的平面曲线宜按同心圆曲线设计。

(3)正线除道岔外,在直线与半径不大于2000m的圆曲线之间均应采用三次抛物线形的缓和曲线连接。缓和曲线长度应根据曲线半径、列车最高运行速度及工程条件按不小于表3-9中规定值选用。困难条件下,可采用不小于1m整倍数的缓和曲线长度计算值。线路平面设计应采用等长缓和曲线线形,特殊困难条件下,经技术经济比较后,可采用两端不等长缓和曲线的单曲线线形。

(4)线路平面设计不宜采用复曲线线形。当特别困难条件下采用复曲线线形时,两圆曲线间应设置缓和曲线,其长度不应小于分别按两圆曲线半径求得的缓和曲线长度差值,且不应小于一节车厢长度。

(5)车站站台宜设置在直线上,当须设于曲线上时,其平面曲线半径不应小于300m。

(6)圆曲线及夹直线最小长度,A型车不宜小于20m,B型车不宜小于15m。

(7)A型车正线上直线地段的线间距宜为3.7m。当线路曲线半径小于500m时,线间距加宽量(A型车)取值见表3-10。B型车的线间距及其加宽量应根据A型车确定的原则分别确定。

缓和曲线长度(m)　　表 3-9

R(m)	v(km/h)																													
	100		95		90		85		80		75		70		65		60		55		50		45		40		35		30	
	一般	困难	一般	困难	一般	困难	一般	困难	一般	困难	一般	困难	一般	困难	一般	困难	一般	困难	一般	困难	一般	困难	一般	困难	一般	困难	一般	困难	一般	困难
3500	25	20	20	15	15	—	—	—	—	—	—	—	—	—	—	—	—	—	—	—	—	—	—	—	—	—	—	—	—	—
3000	25	20	25	20	20	—	—	—	—	—	—	—	—	—	—	—	—	—	—	—	—	—	—	—	—	—	—	—	—	—
2500	30	25	25	20	25	20	20	15	—	—	—	—	—	—	—	—	—	—	—	—	—	—	—	—	—	—	—	—	—	—
2000	40	30	35	25	30	25	25	20	—	—	—	—	—	—	—	—	—	—	—	—	—	—	—	—	—	—	—	—	—	—
1500	50	40	45	35	35	30	30	25	25	20	20	15	15	—	—	—	—	—	—	—	—	—	—	—	—	—	—	—	—	—
1200	60	50	55	45	45	35	40	30	30	25	25	20	20	15	15	—	—	—	—	—	—	—	—	—	—	—	—	—	—	—
1000	75	60	65	50	55	45	45	35	35	30	30	25	25	20	20	15	15	—	—	—	—	—	—	—	—	—	—	—	—	—
800	90	75	80	65	70	55	55	45	45	35	35	30	30	25	25	20	20	15	—	—	—	—	—	—	—	—	—	—	—	—
700	105	85	90	75	75	60	65	50	50	45	45	35	35	30	30	25	20	20	15	—	—	—	—	—	—	—	—	—	—	—
650	110	90	95	75	85	65	70	55	55	45	45	40	35	30	30	25	25	20	20	15	—	—	—	—	—	—	—	—	—	—
600	120	100	105	85	90	70	75	60	60	50	50	40	40	35	30	25	25	20	20	15	—	—	—	—	—	—	—	—	—	—
550	130	105	110	90	95	80	80	65	65	55	55	45	45	35	35	30	30	25	20	20	15	—	—	—	—	—	—	—	—	—

学习笔记

续上表

R(m)	v(km/h)																													
	100		95		90		85		80		75		70		65		60		55		50		45		40		35		30	
	一般	困难	一般	困难	一般	困难	一般	困难	一般	困难	一般	困难	一般	困难	一般	困难	一般	困难	一般	困难	一般	困难	一般	困难	一般	困难	一般	困难	一般	困难
500	145	120	125	100	105	85	90	75	75	60	60	50	50	40	40	30	30	25	25	20	20	—	—	—	—	—	—	—	—	—
450	160	130	135	110	115	95	100	80	80	65	65	55	55	45	45	35	35	30	25	20	20	15	—	—	—	—	—	—	—	—
400	—	—	—	—	130	110	110	90	90	75	75	60	60	50	50	40	40	30	30	25	20	20	15	—	—	—	—	—	—	—
350	—	—	—	—	—	—	125	105	105	85	85	70	70	60	55	45	45	35	35	30	25	20	20	15	—	—	—	—	—	—
300	—	—	—	—	—	—	—	—	120	100	100	80	80	65	65	55	50	40	40	30	30	25	20	20	15	—	—	—	—	—
250	—	—	—	—	—	—	—	—	—	—	—	—	100	80	80	65	60	50	50	40	35	30	25	20	20	15	—	—	—	—
200	—	—	—	—	—	—	—	—	—	—	—	—	—	—	100	80	80	65	60	50	45	35	30	25	20	20	15	—	—	—
150	—	—	—	—	—	—	—	—	—	—	—	—	—	—	—	—	—	—	80	65	60	50	45	35	30	25	20	15	15	—
100	—	—	—	—	—	—	—	—	—	—	—	—	—	—	—	—	—	—	—	—	—	—	65	55	45	40	30	25	20	15
75	—	—	—	—	—	—	—	—	—	—	—	—	—	—	—	—	—	—	—	—	—	—	—	—	60	50	40	35	25	20
50	—	—	—	—	—	—	—	—	—	—	—	—	—	—	—	—	—	—	—	—	—	—	—	—	—	—	—	—	40	30

注：R 为曲线半径，v 为设计速度。

线间距加宽量(A 型车)　　表 3-10

曲线半径 R(m)	450	400	350	300	250	200	150	100
线间距加宽量(mm)	50	50	50	50	100	150	200	300

四、市域快速轨道交通线路平面技术标准

根据《市域快速轨道交通设计标准》(CJJ/T 314—2022),市域快速轨道交通线路平面技术标准规定如下:

(1)正线应采用双线,轨距应为 1435mm。

(2)最小曲线半径应符合下列规定:

①区间正线最小曲线半径及允许行车速度见表 3-11,困难条件下应符合现行国家标准《地铁设计规范》(GB 50157—2013)的规定。

②市域 A 型车、市域 B 型车辅助线不应小于 250m,困难地段不应小于 150m;市域 D 型车不应小于 300m,困难地段不应小于 250m。

③市域 A 型车、市域 B 型车车场线不应小于 150m,市域 D 型车不应小于 200m。

区间正线最小曲线半径及允许行车速度　　表 3-11

允许行车速度(km/h)	最小曲线半径(m)
160	1400
140	1200
120	800

(3)圆曲线和夹直线最小长度见表 3-12,困难情况下,不应小于一节车厢的全轴距;车场线不应小于 3m。

不同最高设计速度的圆曲线和夹直线最小长度　　表 3-12

最高设计速度(km/h)	160		140		120	
工程条件	一般情况	困难情况	一般情况	困难情况	一般情况	困难情况
圆曲线(m)	80	40	70	30	60	30
夹直线(m)	80	40	70	30	60	30

(4)缓和曲线长度见表 3-13,最高设计速度在 100km/h 以下区段的缓和曲线长度应符合现行国家标准《地铁设计规范》(GB 50157—2013)的规定。

不同最高设计速度的缓和曲线长度(m)　　表 3-13

圆曲线半径(m)	最高设计速度(km/h)			
	160	140	120	100
10000	35	25	20	20
8000	45	30	20	20
7000	50	35	25	20

学习笔记

学习笔记

续上表

圆曲线半径(m)	最高设计速度(km/h)			
	160	140	120	100
6000	60	40	25	20
5000	70	50	30	20
4500	80	50	35	20
4000	90	60	40	25
3500	100	65	45	25
3000	115	80	50	30
2500	140	95	60	35
2000	170	115	75	45
1500	170	150	95	60
1200	—	150	120	70
1000	—	—	130	85
950	—	—	130	85
900	—	—	130	85
850	—	—	130	85
800	—	—	—	85
750	—	—	—	85
700	—	—	—	85
650	—	—	—	85
600	—	—	—	85

五、中低速磁浮交通线路平面技术标准

根据《中低速磁浮交通设计规范》(CJJ/T 262—2017),中低速磁浮交通线路平面技术标准规定如下:

(1)线路平面曲线半径应根据线路性质、行车速度、工程难易程度,并结合周边环境因地制宜地合理选用。最小平面曲线半径见表3-14。

最小平面曲线半径 表3-14

线路	一般情况	困难情况
正线(m)	150	100
出入线、联络线(m)	100(最大总重量状态)	75(整备状态重量)
车场线(m)	75	50

(2)线路宜结合轨排模数1.2m的倍数设计。

(3)线路不宜采用复曲线。

(4)线路平面圆曲线与直线之间应根据曲线半径、横坡设置及设计速度等因素设置缓和曲线,缓和曲线线形宜采用三次抛物线形,缓和曲线长度见表3-15。

缓和曲线长度(m)

表3-15

R (m)	v(km/h)																													
	100		95		90		85		80		75		70		65		60		55		50		45		40		35		30	
	一般	困难	一般	困难	一般	困难	一般	困难	一般	困难	一般	困难	一般	困难	一般	困难	一般	困难	一般	困难	一般	困难	一般	困难	一般	困难	一般	困难	一般	困难
3000	30	18	24	18	24	18	18		18		18		18		18		18		18		18		18		18		18		18	
2500	36	18	30	18	24	18	24	18	18		18		18		18		18		18		18		18		18		18		18	
2000	42	18	36	18	30	18	24	18	24	18	18		18		18		18		18		18		18		18		18		18	
1500	54	18	48	18	42	18	36	18	30	18	24	18	18		18		18		18		18		18		18		18		18	
1200	72	30	60	18	54	18	42	18	36	18	30	18	24	18	18		18		18		18		18		18		18		18	
1000	84	42	72	30	60	24	54	18	42	18	36	18	30	18	24	18	18		18		18		18		18		18		18	
800	108	60	90	48	78	36	66	30	54	18	42	18	36	18	30	18	24	18	18	18	18		18		18		18		18	
700	114	78	102	60	90	48	72	36	60	30	54	18	42	18	36	18	30	18	18	18	18		18		18		18		18	
650	114	84	108	72	96	54	78	42	66	30	54	24	42	18	36	18	30	18	18	18	18		18		18		18		18	
600	114	96	108	78	102	66	84	48	72	36	60	30	48	18	42	18	36	18	18	18	18		18		18		18		18	
550	114	108	108	90	102	72	96	60	78	42	66	30	54	24	42	18	36	18	18	18	18		18		18		18		18	
500	—	—	108	102	102	84	96	66	84	54	72	36	60	30	48	18	42	18	36	18	24		18		18		18		18	
450	—	—	—	—	102	96	96	78	90	60	78	48	66	36	54	24	42	18	36	18	24		18		18		18		18	
400	—	—	—	—	—	—	96	90	90	72	84	54	72	42	60	30	48	24	42	18	24		18		24	18	18		18	
350	—	—	—	—	—	—	—	—	90	90	84	72	78	54	66	36	54	30	48	18	30		18		24	18	18		18	
300	—	—	—	—	—	—	—	—	—	—	—	—	78	66	72	48	66	36	54	30	36		18		30	18	24	18	18	
250	—	—	—	—	—	—	—	—	—	—	—	—	—	—	72	66	72	48	66	36	42		24		36	18	30	18	24	18
200	—	—	—	—	—	—	—	—	—	—	—	—	—	—	—	—	72	72	72	54	48		30		42	24	36	18	24	18
150	—	—	—	—	—	—	—	—	—	—	—	—	—	—	—	—	—	—	—	—	54		48		54	36	42	24	36	18
100	—	—	—	—	—	—	—	—	—	—	—	—	—	—	—	—	—	—	—	—	—		—		—	—	54	42	48	30

注:1. 表中 R 为曲线半径,v 为设计速度。

2. 选用大半径圆曲线时,根据计算轨道超高配用一定长度的缓和曲线。

3. 选用缓和曲线时,缓和曲线偏角不大于24°。

学习笔记

(5)道岔附带曲线可不设缓和曲线,但其曲线半径不得小于道岔导曲线半径。

(6)正线、联络线及车辆基地出入线上的圆曲线最小长度不宜小于18m,困难情况下,不得小于14.4m,车场线不应小于3.6m;正线、联络线及车辆基地出入线上,两相邻曲线间,无超高的夹直线最小长度见表3-16。

夹直线最小长度 表3-16

正线、联络线、出入线(m)	一般情况($v \geq 36$ 时)	$0.5v$
	困难时	18
车场线(m)	同向曲线	3.6
	反向曲线	14.4

注:v 为列车通过夹直线的运行速度(km/h)。

(7)车站站台计算长度段的线路宜设在直线上。需设在曲线上时,其曲线半径不宜小于600m。

六、高速磁浮交通线路平面技术标准

根据《高速磁浮交通设计标准》(CJJ/T 310—2021),高速磁浮交通线路平面技术标准规定如下:

(1)正线平面曲线最小半径见表3-17。

正线平面曲线最小半径 表3-17

列车运行速度(km/h)			100	150	200	250	300	350	400	450	500
最小曲线半径(m)	工程条件	一般	1000	1000	1000	1600	2250	3050	4000	5050	6250
		困难	650	650	950	1450	2100	2850	3700	4650	5750

(2)最大平面曲线半径不宜大于15000m。

(3)开行不同运行速度列车地段的平面曲线半径应兼容不同的列车通过速度。

(4)多线磁浮线路应分别设计各线路中心线。正线宜按线间距不变的并行双线设计,并应设计为同心圆。

(5)直线和圆曲线之间、圆曲线和圆曲线之间应采用正弦形缓和曲线连接。无夹直线的反向曲线应采用一波正弦曲线过渡。

(6)缓和曲线最小长度应按式(3-15)计算,缓和曲线最小长度见表3-18。

$$L_{min} = \left| 2\,\frac{\alpha_e - \alpha_a}{\Delta\alpha_{max}} \right| \tag{3-15}$$

式中:L_{min}——缓和曲线最小长度,m;

α_e——缓和曲线起点扭转角,(°);

α_a——缓和曲线终点扭转角,(°);

$\Delta\alpha_{max}$——最大横坡扭转率,(°)/m。

缓和曲线最小长度　　表3-18

列车运行速度(km/h)			100	150	200	250	300	350	400	450	500
缓和曲线最小长度(m)	工程条件	一般	150	200	250	300	350	400	450	500	600
		困难	70	110	140	180	210	250	280	320	350

注:反向曲线的缓和曲线最小长度取表中数值的2倍。

(7)平面曲线间应保证相邻的缓和曲线不重叠。

(8)区间及站内正线最小线间距见表3-19。

区间及站内正线最小线间距　　表3-19

列车运行速度(km/h)	$400 < v \leqslant 500$	$300 < v \leqslant 400$	$v \leqslant 300$
线间距(m)	5.1	4.8	4.4

(9)大跨度桥梁结构宜设在直线上。困难情况下,当需要设置在曲线上时,线路平面设计应满足桥梁设计的要求。

(10)隧道宜设在直线上,困难条件下可设在曲线上,但不应设在反向曲线上。

学习笔记

单元3.4 地铁线路平面图识图

一、线路平面图分类

城市轨道交通线路平面图是沿线两侧一定范围内的地形图上带有线路中心线平面位置、道路红线、相关障碍物资料、里程标、特征点里程和坐标、曲线特征表、配线平面等信息的带状平面图,是城市轨道交通线路设计的基本文件,在各个设计阶段都有对应的不同设计深度的平面图。按照设计阶段划分,一般可分为工程可行性研究线路平面图、初步设计线路平面图、施工图设计线路平面图。无论是施工单位、建设单位,还是运营单位、维保单位等,最后都以施工图为依据开展相关工作。由于施工图设计图纸为施工服务,施工标段一般划分较多,线路平面图一般按照两站一区间进行出图,供相应施工标段按需取用,也可以按照全线一套图纸,最后按照规定采用标准图纸和统一格式,装订成册。

二、线路平面图组成

线路平面图(本单元后面内容没有额外说明的都是指地铁施工图设计线路平面图)由地形图图样、线路平面图图样、数据各要素及其他标注、附注和图例、图签栏、会签栏六部分组成。线路平面图图样和数据各要素及其他标注是线路平面图最主要也是最重要的内容，地形图和线路平面图图样、数据各要素及其他标注叠合在一起。

1. 地形图图样

地形图指的是地表起伏形态和地理位置、形状在水平面上的投影图。具体来讲，将地面上的地物和地貌按水平投影的方法(沿铅垂线方向投影到水平面上)，并按一定的比例尺缩绘到图纸上，这种图称为地形图。由于城市地面高程相差不大，城市轨道交通地形图一般较少出现用等高线反映的地貌，较多表现为由反映地物特征，如房屋、道路、河流等的特征点所构成的线条。城市轨道交通地形图呈现的一般是根据线路走向的沿线两侧一定范围内的带状地形。在前期研究阶段，因方案不稳定，一般需要规划线路中心线两侧 500m 范围内的地形图，以方便方案的比选；在施工图设计阶段，方案稳定后，一般需要线路中心线两侧 200m 范围内的地形图，也就是带宽 400m 左右的地形图，具体宽度根据出图比例和图幅确定。这里要注意的是，在地形图中，既有现状的道路边界线，又有道路规划红线。道路规划红线是指通过城市规划或道路系统专项规划确定的各等级城市道路的路幅边界控制线，是控制其他设施能否进入道路的依据。城市轨道交通线路一般沿道路敷设，这里的道路不是既有道路，而是道路规划红线，所以道路规划红线非常重要。

学习笔记

2. 线路平面图图样

图 3-10　线路平面图图样及数据各要素

线路平面图图样包括线路中心线、配线、线路边线等，线路平面图图样及数据各要素如图 3-10 所示(请扫描二维码)。一般情况下线路中心线和配线在图中是最粗的实线，换乘线路中心线次之。线路边线一般包括区间段线路边线和车站段线路边线，地下线一般需要在区间段绘制出结构边线，结构边线就是隧道的边线。高架线和地面线区间段线路一般不绘制结构边线，车站段线路边线一般包括站台、车站结构边线和建筑边线。

◆练一练：图 3-11 为线路平面图部分放大图样，请找出图中线路中心线、配线、区间段线路结构边线、车站站台、车站结构边线、车站建筑边线。

3. 数据各要素及其他标注

数据各要素及其他标注包括里程标、车站相关数据、曲线相关数据、直线相关数据及其他标注。

(1)里程标。

里程标包括百米标和公里标，一般以线路起点处为零起算，按里程比例尺在整百米处标注百米标(以数字 1 ~ 9 注写)，在整千米处标注公里标。里程冠号根据设计阶段的不同加以区别，一般在工程可行性研究阶段里程冠号为 AK；初步设计阶段里程冠号为 CK；施工图设计阶段里程冠号为 SK。施工图设计阶段以前一般只出上行线的数据，施工图设计阶段需要同时出上行线和下行线的数据，一般上行线的里程冠号可以用 SK 或 YK 表示，下行线的里程冠号可以用 XK 或 ZK 表示。

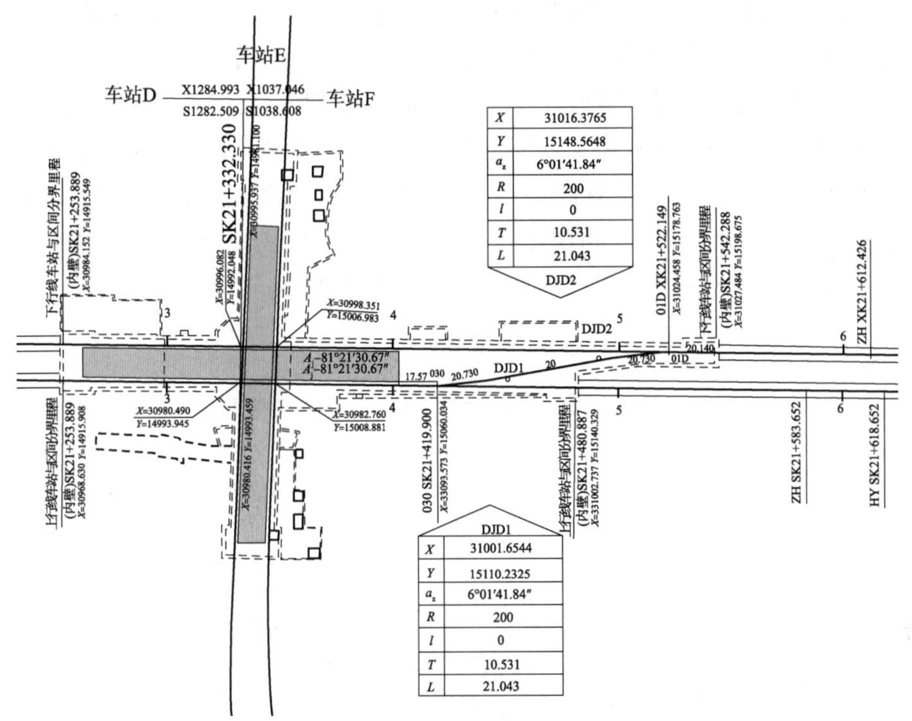

图3-11　线路平面图部分放大图样

轨道交通线路里程以上行线(右线)为基准,一般从起点开始,以公里标K0+000表示,以此推算各点里程。

双线并行地段下行线采用上行线的投影里程;双线不并行地段上下行线分别采用各自里程,并在其两端并行地段衔接的上行线整百米处注明两线里程关系及下行线断链。

(2)车站相关数据。

车站相关数据包括车站中心里程及坐标、车站段线路线间距、站间距、车站与区间分界里程及坐标。车站中心里程以上行线为标准,上下行线的车站中心里程保持一致,坐标取值到0.1mm。一般情况下,线路平面图中车站两端结构内边线可作为车站与区间的分界,对于地下线来说,车站与区间设计分界里程为盾构工作井的内壁里程。根据此分界里程,可以区分车站范围和区间范围。车站范围段与区间范围段分界如图3-12所示,上行线里程SK27+871.947和SK28+058.847为车站与区间的分界里程,这两个里程之间则为车站范围段线路,这两个里程之外则为区间范围段线路。

◆练一练:线路平面图部分放大图样如图3-11所示,从该图中读出车站E处的车站中心里程及坐标、车站段线路线间距、站间距、车站与区间分界里程及坐标。

(3)曲线相关数据。

曲线相关数据包括曲线要素表及曲线特征点里程,是线路平面图中非常重要

学习笔记

的数据，部分曲线相关数据图如图 3-13 所示。曲线要素表应注明曲线编号、曲线交点坐标（精确到小数点后四位）、曲线偏角（精确到小数点后两位）应加脚注 z（左偏）或 y（右偏）、曲线半径、缓和曲线长度、切线长度、曲线总长度，所有长度精确到小数点后三位（mm）。曲线要素表写在相应上下行线路的外侧。曲线特征点里程包括曲线起点 ZH（直缓点）、HY（缓圆点）、YH（圆缓点）和曲线终点 HZ（缓直点）的里程，应垂直于线路写于相应上下行线路外侧。图 3-13 中上行线曲线交点 SJD56 的曲线要素表各数据及曲线特征点里程分别如下：

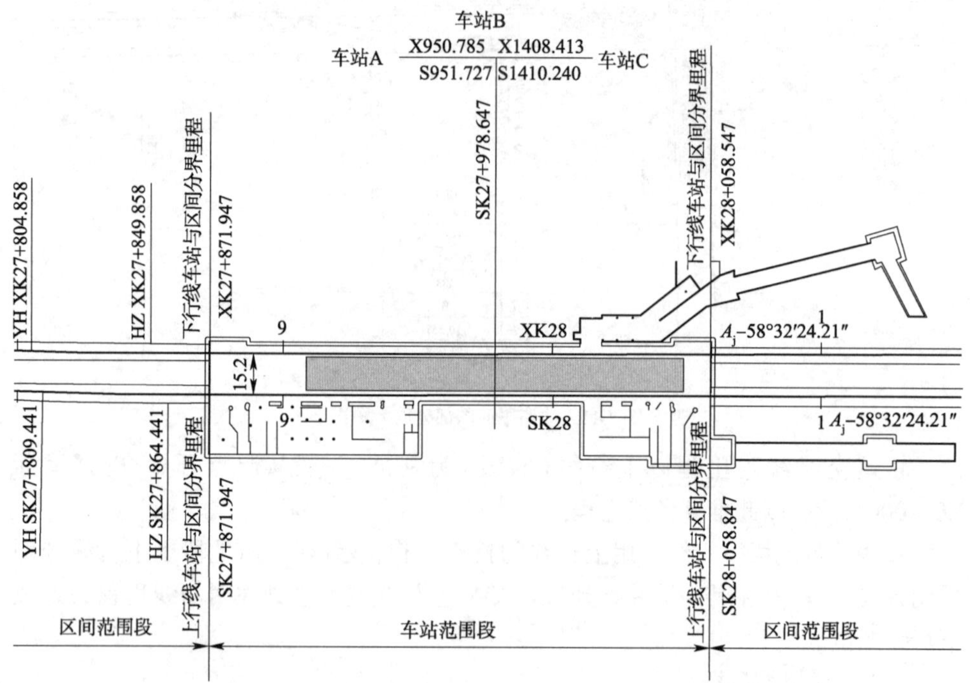

图 3-12　车站范围段与区间范围段分界

交点坐标：$X = 31026.5867$，$Y = 15297.2627$

曲线偏角 α_z：3°40′20.22″（左偏）

曲线半径 R：1200m

缓和曲线长度 l：35m

切线长度 T：55.970m

曲线总长度 L：111.912m

ZH 点里程：SK21 + 583.652

HY 点里程：SK21 + 618.652

YH 点里程：SK21 + 660.564

HZ 点里程：SK21 + 695.564

曲线特征点里程与曲线要素表中相关数据存在以下关系：

曲线总长度 = HZ 点里程 - ZH 点里程；

缓和曲线长度 = HY 点里程 - ZH 点里程或 HZ 点里程 - YH 点里程。

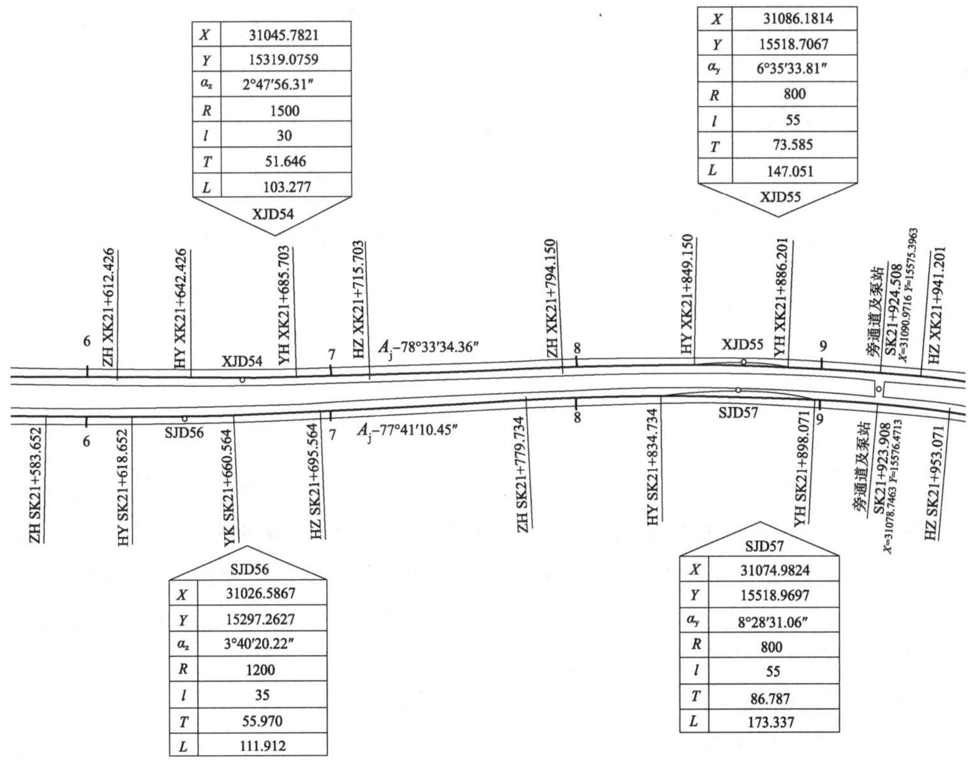

图 3-13　部分曲线相关数据图

◆练一练：从图 3-13 中读出下行线曲线交点 XJD54 的曲线要素表各数据及曲线特征点里程。

(4)直线相关数据及其他标注。

直线相关数据及其他标注包括夹直线方位角(正北方向按顺时针至线路中心线里程递增方向的夹角)、线间距、断链、旁通道及泵站里程及坐标等。部分直线相关数据及其他标注图如图 3-14 所示，该图中 HZ 点里程 SK21 + 953. 071 与 ZH 点里程 SK22 + 122. 849 之间的夹直线方位角 A_j 为 86°09′41. 51″；如果对应的上下行夹直线不平行，那么不标线间距，平行段夹直线须标注线间距。

断链处须标注断链里程及长、短链长度。下行线里程按上行线里程推算，因下行线绕行或内外曲线的关系，下行线与上行线长度不等，但为了设计及施工上的便利，上下行线平行直线段，同一断面上的里程宜一致。通常在每一处上下行线长度不等的地段设置下行线断链，尤其在上下行线处于同一隧道结构内时，更宜如此。但在曲线多的地段，若每个曲线都设断链，也会给设计和施工带来不便，为减少下行线断链数量，可对下行线断链进行适当合并，一般将两座车站的站中心上下行线里程设为一致，两车站间下行线的多个曲线断链合并为一个。

学习笔记

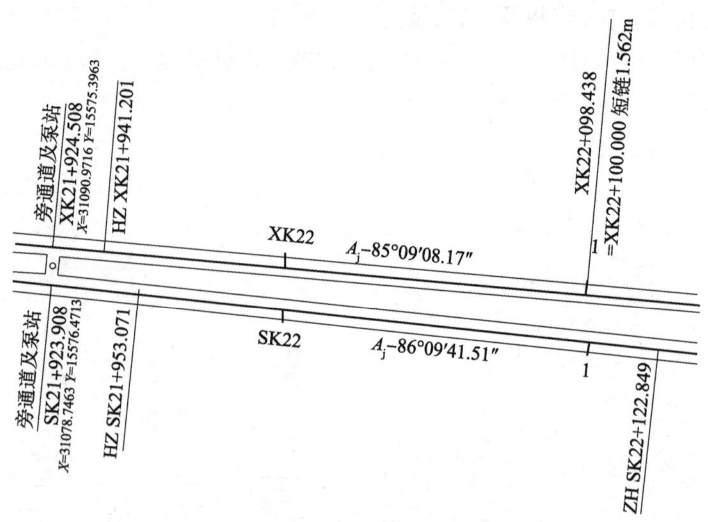

图 3-14　部分直线相关数据及其他标注图

断链按形成原因不同可以分为内业断链和外业断链，内业断链是同一范围上下行线长度不一致产生的，内业断链一般标在下行线处；外业断链是以上行线里程为基准，当上行线里程发生变化时为不影响后续里程变化而加设的。例如地铁车站先于区间施工后，区间线路局部改线造成车站里程发生变化，那么为了保证已经施工的车站的里程数据不发生变化，上下行线需同时加设外业断链。

断链有长链和短链之分，里程断开并变小的称为“长链”，里程断开并变大的称为“短链”。图 3-14 中断链 XK22 +098.438 = XK22 + 100.000，短链 1.562m，也就是这里的下行线里程 XK22 +098.438 处，被赋予了新里程 XK22 + 100.000，这样就能保证与这个断链相邻的车站段线路上下行线同一断面上的里程统一。由于原来的里程比重新赋予的里程小，所以称为短链，短链长度 XK22 + 100.000 − XK22 +098.438 = 1.562m，也就是说，该断链处的百米标之间的距离不是 100m，而是比 100m 少了 1.562m。

城市轨道交通断链应设置在直线段内，不应进入曲线范围和车站站界范围。计算线路长度时，必须考虑断链的影响。

旁通道及泵站处需标注里程及坐标，图 3-14 中旁通道及泵站上行线里程为 SK21 +923.908，坐标 $X = 31078.7463$，$Y = 15576.4713$。旁通道也称为联络通道，联络通道是连接同一线路区间上下行两个行车隧道的横通道，当列车在区间遇火灾等灾害或因事故停运时，供乘客由事故隧道向无事故隧道安全疏散使用，具有紧急逃生功能；泵站也就是排水泵站，地下线路一般会在地铁隧道区间处形成最低点，那么此处的水无法以重力流的形式流入车站的排水系统，因此在最低处需要设置排水泵站。

一旦确定了线路走向，沿线路中心线两侧一定范围内，有可能会有地面上看不见的一些障碍物，比如地下管线、桥梁桩基、房屋桩基等，所以需要沿线做物探，将对线路有重要影响的物探信息，比如房屋的桩底标高、桩的类型和尺寸、桩的具体位置等都标注出来。

4. 附注和图例

附注是指图纸中的附加解释和说明,不同的出图内容会附以不同的注释。线路平面图中的附注主要说明数据的单位、采用的坐标系统、地形图的依据等。例如上海轨道交通 × 号线线路平面图的附注一般包含如下内容:

(1)本图根据上海市测绘院提供的上海轨道交通 × 号线线路地形(修测)资料绘制而成。

(2)本图采用上海市地铁坐标系统,高程采用上海吴淞高程系统。

(3)本图尺寸单位除注明者外,其他均以 m 计。

(4)× × 车站详见 × × 车站建筑总平面图。

(5)本图车站与区间设计分界里程为盾构工作井的内壁里程。

5. 图签栏

图签栏一般位于图纸的右下方,图签栏的格式,目前我国还没有统一规定,各设计单位的图签栏格式可能不一样,常用的图签栏一般包括签字栏、设计单位、项目名称、图名、图别、图号、设计号、日期、图纸数量和比例等,线路平面图图签栏示意图如图 3-15 所示。

<table>
<tr><td>总体审定 GENERAL CONSULTANT</td><td></td><td></td><td colspan="3"></td></tr>
<tr><td>系统审定 SYSTEM CONSULTANT</td><td></td><td></td><td colspan="3"></td></tr>
<tr><td colspan="3">××××设计院</td><td colspan="3">××市轨道交通×号线工程</td></tr>
<tr><td>审定 APPROVED</td><td></td><td></td><td rowspan="3">线路</td><td>设计号 DES NO.</td><td>S200511-5-XL</td></tr>
<tr><td>审核 AGREED</td><td></td><td></td><td>图别 DISCIPLINE</td><td>施工图设计</td></tr>
<tr><td>设计负责人 IN CHARGE</td><td></td><td></td><td>图号 DRAWING NO.</td><td>001-XL/01-01</td></tr>
<tr><td>专业负责人 SPECIAUTY SPONSOR</td><td></td><td></td><td rowspan="4">车站 B ~ 车站 C 线路平面图</td><td>比例 SCALE</td><td>1:1000</td></tr>
<tr><td>校对 CHECKED BY</td><td></td><td></td><td>日期 DATE</td><td>2023.6</td></tr>
<tr><td>设计 DESIGNED BY</td><td></td><td></td><td>第 张 NO.</td><td>01</td></tr>
<tr><td>绘图 DRAWED</td><td></td><td></td><td>共 张 TOTAL</td><td>01</td></tr>
</table>

图 3-15 线路平面图图签栏示意图

签字栏:一旦在签字栏上签名,就要承担法律责任,且终身有效。设计师是终身负责制,如果由于设计问题导致事故发生,会依据工程事故的严重程度追究签字设计人员的相关刑事责任。所以,设计必须严谨正确,不能有一点错误。设计校对层层把关,形成规范、认真、严谨的设计理念和求真务实的工作作风,具有高度责任感。

比例 1:1000 指的是绘图比例,根据设计阶段的不同,线路平面图的出图比例也不同。一般情况下,线路平面图在工程可行性研究阶段采用较小的出图比例 1:2000,初步设计阶段和施工图设计阶段采用较大的出图比例 1:1000。

6. 会签栏

会签栏示意图如图 3-16 所示,会签栏一般位于图纸的左边。城市轨道交通的设计是一个系统工程,一般由三十几个专业共同参与完成一条城市轨道交通线的

学习笔记

设计，各个专业彼此独立，但又相互关联。比如作为龙头的线路专业，是后续很多专业的基础。线路专业首先要完成线路设计，然后将其提供给后续相关专业。所有的施工图完成后，如何保证线路专业和其他相关联专业的部分信息统一呢？比如要保证车站中心里程和坐标、车站和区间的分界里程和坐标在线路施工图中与车站建筑、车站结构专业和区间结构专业出的施工图一致，需要在出图的时候相互确认施工图的相关设计内容，认真仔细核对后才可以在相应的会签栏签字。会签的意义就在于确认其他相关专业的设计与本专业设计部分信息一致，确认其他相关专业的设计满足了本专业所提的要求，预防“错、漏、碰、缺”现象的发生，使各专业协调一致，确保工程设计的总体质量。

会签栏	线路		轨道		环控		防灾报警		牵变		接触网		主变
	服界		供电		通信		车站设备		降变		自动售检票		
	建筑		照明		信号		环控		屏蔽门		人防		
	结构		防迷流		给排水		设备监控		电力监控		防火		

图 3-16　会签栏示意图

单元 3.5　地铁线路平面设计

城市轨道交通线路平面设计是在线网规划确定线路走向之后，结合实际工程条件，按照上述技术标准，以线形顺直、方便实施、减少投资、减小环境影响等为原则，将概念方案落实到具体位置和实施方案中。

一、线路平面位置与线间距

线路根据敷设方式可以分为地下线、高架线和地面线三种，不同的敷设方式对于线路平面位置的选择也不同，地下线线路平面位置的选择自由度大一些，高架线次之，地面线选择范围最小。

1. 地下线路平面位置与线间距

(1)地下线路平面位置。

线路平面设计时，为减少穿越地块、综合利用市政道路资源，一般情况下线路设置于道路范围内，它的设计依据是道路规划红线而不是现状的道路边界线，当然也会出现道路规划红线范围内建筑物难以拆迁的情况，此时道路规划红线无法拓宽到位，就按现状道路的边界线来控制线路的位置。当线路路由沿着道路走行时，根据与道路的位置关系，可以呈现三种线位：A 位——路中，B 位——路侧，C 位——路外。地下线路平面位置设置示意图如图 3-17 所示。

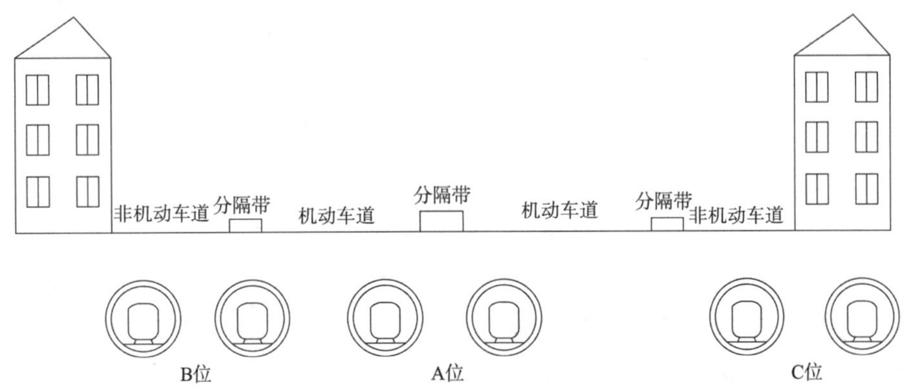

图 3-17　地下线路平面位置设置示意图

①A 位——路中：地下线路位于道路中心，对道路两侧建筑物影响较小，采用暗挖法施工时，比如盾构推进时对地下管线影响较小，施工相对容易，且能适应较窄的道路红线宽度，是较为普遍的一种线路位置。缺点是采用明挖法施工，比如明挖车站，会破坏现有道路路面，对城市交通干扰较大。

②B 位——路侧：地下线路位于规划道路一侧的慢车道和人行道下方，施工时相对于 A 位能减少对城市交通的干扰和对机动车路面的破坏。缺点是路侧管线较路中多，采用明挖法施工时，管线迁改量较大，且对靠近线路一侧的建筑物影响稍大。

③C 位——路外：地下线路位于道路规划红线以外，在有利的条件下，可以达到缩短线路长度、降低工程造价的目的。在以下几种情况下，可以采用。

a. 广场、公园、绿地（耕地）等开阔地形区域，且无地下基础。

b. 城市已建成区的公用性质的多层建筑或居民多层建筑，建筑物基础不深，有条件下穿，且能采取减振降噪措施。一般情况下，如公用性质的建筑对振动和噪声没有特别要求，下穿相对容易；而下穿居民多层建筑的影响较大，容易产生矛盾。高层建筑的基础较深，难以下穿，如果不考虑拆迁，一般会选择避让。

c. 城市非建成区或老旧街坊改造区，可以同步规划设计，并按合理施工顺序施工。如已经建成的上海地铁 12 号线的虹漕路站位于道路规划红线以外，就属于这种情况。虹漕路站和该地块的改造（新建华悦家园小区）同步规划设计，施工前，该地块自有一二层民房统一迁出，政府统一安排临时居住地。施工时，地铁站和小区同时施工，小区建成后，再统一回迁。

（2）地下线线间距的确定。

线间距指的是同一条线路中，上下行线路中心线之间的距离。线路平面图上需要标示平行线的线间距，线间距示意图如图 3-18 所示。相交直线段和曲线段的线间距要大于或等于最小线间距，线间距与隧道结构类型和尺寸、车站形式、建（构）筑物之间的结构净距、道岔类型、限界等因素有关，一般需要相关专业如车站建筑专业、车站和区间结构专业、限界专业、轨道专业等计算后确定。区间段线路

学习笔记

线间距

和车站段线路的线间距的影响因素不同,线间距也不同。线间距计算采用解析几何公式,计算误差不大于1cm。

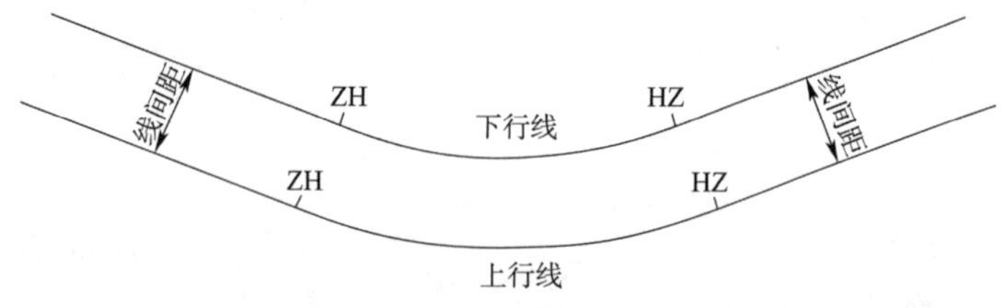

图3-18 线间距示意图

①地下线区间段线间距。

一般情况下,地下线区间段主要有单洞双线(如双圆盾构、矩形盾构或单圆大盾构)和单洞单线(如单圆小盾构)两种类型,地下线隧道结构形式示意图如图3-19所示。双圆盾构因为沉降较大,目前一般不采用,常见的以单圆小盾构和单圆大盾构为主。单圆小盾构单洞单线对线路要求低,选线灵活;单圆大盾构单洞双线对选线要求较高,一般在较大半径和控制性穿越通道较宽等条件下采用。

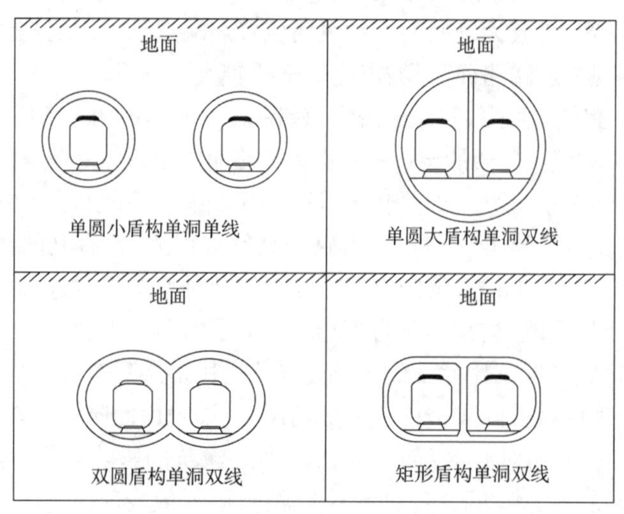

图3-19 地下线隧道结构形式示意图

以上海地铁系统A型车为例,如果要计算该单圆小盾构单洞单线区间段的线间距,那么按照以下方法计算确定:假设已知单圆隧道外径为6.2m,根据区间结构的要求,正常情况下,为了保护区间隧道的结构安全,单圆隧道之间要留一倍的盾构直径,线间距为12.4m,单圆盾构区间段线间距确定示意图如图3-20所示。根据设计经验,正常情况下线间距为12~13m,困难情况下线间距为10~12m(需要根据区间结构要求视情况进行区间段的加固)。如果是大盾构的单洞双线,则要满足中隔墙和应急平台宽度设置及其他设备限界等要求,如上海地铁11号线南段线间距为5.3m。

②地下线车站段线间距。

一般情况下,地下线车站以明挖法施工为主,一般为矩形结构,单洞双线布置。

根据站台形式的不同,线间距也不同。若为岛式站台,则要考虑站台宽度、车辆选型及限界要求。以上海地铁系统A型车为例,假设站台宽度为12m,站台边到线路中心线距离为1.6m(与车辆宽度和限界有关),那么线间距一般为12+1.6×2=15.2(m)。地下线岛式站台线间距示意图如图3-21所示。若为侧式站台,则要考虑道岔、柱网设置及限界要求,那么设置道岔时的线间距一般为4.6m或5.0m,在不设置道岔和柱网时的最小线间距可为3.7m,比如设置9号道岔交叉渡线的上下行线间距为4.6m。地下线侧式站台线间距示意图如图3-22所示。地下线车站段线间距的主要影响因素是道岔、站台形式、柱网设置、车辆选型和限界要求。

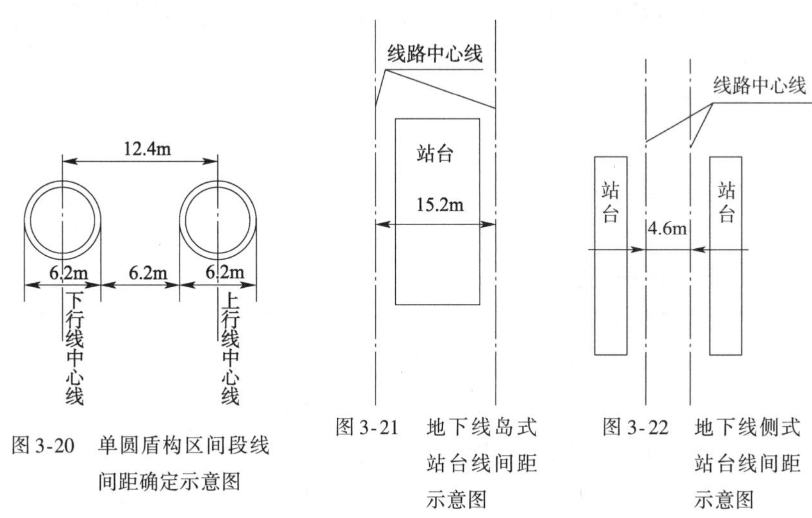

图3-20 单圆盾构区间段线间距确定示意图

图3-21 地下线岛式站台线间距示意图

图3-22 地下线侧式站台线间距示意图

2. 高架线路平面位置与线间距

(1)高架线路平面位置。

当线路路由沿着道路走行时,可充分利用道路分隔带,把高架桥柱设置于分隔带上,减少高架桥柱对道路的占用和改建。高架线路宜设于中央分隔带或者绿化隔离带中,根据与道路的位置关系,一般有两种线位:A位——路中,B位——路侧。高架线路平面位置设置示意图如图3-23所示。

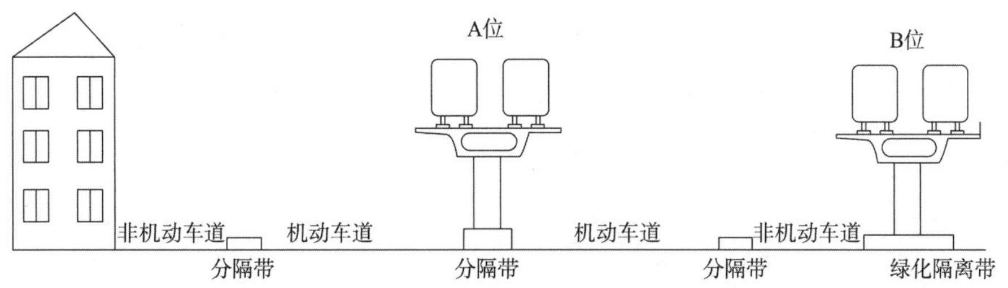

图3-23 高架线路平面位置设置示意图

①A位——路中:高架线路位于规划道路中央分隔带中,对道路景观较为有利,振动、噪声对两侧房屋的影响相对较小,且较均衡,在路口交叉处对拐弯机动车影响小,是采用较多的一种高架线路形式。但是,如果道路无中央分隔带,那么需

学习笔记

要对道路断面进行拓宽改造,改建道路工程量较大,一般高架线与道路改造同时实施。路中方案若不进行道路改造,那么高架线施工时对道路交通的影响较小。

②B 位——路侧:高架线路位于规划道路绿化隔离带中,振动、噪声对一侧建筑物的影响小,但对另一侧影响大,适用于道路两侧环境要求不一样的地区。一般适用于道路一侧有较宽绿化隔离带,且路侧建筑为非住宅楼地区,如上海地铁 8 号线浦江镇站至沈杜公路站段采用的平面线位就是路侧方案。绿化隔离带方案施工对道路交通基本无影响。

高架线路平面位置选择,须考虑占用少部分地面空间,一般利用桥柱占用分隔带来实现;须适应道路线形,较地下线更加严格,自由度更小,对于道路红线宽度要求也相对较高。

(2)高架线线间距的确定。

一般情况下,高架线采用双线设置,并行等高走行,少部分呈现单桥单线独自走行。高架线线间距的确定与桥梁结构形式、应急平台宽度、道岔类型、站台形式、车辆选型和限界等有关。

①高架线区间段线间距。

一般情况下,高架线区间段线间距主要与桥梁结构形式、应急平台宽度和限界有关。箱形梁、U 形梁和其他梁型方案等因为结构不同,线间距的设置也不同,高架线箱形梁区间段线间距示意图如图 3-24 所示,高架线双线 U 形梁区间段线间距示意图如图 3-25 所示。例如宁波地铁 2 号线(B 型车)高架段主要采用箱形梁,区间段线间距为 4.2m;上海地铁 10 号线(A 型车)高架段主要采用箱形梁,区间段线间距为 4.6m;上海地铁 17 号线(A 型车)高架段主要采用 U 形梁,区间段线间距为 5.3m。

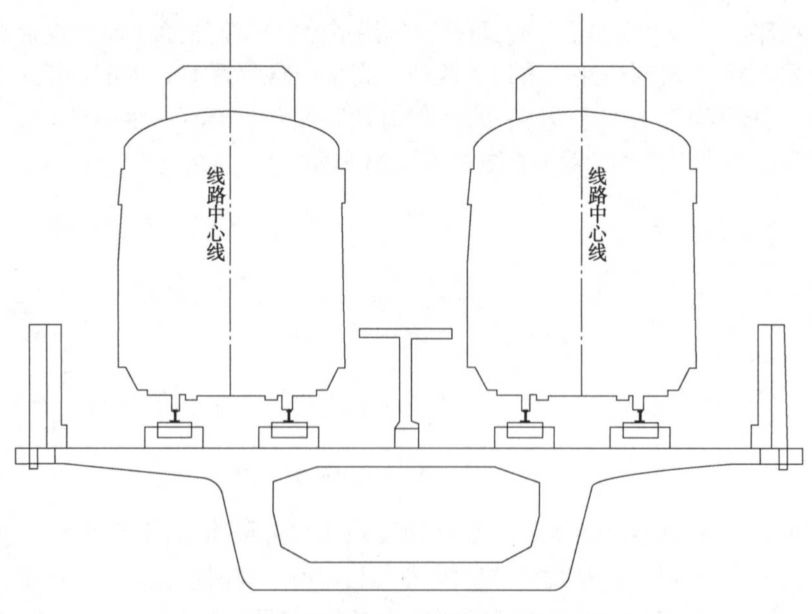

图 3-24　高架线箱形梁区间段线间距示意图

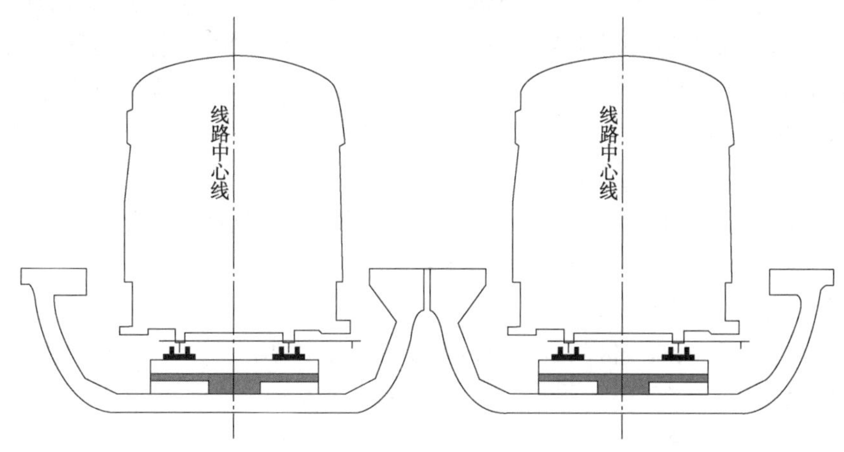

图3-25　高架线双线U形梁区间段线间距示意图

②高架线车站段线间距。

一般情况下,高架线车站段线间距的确定与地下线基本一致(一般不考虑柱网设置),主要与站台形式、车辆限界、道岔类型和号数有关。若是岛式站台,车站段线间距则主要与站台宽度有关,若站台宽度为12m,站台边缘到线路中心线的距离为1.6m,则线间距为15.2m;若是侧式站台,则与道岔类型和号数有关,一般情况下,侧式站台车站段线间距与区间段线间距的设置相同。

3. 地面线路平面位置与线间距

地面线路平面位置选择,须考虑占用大部分地面空间,带宽一般为20m左右,对于道路红线宽度要求较高,往往需要设置地道或天桥连接路两侧的交通,线路位置选择比高架线更加严格,自由度更小。大城市越来越少采用地面线。根据与道路的位置关系,一般有两种线位:A位——路中,B位——路侧。地面线路平面位置设置示意图如图3-26所示。无论是路中还是路侧方案,出于对景观的要求和乘客进出站方便考虑,一般情况下多采用侧式车站。

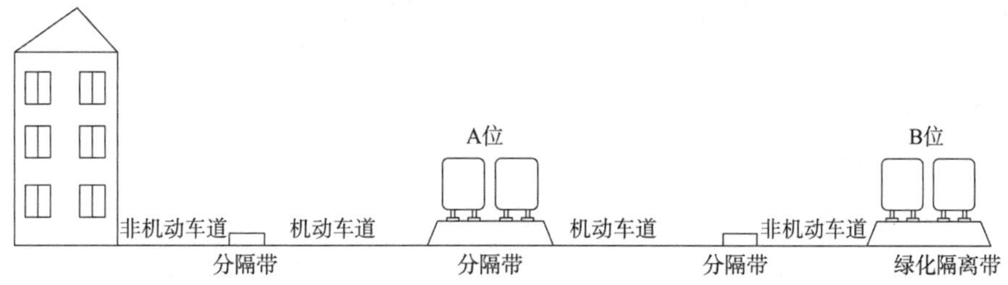

图3-26　地面线路平面位置设置示意图

(1)地面线路平面位置。

①A位——路中:地面线路位于规划道路中央分隔带中,对道路景观较为有利,振动和噪声对两侧房屋影响相对较小。但是,对于道路红线宽度要求较高,施工时,对交通影响也较大,一般需与道路改造同时进行。

②B 位——路侧：地面线路位于规划道路路侧绿化隔离带或路侧空旷地块中，振动、噪声对一侧建筑物的影响小，但对另一侧影响大，适用于道路两侧环境要求不一样的地区。一般适用于道路一侧有较宽绿化隔离带，且路侧建筑为非住宅楼的地区。绿化隔离带方案施工对道路交通影响较小。

(2)地面线线间距的确定。

一般情况下，地面线采用路基形式，并行等高走行。地面线线间距的确定与车辆选型、限界、道岔类型和站台形式等有关。

①地面线区间段线间距。

一般情况下，地面线区间段线间距主要满足限界要求。对于地铁系统 A 型车来说，非道岔区段的线间距一般为 3.7m(道岔区段受道岔线间距控制)。

②地面线车站段线间距。

一般情况下，地面线车站段线间距的确定与地下线和高架线一致，主要与站台形式和道岔类型及号数有关。地面线一般以侧式车站为主，若采用侧式站台，则与道岔类型和号数有关，地面线车站段线间距一般与区间段线间距相同。

二、城市轨道交通线路与建(构)筑物之间的安全距离

城市轨道交通线路与建(构)筑物之间的安全距离是从建(构)筑物安全、环境评价和消防安全等角度出发，考虑结构安全、防火安全距离、噪声和振动等方面的影响，地下线、高架线和地面线的线路中心线与建(构)筑物之间应留有的一定距离。

1. 地下线与建(构)筑物之间的安全距离

地下线与建(构)筑物之间的安全距离与施工方法和施工技术密切相关。地下线若采用盾构法施工，则须满足盾构边线与地下基础结构边的距离(称为结构净距)要求。一般情况下，根据区间结构的要求，安全距离不小于结构净距 10m；困难情况下，在区间结构采用土体加固措施等情况下，可以缩短至 6m 甚至更小。若采用明挖法施工，其安全距离应大于土层破坏的辐射宽度(一般不小于一倍基坑深度)。具体距离需要结构专业和线路专业共同确定。

2. 高架线与建(构)筑物之间的安全距离

高架线与建(构)筑物之间的安全距离一般从结构安全、环评要求和消防要求三方面综合考虑确定。一般情况下，先要满足结构安全和消防要求，但是根据实际经验，在考虑列车运行振动及噪声影响的情况下，环评要求对安全距离的确定往往起到决定性的作用。所以，可以在满足环评要求的情况下，检验满足结构安全和消防要求的安全距离。

3. 地面线与建(构)筑物之间的安全距离

与高架线类似，地面线与建(构)筑物之间的安全距离主要由环评要求决定。

学习笔记

复习思考题

1. 城市轨道交通线路平面由哪几部分组成？

2. 平面曲线的基本形式有哪几种？

3. 线路平面的主要技术要素包括哪些？

4. 影响最小曲线半径标准选择的主要因素有哪些？

5. 小半径曲线的缺点是什么？

6. 圆曲线为什么不能太短？

7. 缓和曲线设置的目的是什么？我国采用什么线形的缓和曲线？

8. 夹直线为什么不能太短？

9. 请补充完整城市轨道交通地铁系统A型车线路平面各个要素参数值。

(1)最小圆曲线半径：一般情况下，区间正线为________m；车站站台段线路为________m。

(2)圆曲线最小长度：一般情况下，区间正线为________m。

(3)夹直线最小长度：一般情况下，区间正线为________m。

(4)缓和曲线最小长度：不小于________m；当半径大于________m时为0。

10. 已知平面圆曲线半径R、缓和曲线长度l_0和圆曲线转角α，请计算平面曲线的切线长度T和曲线总长度L。

(1)$R=4000\text{m}, l_0=0, \alpha=1°05'21''$；

(2)$R=1500\text{m}, l_0=30\text{m}, \alpha=2°23'43''$；

(3)$R=350\text{m}, l_0=60\text{m}, \alpha=87°17'57''$。

11. 当$R=350\text{m}, \alpha=22°19'59'', l_0=60\text{m}$时，计算该平面曲线切线长度、曲线总长度和圆曲线长度。若已知ZH点里程为SK2+400m，请计算HY、YH和HZ点的里程(里程计算结果保留三位小数)。

12. 地铁线路平面图由哪几部分组成？

13. 地下线、地面线和高架线线路平面位置的选择分别有哪几种情况？

14. 地下线、地面线和高架线区间段线间距的确定分别与哪些因素有关？

15. 城市轨道交通线路与建(构)筑物之间的安全距离主要考虑哪些因素？

学习笔记

模块 4

城市轨道交通线路纵断面

问题导入

线路纵断面设计作为城市轨道交通线路设计的重要组成部分，是在线路平面设计的基础上进行的。城市轨道交通地铁线路纵断面是由哪些技术要素组成的？地铁系统的技术要素如何设置和取值？与哪些因素有关？技术标准有哪些？不同城市轨道交通系统制式的线路纵断面技术标准有什么区别？地铁系统的线路纵断面是如何设计的？本模块将回答这些问题。

学习目标

知识目标

1. 掌握城市轨道交通线路纵断面定义。
2. 掌握城市轨道交通线路纵断面的组成和技术要素的确定。
3. 了解各种城市轨道交通系统制式线路纵断面的技术标准。
4. 掌握城市轨道交通线路纵断面图识图。
5. 了解城市轨道交通线路纵断面设计方法。

技能目标

1. 能区分不同城市轨道交通系统制式线路的最大纵断面坡度。
2. 能根据给定的城市轨道交通线路纵断面图进行数据栏部分的计算。
3. 能合乎规范地使用最高运行速度为 80km/h 地铁系统 A 型车线路纵断面主要技术标准。
4. 能识读城市轨道交通地铁系统线路纵断面图施工图图纸各部分内容。
5. 能根据给定的纵断面控制点物探信息在 AutoCAD 软件上进行初步的线路纵断面坡度设计。

素质目标

1. 具有规范严谨的设计理念、求真务实的工作态度和高度的责任感。
2. 具有良好的职业道德和规范、安全与质量控制等职业素养。
3. 具有良好的团队协作、人际交往和协商沟通的能力。
4. 具有良好的城市轨道交通工程伦理和环保意识。

建议学时

8 学时

案例引入

深圳地铁 1 号线的国贸、老街和大剧院站区间隧道上下重叠下穿建筑物，开国内地铁纵断面设计和施工的先河。其中，国贸、老街和大剧院站区间隧道位于深圳市中心繁华地带，从华中酒店、百货广场、广深铁路桥、人民桥等四座建筑物下穿过。这些建筑物不仅历史悠久，而且周围环境复杂，地下管线密集，施工难度极大。

项目团队采用了浅埋暗挖法重叠隧道方案，即隧道上下重叠布置，隧道结构设计为独特的单洞双层重叠结构形式，即采用暗挖法开挖一个高边墙的单洞，然后施作中隔板将单洞分为上、下两层，相当于地铁列车运行的上、下行线，在进入大剧院站又变为平行的左右线隧道。这样，由单洞双层隧道至双洞平行隧道的一段区间就出现了一上一下两条隧道相重叠的结构形式，即双洞重叠隧道，全长 1055m。这种设计在国内国际均属首次，它成功解决了隧道穿越建筑物的技术难题。施工过程中，项目团队通过精确控制掘进参数，确保了隧道的安全和稳定。

另外，在隧道路径上有多处建筑物的桩基需要进行托换处理，特别是百货大楼下的单桩最大托换轴力达到了 1890t，这是当时国内外已实施的桩基托换工程中最大的吨位。施工单位通过一拖一吊的方式将隧道上方建筑物的原荷载成功转移，确保了建筑物在施工过程中的安全，并成功实施了单桩最大托换轴力达到 1890t 的工程。

该项目通过纵断面上下隧道重叠设计，成功解决了地铁线位与繁华商业城区建筑物间的矛盾，为城市地铁选线和线路的平纵断面设计提供了新的解决方案。该项目获得了国家科技进步奖二等奖，并被认为是国内外地铁建设中的一个重要里程碑。

另外，兰州轨道交通 1 号线工程先后攻克了盾构下穿黄河、红砂岩地质条件下车站与隧道施工等世界级技术难题，还在盾构下穿小西湖立交桥、侧穿解放门立交桥、下穿张掖路地下步行街等城市轨道交通隧道建设中创新了多种工艺工法，取得多项发明专利授权，展现出了高超的工程技术水平，是世界上第一项下穿黄河的轨道交通工程，创造性地解决了四穿黄河、巨厚砂卵石、第三系粉细砂岩等世界性技术难题，是中国轨道交通的重要创新成果，获得了菲迪克“优秀工程项目奖”。

线路纵断面的设计和成功实施不仅要满足设计要求，还要依托技术创新和高质量的施工。

学习笔记

单元 4.1 城市轨道交通线路纵断面定义及组成

线路纵断面是沿线路中心线展直后的轨面高程在铅垂面上的投影线。线路的纵断面设计必须在线路平面设计完成的基础上进行，同时又可对平面设计进行检

验和调整，它最终确定线路在城市三维空间中的位置。图4-1和图4-2分别是某高架线和某地下线在工程可行性研究阶段的两站一区间的线路纵断面图。城市轨道交通线路纵断面一般是由坡段及坡段间的连接线组成的。

学习笔记

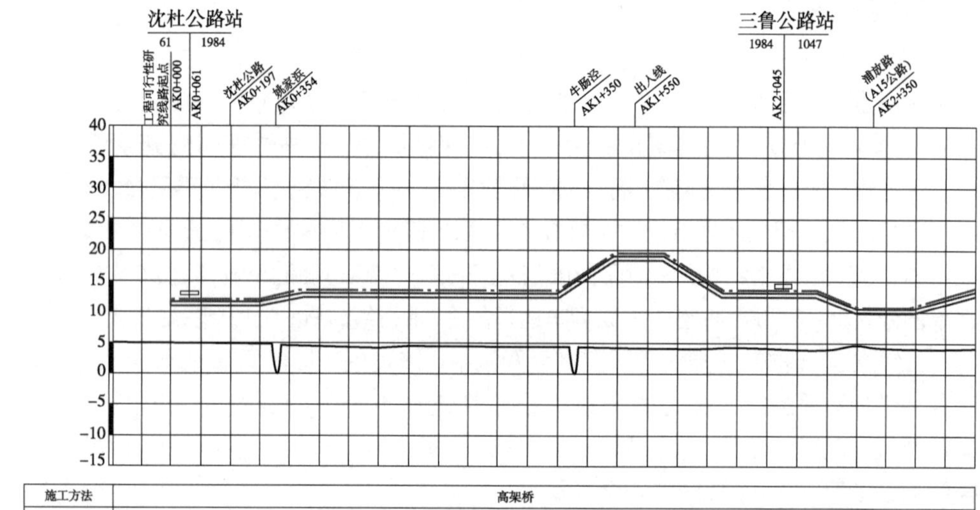

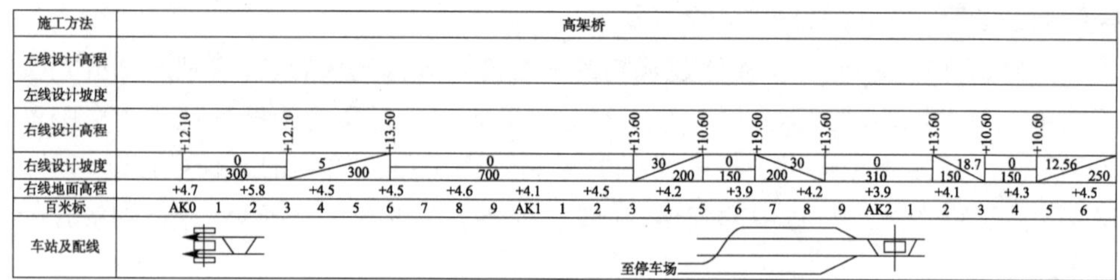

图4-1　工程可行性研究阶段高架段线路纵断面图

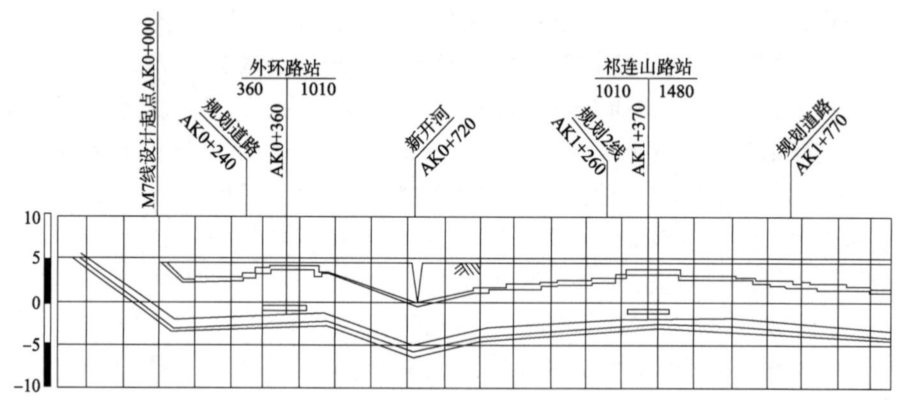

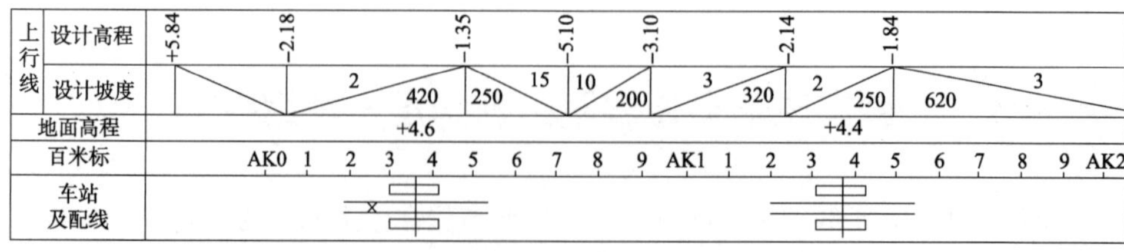

图4-2　工程可行性研究阶段地下段线路纵断面图

坡段的特征用坡段长度和坡度来表示,坡度与坡段长度示意图如图 4-3 所示。坡段长度 L_i 是指前后两个变坡点之间的水平距离(m)。坡度 i 为该坡段两个变坡点之间的高程差 H_i 除以坡段长度 L_i 的值。因城市轨道交通线路纵断面坡度设置不能太大,所以其值通常用千分数表示。坡度值上坡取正值,下坡取负值,平坡为零。如坡度为 12‰,即表示每千米高差为 12m。

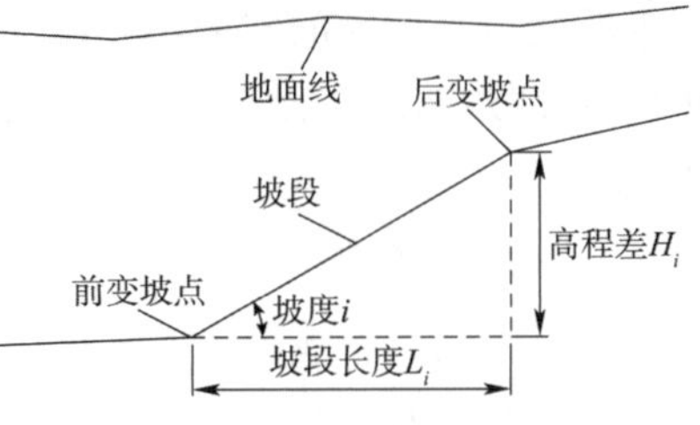

图 4-3　坡度与坡段长度示意图

单元 4.2　地铁线路纵断面主要技术要素

城市轨道交通系统制式中,地铁系统在国内应用广泛,下面以地铁线路为例论述地铁线路纵断面主要技术要素。线路纵断面的主要技术要素包括最大坡度、坡度代数差、最小坡段长度、竖曲线线形和竖曲线半径、最小竖曲线夹直线长度。

一、坡度

1. 线路纵断面最大坡度值的确定

正线最大坡度是线路的主要技术要素之一。线路最大坡度值首先取决于车辆性能,包括列车的牵引动力和编组情况。由于城市轨道交通高密度行车和大运量,为保证行车安全与准点,原则上要求列车在失去部分(最大可达一半)牵引力的条件下,仍能用另一部分牵引动力在最大坡道上启动,因此最大坡度阻力与各种附加阻力之和不宜大于列车牵引力的一半。另外,线路最大坡度值的确定取决于地形条件,在山地城市的特殊地形地区,如果采用较小的纵断面坡度,则会提高技术难度和工程造价。所以在困难条件下,根据当前车辆生产水平,经技术经济比较,有充分依据时,可适当提高最大坡度值。

在实际工程中,每一条线路的最大坡度是有一定区别的,应综合工程实际需要,在满足车辆的安全性、平稳性、列车起动制动、故障救援能力以及工程造价等方面要求的基础上进行综合论证。如果在工程上是合理的,在运行上是安全的,可以允许有所突破。

◆想一想:线路纵断面最大坡度的取值是越小越好,还是越大越好?

线路纵断面最大坡度的取值对线路的埋深、工程造价及运营都有较大的影响,坡度越大,适应地形能力越强,越利于降低建设成本、降低设计和施工难度,但是对车辆性能要求越高,越不利于运营。如何在满足车辆性能、运营安全和工程可行性及经济性等要求的情况下,合理地确定线路最大坡度值具有重要的意义。所以,线

学习笔记

坡度概念

路纵断面最大坡度的取值不是越大越好,也不是越小越好。《地铁设计规范》(GB 50157—2013)规定,地铁系统正线上最大坡度一般宜采用30‰,困难地段可采用35‰。

2. 坡度的取值

城市轨道交通线路纵断面坡度的设置与取值因坡段所处的位置和线路敷设方式的不同而不同,所以先对线路正线按照区间范围段线路与车站范围段线路进行分段,再根据线路的敷设方式进行线路纵断面坡度的设置和取值。当线路坡段同时跨越车站范围段和区间范围段时,则按照车站范围段进行设置和取值。

(1)区间范围段线路的坡度。

区间范围段线路的最大坡度不论是在地下线、地面线,还是在高架线,都是一样的,城市轨道交通地铁系统的正线最大坡度一般情况下均取值30‰。

区间范围段线路的最小坡度在三种不同的线路敷设方式下是不一样的。地下线考虑到地下区间排水问题,因为节能坡的设置和区间段较长,不利于车站排水,一般情况下线路的坡度与排水沟坡度一致,隧道内区间范围段线路最小坡度为3‰。高架线和地面线因为排水方便,当采取排水措施时,可采用平坡。一般情况下,高架线和地面线区间范围段线路最小坡度可为0。

(2)车站范围段线路的坡度。

学习笔记

车站范围段线路的最大坡度在三种不同的线路敷设方式下是不一样的。车站不仅是乘客乘降的场所,也是工作人员工作的场所,更是车辆进出站、停车的场所,除此以外,还有各种涉及设备放置和门的开关等设备用房和辅助用房。基于以上功能的实现,车站范围段线路不能设置较大坡度,在条件允许的情况下最好设置平坡。尤其是考虑到在车站停车时防止车辆溜车,车站范围段线路坡度尽可能平直。但是,在地下车站中,既要使车站具有排水坡度,又要使站台纵向坡度不明显,接近水平的状态,一般情况下,地下车站范围段线路的坡度为2‰。而高架车站和地面车站因为能采取有效的排水措施,排水方便,所以可以设置平坡,这样能兼顾到车站的柱网等高,有利于相邻建筑物的衔接。所以,高架车站和地面车站范围段线路一般采用平坡。同时,为保证线路轨面与站台的高差是直线关系,车站站台范围内的线路应设在一个坡道上。

一般情况下,地下车站范围段线路坡度为2‰,高架车站和地面车站范围段线路坡度为0。

二、坡段长度

坡段长度是指一个坡段两端变坡点之间的水平距离。

◆想一想:线路坡段长度是越大越好,还是越小越好?

坡段长度与坡度和车辆性能有关,当正线坡度较缓时,为了确保行车平稳,应尽量减少通过变坡点,因为列车在通过变坡点时要产生附加离心力和附加加速度,故宜设置较长的坡段。

《地铁设计规范》(GB 50157—2013)规定,正线坡度大于24‰,连续高差达16m以上的为长大陡坡地段,此时坡段长度达到667m,在这种情况下,应根据线路平纵断面和气候条件,核查车辆的编组及其牵引和制动的动力性能,以及故障运行能力。长大陡坡的设置主要从运营效率和车辆性能角度考虑,对不同运行状态进行分析:

(1)首先是分析车辆故障时,在大坡道上车辆的编组和动力(牵引和制动)性能、列车的制动停车和再启动能力及其互救能力等。其次要评价在正常情况下,车辆上坡运行时对于速度发挥效率和旅行速度的影响,下坡运行时对速度的限制和有效制动的安全性能的影响。

(2)根据车辆的规定,车辆的编组和动力(牵引和制动)性能,在定员(AW2:表示满载的情况)工况下,应满足在长大陡坡线路上正常安全运行要求,并应符合下列故障情况下运行的原则要求:

①当列车丧失1/4或1/3动力时,列车仍能维持运行至线路终点。

②当列车丧失1/2动力时,列车仍能在正线最大坡道上启动,并行驶至就近车站,列车清客后返回车辆段(场)。

③当列车丧失全部动力时,在粘着允许的范围内,列车应能由另一列相同空载列车(AW0:表示空载的情况)在正线最大坡道上被牵引(或推送)至邻近车站,列车清客后被牵引(或推送)至就近车站配线。

由于长大陡坡段对运营安全较不利,如果再与平面的小半径曲线重叠,则对运营及安全更加不利,所以应避免长大陡坡,且长大陡坡段最好不与平面小半径曲线重叠。

线路坡段长度不能太小,不宜小于远期列车长度,这样可以使一列车长范围内只有一个变坡点,以避免变坡点附加力叠加及附加力频繁变化的影响,保证行车平稳。如果坡段长度小于列车长度,那么列车就会同时跨越2个或2个以上的变坡点,影响列车的平稳运行和乘客的舒适度。如地铁系统6辆编组A型车长度为140m,则线路坡段长度不宜小于140m。

学习笔记

三、坡段连接

1.坡度代数差

坡度代数差是指相邻两坡度间代数差的绝对值。当列车通过变坡点时,车钩会产生附加应力,致使车辆的局部加速度增大,其值与相邻两坡段的坡度代数差成正比。坡度代数差可以用式(4-1)计算。

$$\Delta i = | i_1 - i_2 | \tag{4-1}$$

式中:i_1、i_2——前、后坡段的坡度,‰,上坡为正值,下坡为负值;

Δi——相邻坡度间代数差的绝对值,‰。

如果 $i_1 = 20‰$,$i_2 = -4‰$,那么 $\Delta i = 24‰$。

◆算一算:已知相邻坡段的坡度值,求坡度代数差。

(1) $i_1 = -2‰, i_2 = -24‰$;

(2) $i_1 = 15‰, i_2 = 0‰$。

◆想一想:坡度代数差是越大越好,还是越小越好?

列车行驶至坡度代数差较大的变坡点处,由于加速度的变化,可能会发生车轮脱轨或车钩脱落。另外,坡度代数差太大,会影响乘客的舒适度,所以坡度代数差不宜太大。

2. 竖曲线

◆想一想:车辆经过变坡点的状态如图4-4所示,若纵断面的各坡段直接相连形成一条折线,当列车运行至坡度代数差较大的变坡点处时可能会出现什么情况呢?

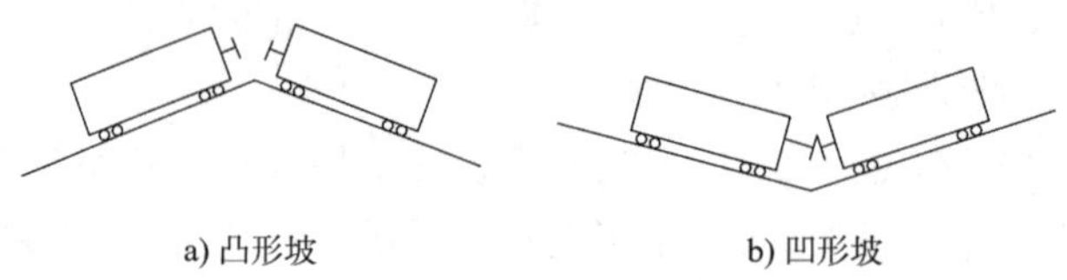
a) 凸形坡　　b) 凹形坡

图4-4　车辆经过变坡点的状态

很显然,当列车运行至坡度代数差较大的变坡点处时可能会出现以下两种情况:凸形变坡点导轮悬空(图4-5);凹形变坡点车钩错动(图4-6)。

①位于凸形变坡点时,当车辆重心未达变坡点,前转向架的车轮悬空,悬空高度大于轮缘高度时,车轮会脱轨。

②位于凹形变坡点时,当相邻车辆于变坡点附近连接,车钩上、下错动,其值超过允许值时车钩会脱落。

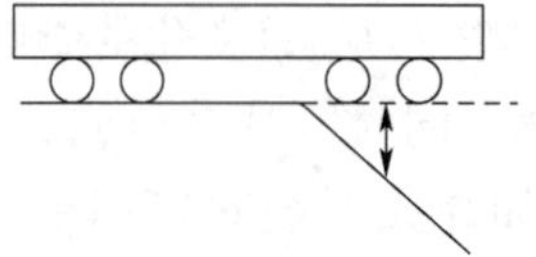
图4-5　凸形变坡点导轮悬空示意图

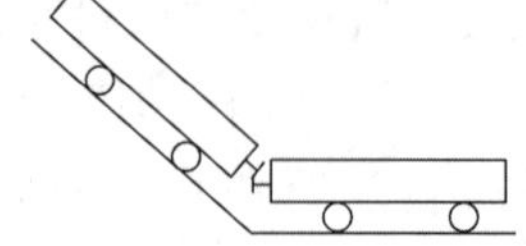
图4-6　凹形变坡点车钩错动示意图

(1)竖曲线设置目的。

列车通过变坡点时,会产生突变性的冲击加速度,为了缓和坡度的急剧变化,使列车通过变坡点时产生的附加加速度不超过允许值,一般在变坡点处设置竖曲线。所以竖曲线的设置目的是防止车轮脱轨、车钩脱落等,保证行车安全、平稳和乘客舒适度。竖曲线有圆曲线和抛物线两种,抛物线形曲率是渐变的,更适宜于列车运行,但敷设和养护工作复杂,因城市轨道交通的最高运行速度并不高,故基本上不采用。另外,圆曲线形竖曲线,具有便于敷设和养护的优点,且当竖曲线半径较大时,近似于抛物线形。因此,我国城市轨道交通线路采用圆曲线形竖曲线。

◆想一想:是不是所有的变坡点处,都需要设置竖曲线?

学习笔记

当两相邻坡段的坡度代数差小于2‰时,列车通过变坡点时产生的附加加速度很小,可以忽略不计,能保证行车安全和乘客舒适度,不用设置竖曲线;当两相邻坡段的坡度代数差大于或等于2‰时,应设置竖曲线。

(2)竖曲线半径的取值。

列车通过变坡点时产生的附加加速度即竖向加速度 a_v,与竖曲线半径 R_{sh} 和行车速度 v 之间的关系为

$$R_{sh} = \frac{v^2}{3.6^2 a_v} \tag{4-2}$$

式中:R_{sh}——竖曲线半径,m;

v——行车速度,km/h;

a_v——竖向加速度,m/s^2。

◆想一想:竖向加速度是越小越舒适,还是越大越舒适?

根据国外资料,a_v 值适应范围较宽,一般为0.08 ~ 0.3m/s^2,a_v 值越小越舒适。在速度不变的情况下,a_v 越小,竖曲线半径越大,竖曲线长度越大,竖曲线长度占坡段长度的比例较大,因为地铁坡段长度较小,对坡段长度影响较大,对纵断面设计灵活性影响较大,所以竖曲线半径不宜太大。根据国内工程和运营实际情况,我国城市轨道交通正线一般取 a_v = 0.08m/s^2,困难条件下 a_v = 0.16m/s^2。区间正线最高运行速度为80km/h,实际最高运行速度在70km/h左右,取 v = 70km/h。当 a_v = 0.08m/s^2 时,R_{sh} = 4726m;当 a_v = 0.16m/s^2 时,R_{sh} = 2363m。所以正线区间竖曲线半径一般情况下取5000m,困难情况下取2500m。车站端部列车进站速度为55km/h,取 v = 55km/h。当 a_v = 0.08m/s^2 时,R_{sh} = 2918m;当 a_v = 0.16m/s^2 时,R_{sh} = 1459m。对于最小竖曲线半径,在架轨灌注混凝土道床时,发现凹形竖曲线半径为2000m时,施工会遇到轨道依靠自重下凹困难,故规定竖曲线半径最小为2000m。所以车站两端的竖曲线半径一般情况下取3000m,困难情况下取2000m;对于正线的区间线路,竖曲线半径一般情况下取5000m,困难情况下取2500m。竖曲线半径见表4-1。

竖曲线半径 表4-1

线别		一般情况	困难情况
正线(m)	区间	5000	2500
	站台端部	3000	2000

(3)竖曲线设置要求。

◆想一想:车站站台范围内可以设置竖曲线吗?

车站站台有效长度范围内需要车辆地板面和站台面保持等高,以保证乘客上下车的安全,并有利于车站的设计和施工。车站站台有效长度范围内不得设置竖曲线。

◆想一想:道岔范围内可以设置竖曲线吗?

学习笔记

道岔的
有害空间

道岔范围内,尖轨部分是移动轨,需要保持平直线状态,无法设置竖曲线。道岔辙叉部分刚度较大,且存在“有害空间”,是运行安全的敏感区,在辙叉后的长岔枕敷设范围内的4条钢轨同在一排轨枕上,也不宜设置竖曲线。基于以上因素,道岔要保持平直线状态,所以在道岔范围内不得设置竖曲线。为保证行车安全、便于线路养护维修和考虑铺轨等工程施工误差,竖曲线与道岔要保持一定距离。道岔两端与平、竖曲线端部的最小距离如表4-2所示。以正线60kg/m的9号道岔为例,竖曲线离开道岔端部(道岔前端和道岔后端)的最小距离为5m。

道岔两端与平、竖曲线端部的最小距离 表4-2

项目	至平面曲线端或竖曲线端	
	正线	车场线
道岔型号	60kg/m－1/9	50kg/m－1/7
道岔前端/后端	5/5(m)	3/3(m)

注:道岔后端至站台端位置应按道岔警冲标位置控制。

◆想一想:竖曲线可以和平面曲线重叠吗?

竖曲线与平曲线可以重叠。竖曲线与缓和曲线或超高顺坡段在有砟道床地段不得重叠。若竖曲线与缓和曲线重叠,由于缓和曲线范围内超高顺坡改变了轨顶坡度,两者立面上的形状也会随之改变。施工中要做成设计形状已很难,碎石道床在轨道养护中更难保持轨道的良好状态,所以,两者不能重叠。当有砟道床地段不设平面缓和曲线时,竖曲线不得与超高顺坡段重叠。当无砟道床地段竖曲线与缓和曲线重叠时,轨道超高最大顺坡率不得大于2‰。

学习笔记

外轨超高的
概念及设置
方法

缓和曲线段曲线超高的设置与超高顺坡率

曲线超高应在缓和曲线内完成,故缓和曲线也是超高的顺坡段,缓和曲线的起讫点即超高的顺坡段的起讫点,也是该坡段的变坡点。实际上此变坡点必定有竖曲线顺接。只有顺坡坡度甚小,其竖曲线甚短,竖曲线改正值甚小,才可以忽略竖曲线。如顺坡坡度为2‰,按线路纵断面设计规定,坡度代数差大于或等于2‰时,必须设置圆曲线形竖曲线。纵断面变坡点的竖曲线,有凹有凸,若与超高点的凹凸形态不符,则难以实施。这种超高顺坡点的竖曲线与正线竖曲线的叠加,使轨道敷设有难度,难以把握。根据上述观点,从宏观概念上判断,缓和曲线的起讫点与纵断面的竖曲线不应重叠。但从微观层面分析,当缓和曲线的起讫点的超高顺坡率小于2‰时,则可规避缓和曲线和竖曲线重叠的情况。

对于轨道曲线超高顺坡率，规定一般为不大于2‰，困难地段为3‰；对超高实施方法，规定在有砟道床地段按曲线外轨单侧抬高超高办法实施，在隧道内混凝土道床地段按1/2超高半抬半降方法实施。

在有砟道床地段按曲线外轨单侧抬高超高，必定存在外轨超高顺坡点的竖曲线，应与线路纵断面变坡点的竖曲线规避，使两种竖曲线不得重叠。若采用一侧超高，按3%递变率，3000m半径设竖曲线，切线长4.5m，其竖向改正值为3mm，且不能忽略其凹凸形态。

在隧道内混凝土道床地段，按1/2超高半抬半降方法实施，即使按3‰实施，由于曲线段的两根钢轨分别按1.5‰的顺坡率实施，其竖曲线长度和改正值也甚小。按3000m半径设竖曲线，切线长2.25m，竖向改正值仅0.8mm，可以忽略不计，故允许与线路纵断面变坡点的竖曲线重叠。

城市内选线，往往会遇到地下线路曲折和站间距不大的情况，为设计节能坡，与平面曲线重叠虽应尽量避免，但却是难以避免的，采用1/2超高半抬半降方法，是一种灵活的选择。

(4)竖曲线的几何要素计算。

竖曲线的几何要素计算主要包括竖曲线切线长度、竖曲线长度、竖曲线纵距y与外矢距的计算。我国城市轨道交通线路采用圆曲线形竖曲线，圆曲线形竖曲线示意图如图4-7所示。

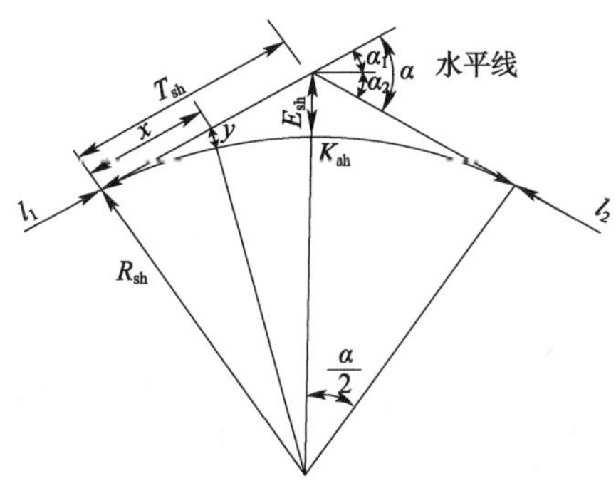

图4-7 圆曲线形竖曲线示意图

①竖曲线切线长度。

$$T_{sh}=R_{sh}\cdot\tan\frac{\alpha}{2}\approx\frac{R_{sh}}{2}\tan(\alpha_1-\alpha_2)\approx\frac{R_{sh}\cdot\Delta i}{2000}(\mathrm{m})\tag{4-3}$$

式中：α——竖曲线的转角，(°)；

α_1、α_2——前、后坡段与水平线的夹角（上坡为正值，下坡为负值），(°)；

Δi——相邻坡度代数差的绝对值，‰；

其余符号意义同前。

注意：i代入时去掉‰。

②竖曲线长度。

$$K_{sh} \approx 2T_{sh}\ (\mathrm{m}) \tag{4-4}$$

③竖曲线纵距 y 与外矢距。

因为 $(R_{sh}+y)^2 = R_{sh}^2 + x^2$，$2R_{sh} \cdot y = x^2 - y^2$（$y^2$ 值很小，可忽略不计），故

$$y \approx \frac{x^2}{2R_{sh}}\ (\mathrm{m}) \tag{4-5}$$

式中：x——切线上计算点至竖曲线起点的距离，m。

变坡点处的纵距称为竖曲线的外矢距 E_{sh}，其计算公式为

$$E_{sh} = \frac{T_{sh}^2}{2R_{sh}}\ (\mathrm{m}) \tag{4-6}$$

当 $R_{sh}=3000\mathrm{m}$，$i_1=-2‰$，$i_2=-24‰$ 时，

$$T_{sh}=3000\times(-2+24)/2000=33(\mathrm{m})$$

$$K_{sh}=2\times33=66(\mathrm{m})$$

$$E_{sh}=33^2/(2\times3000)=0.182(\mathrm{m})$$

3. 竖曲线夹直线

竖曲线夹直线指的是两相邻竖曲线之间的直线段。竖曲线夹直线示意图如图 4-8 所示，CD 段表示竖曲线夹直线。

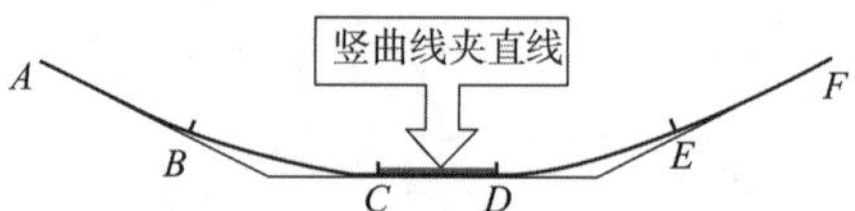

图 4-8　竖曲线夹直线示意图

◆想一想：竖曲线夹直线长度有限制吗？

竖曲线夹直线长度不能太小，相邻竖曲线间的夹直线长度不宜小于 50m。

由于城市轨道交通站间距较小，会出现坡段长度较小、坡度值较大等情况，因而会出现两条竖曲线重叠或相距很近的情形。为了减轻或避免列车同时位于两条竖曲线而产生的振动叠加，保证行车平顺性，相邻竖曲线之间的夹直线长度不宜小于 50m，其中 50m 夹直线就相当于振动衰减时间的距离。

单元 4.3　不同城市轨道交通系统制式线路纵断面技术标准

城市轨道交通线路纵断面技术标准的取值随着系统制式的不同而不同，因为不同的系统制式采用不同的车辆和轨道等，但技术标准确定的基本原理同地

学习笔记

铁系统。下面列举我国已经运营的几种常见的系统制式的线路纵断面相关技术标准。

一、城市有轨电车线路纵断面技术标准

根据《城市有轨电车工程设计标准》(CJJ/T 295—2019),城市有轨电车线路纵断面技术标准规定如下:

(1)全接触网供电的线路,正线最大坡度不宜大于50‰,困难情况下不应大于60‰,均不计平面曲线对坡度的折减。辅助线最大坡度不宜大于60‰。

(2)车站坡度宜与道路坡度一致,不宜大于20‰。

(3)区间线路最小坡度的设置应因地制宜,并应满足道路坡度及排水要求。

(4)地面线平交道口或混行地段,其坡度应根据道路等级,与道路设计标准相协调,轨面应与道路高程一致。

(5)当相邻坡段的坡度代数差大于或等于2‰时,应设置竖曲线,最小竖曲线半径宜采用2000m,困难情况下应采用800m。

(6)线路最小坡段长度不宜小于远期一列有轨电车长度,相邻竖曲线间的夹直线长度不宜小于一辆车的全轴距。

(7)跨越河道、铁路等特殊地段时,净高应满足相关行业的要求,局部地段跨越道路的净高应满足相关城市道路设计要求。

学习笔记

二、跨座式单轨交通线路纵断面技术标准

根据《跨座式单轨交通设计标准》(GB/T 50458—2022),跨座式单轨交通线路纵断面技术标准规定如下:

(1)线路纵断面应根据线路平面、行车速度、自然条件、线路敷设方式、周边建(构)筑物、道路及工程条件等确定。并行地段上下行线宜按等高设计。地面线的纵坡宜与城市道路基本一致,高架线应与沿线城市景观和周边建筑风貌相协调。当跨越城市道路、铁路或城市轨道交通线路时,应满足其限界要求。当采用地下线时,埋深应根据工程地质与水文地质、施工方法,以及障碍物及管线分布等确定,并应保证隧道内部排水畅通。

(2)区间正线的最大坡度不应大于60‰。曲线上应根据曲线阻力减缓纵坡,折减值可按下式计算:

$$\Delta i = 800/R \tag{4-7}$$

式中:Δi——坡度折减值,‰;

R——圆曲线半径,m。

B型车的曲线纵坡应计入阻力减缓纵坡的值,根据车辆自重、载重及牵引系统特性取值。

(3)线路最短坡段长度不应小于远期列车编组长度。

(4)车站站台范围内纵坡设置应符合下列规定。

①应设置在一个坡道上。

②高架车站及地面车站宜设在平坡上,地下车站宜设置在2‰~3‰的坡道上。当地下车站具有有效排水措施或与相邻建(构)筑物合建时可采用平坡。

(5)竖曲线设置应符合下列规定。

①相邻坡段的连接宜采用较小的坡度差,当相邻坡段的坡度代数差为5‰及以上时,均应设置圆曲线形竖曲线。当平曲线半径不大于400m时,竖曲线半径不应小于3000m;当平曲线半径大于400m时,竖曲线半径不应小于2000m。困难地段及车站两端竖曲线半径可减至1000m。

②车站站台计算长度和道岔范围内不得设置竖曲线,竖曲线与道岔端部的距离不应小于5m。

③两相邻竖曲线端的距离不宜小于40m,困难条件下不应小于20m。

④竖曲线和缓和曲线不宜重叠。

(6)大坡道坡段长度限值应符合下列规定。

①当纵坡不小于30‰时,坡段长度限值应按下式计算:

$$L \leqslant \frac{24}{i} \tag{4-8}$$

学习笔记

式中:L——坡段长度,m;

i——坡度值,‰。

②在不满足上述规定时,根据列车动力配置和线路具体条件,应进行列车运行速度调整,以及有关安全性论证。

三、自动导向轨道交通线路纵断面技术标准

根据《自动导向轨道交通设计标准》(CJJ/T 277—2018),自动导向轨道交通线路纵断面技术标准规定如下:

(1)线路纵断面应结合线路平面、行车速度、敷设方式、周边建(构)筑物、道路规划、地质条件等进行设计。

(2)地面线的纵坡宜与城市道路一致,高架线应与城市景观相协调,并应满足规划的最小净空要求。

(3)正线区间线路的最大坡度不宜大于60‰,困难条件下不宜大于100‰。

(4)地下区间线路的最小坡度不宜小于3‰,困难条件下可采用2‰。

(5)当地面及高架区间具有排水措施时,可采用平坡。

(6)地面站及高架站宜采用平坡,地下车站站台计算长度段线路坡度宜为2‰,并不宜大于5‰。

(7)纵断面的最小坡段长度应符合表4-3的规定。

最小坡段长度 表 4-3

设计速度(km/h)	100	80	60
一般地段最小坡长(m)	300	250	200
困难地段最小坡长(m)	150	120	100

(8)当纵坡坡度差大于 1‰时,应设置竖曲线,竖曲线应采用圆曲线,竖曲线最小半径应符合表 4-4 的规定。竖曲线长度不应小于 15m。竖曲线最小半径可采用下式计算:

$$R_{min} = \frac{v_{max}^2}{12.96\ a_0} \tag{4-9}$$

式中:v_{max} ——最高运行速度,km/h;

a_0 ——垂向离心加速度,取 $a_0 = 0.28\text{m/s}^2$。

竖曲线最小半径 表 4-4

设计速度(km/h)	100	80	60
一般地段竖曲线最小半径(m)	3000	2000	1000
困难地段竖曲线最小半径(m)	2000	1500	700

(9)平面缓和曲线地段不宜与竖曲线重叠设置,困难条件下竖曲线位置除车站及道岔外可不受限制。

(10)相邻竖曲线间夹直线长度不宜小于 0.5v(v 为运行速度),困难条件下不应小于 15m。

(11)地下折返线及停车线应布置在面向车挡或区间的下坡道上,且坡度不应大于 5‰,困难条件下不应大于 10‰。

四、市域快速轨道交通线路纵断面技术标准

根据《市域快速轨道交通设计标准》(CJJ/T 314—2022),市域快速轨道交通线路纵断面技术标准规定如下:

(1)区间正线最大坡度不宜大于 30‰,困难地段不应大于 35‰;地下线最小坡度不宜小于 3‰,当高架线、地面线具有排水措施时,可采用平坡。

(2)联络线、出入线最大坡度不宜大于 35‰,困难情况下不宜大于 40‰。

(3)车站坡度不宜大于 2‰,具有有效排水措施或与相邻建筑物合建时的地下车站可采用平坡;高架、地面站宜采用平坡。

(4)设置道岔的坡道不宜大于 5‰,困难地段不应大于 10‰。

(5)线路坡段长度不宜小于远期列车长度,相邻竖曲线间的夹直线长度不应小于 50m。

(6)竖曲线半径应符合表 4-5 的规定,设计速度在 120km/h 以下的区段应符合现行国家标准《地铁设计规范》(GB 50157—2013)的规定。

学习笔记

不同最高设计速度竖曲线半径　　表 4-5

最高设计速度（km/h）	160		140		120	
	竖曲线半径(m)					
	一般情况	困难情况	一般情况	困难情况	一般情况	困难情况
区间	12000	7000	10000	6500	10000	6000
车站	5000	3000	5000	2500	4000	2500

五、中低速磁浮交通线路纵断面技术标准

根据《中低速磁浮交通设计规范》(CJJ/T 262—2017)，中低速磁浮交通线路纵断面技术标准规定如下：

(1)线路坡度设计应符合下列规定：

①正线的最大纵坡不宜大于60‰，困难地段最大纵坡可采用65‰。在山地城市的特殊地形地区，经技术经济比较，有充分依据时，最大坡度可采用70‰。

②联络线和出入线的最大坡度不得大于70‰(均不计各种坡度折减)。车场线的最大坡度：库外线不应大于3‰，库内线应为平坡。

(2)隧道内和路堑地段的正线最小坡度宜采用3‰，困难条件下可采用2‰。

(3)地下车站站台计算长度段线路坡度宜采用2‰。

(4)地面和高架桥上的车站站台计算长度段线路宜设在平坡上，须设置在坡道上时，其坡度不应大于3‰。

(5)折返线和停车线宜布置在平坡道上，困难情况下可设在面向车挡不大于10‰ 的坡道上。

(6)车站站台计算长度段线路应设在一个坡道上。有条件时车站宜布置在纵断面的凸形部位上，并设置合理的进、出站节能坡。

(7)道岔宜设置在平坡上，须设置在坡道上时，坡度不得大于3‰。

(8)纵断面最小坡段长度不应小于远期列车编组长度，且两相邻竖曲线夹直线长度不应小于40m。

(9)两相邻坡段的坡度代数差大于或等于2‰时，应用圆曲线形的竖曲线连接，竖曲线半径不得小于表4-6的规定数值，竖曲线设置与平面缓和曲线不宜重叠。

最小竖曲线半径　　表 4-6

线别		一般情况	困难情况
正线	区间(m)	5000	2000
	车站端部(m)	3000	1500
联络线、出入线(m)		1500	
车场线(m)		1000	

学习笔记

(10)车站站台计算长度内和道岔范围内不得设置竖曲线,竖曲线离开道岔端部的距离不应小于6m。

(11)正线双线直线并行地段,轨面高程宜设计为等高。

六、高速磁浮交通线路纵断面技术标准

根据《高速磁浮交通设计标准》(CJJ/T 310—2021),高速磁浮交通线路纵断面技术标准规定如下:

(1)区间正线的最大纵坡不应超过50‰,困难条件下,经技术经济论证可采用不大于100‰的坡度。

(2)两相邻竖曲线不应重叠,且不宜周期性地布置竖曲线。

(3)纵坡变坡点均应采用竖曲线连接。竖曲线线形应采用缓和曲线—圆曲线—缓和曲线组合形式,竖曲线缓和曲线线形应采用回旋曲线。

(4)竖曲线最小半径应符合表4-7的规定。

竖曲线最小半径(m) 表4-7

v(km/h)	一般情况			困难情况		
	凹曲线		凸曲线	凹曲线		凸曲线
	$R_H=\infty$	$R_H\neq\infty$		$R_H=\infty$	$R_H\neq\infty$	
100	800	1500	1800	700	1100	1400
150	1800	3000	3900	1500	2500	3500
200	3100	5500	6900	3000	4500	6000
250	5000	8500	11000	4500	7000	9000
300	7000	12000	16000	6000	9500	13000
350	9500	17000	21000	8000	13000	18000
400	12500	22000	28000	11000	17000	23000
450	16000	27000	35000	14000	22000	29000
500	20000	34000	43000	17000	27000	35000

注:v为列车运行速度,R_H为竖曲线半径。

(5)最小竖向缓和曲线长度应符合表4-8的规定。

最小竖向缓和曲线长度(m) 表4-8

v(km/h)	一般情况 $\dot{a}_{zmax}=0.5\text{m/s}^3$		困难条件 $\dot{a}_{zmax}=1.0\text{m/s}^3$	
	凹曲线	凸曲线	凹曲线	凸曲线
100	60	30	35	20
150	85	45	50	25
200	115	60	70	35

学习笔记

学习笔记

续上表

v(km/h)	一般情况 $\dot{a}_{zmax}=0.5m/s^3$		困难条件 $\dot{a}_{zmax}=1.0m/s^3$	
	凹曲线	凸曲线	凹曲线	凸曲线
250	140	70	85	45
300	170	85	100	50
350	195	100	120	60
400	225	115	135	70
450	250	125	150	75
500	280	140	170	85

注：$\dot{a}_{zmax}$为最大法向加速度时变率。

(6)竖曲线与平面曲线不宜重叠设置；当困难条件下重叠设置时，平面圆曲线、竖曲线合成半径应符合表4-9的规定，并应按式(4-10)计算。

$$\frac{1}{R_{x,z}}=\left|\frac{\cos\alpha}{R_V}-\frac{\sin\alpha\cos^2\beta}{R_H}\right| \tag{4-10}$$

式中：R_H——竖曲线半径，m；

R_V——平曲线半径，m；

$R_{x,z}$——平、竖曲线合成半径，m。

竖曲线与平面圆曲线重叠设置时的最小曲线半径　　表4-9

$\Delta\alpha$(°/m)	0.00	0.01	0.02	0.03	0.04	0.05	0.06	0.07	0.08	0.09	0.10
$R_{x,z(min)}$(m)	530	550	590	630	670	710	770	830	900	990	1100

注：$\Delta\alpha$为横坡扭转率。

(7)当区间正线为双线时，两轨面宜设计为相同高程；区间渡线范围内应按等高程设计。

(8)当轨道有可能结冰时，辅助停车区最大纵坡不应大于5‰；当轨道不可能结冰时，辅助停车区最大纵坡经检验并获得许可后，可采用不大于50‰的坡道。

(9)大跨度桥梁及桥上梁纵断面设计应满足本标准轨道梁设计要求。

(10)隧道内坡道应减少变坡点设置；地下水发育地段的长隧道坡度不宜小于3‰。

单元4.4　地铁线路纵断面图识图

一、线路纵断面图分类

城市轨道交通线路纵断面图是带有地形起伏、地层、水系断面、建(构)筑物特征以及车站和区间结构边线示意、纵断面设计数据等资料的线路中心线的纵剖面图,采用直角坐标系,以横坐标表示里程,以纵坐标表示高程,能明显反映线路中心线沿线的情况。

城市轨道交通线路纵断面设计图同线路平面图一样,按照阶段划分,可分为工程可行性研究线路纵断面图、初步设计线路纵断面图、施工图设计线路纵断面图。无论是施工单位、建设单位,还是运营单位、维保单位等,最后都以施工图为依据开展相关工作。由于施工图设计图纸为施工服务,施工标段一般划分较多,线路纵断面图一般按照两站一区间进行出图,供相应施工标段按需取用;也可以全线一套图纸,最后按照规定采用标准图纸和统一格式,装订成册。

二、线路纵断面图组成

线路纵断面图(后面没有另外说明,都是指地铁施工图设计线路纵断面图)可以分成纵断面图图样、数据栏、附注和图例、图签栏、会签栏 5 部分。地下线路纵断面图施工图如图 4-9 所示(请扫描二维码)。

图 4-9 地下线路纵断面图施工图

下面基于地铁系统 A 型车,以某条线路的纵断面图施工图为例进行识图。

总的来说,纵断面图图样和数据栏是线路纵断面图最主要也是最重要的两部分内容。从图幅上看,纵断面图图样布置在图幅的上部,数据栏布置在图幅的下部。

学习笔记

1. 纵断面图图样

纵断面图图样位于图幅的上方,表示线路纵剖面概貌和沿线建(构)筑物特征,主要体现纵剖面线、相关的结构轮廓线及沿线相关信息。纵断面图图样如图 4-10 所示(请扫描二维码),一般情况下,纵断面图图样主要由坡段线、结构设计边线、地面线、地质剖面图和控制点组成。图样最左侧布置高程标尺,施工图按高程比例尺一般以 2m 为间隔,高程标尺数字为偶数。图样背景由纵横交错的网格组成,施工图中横向网格代表里程间隔,纵向网格代表高程间隔,实际表示距离由图纸横向、纵向比例尺确定。

图 4-10 纵断面图图样

网格线上绘有设计坡度线,一般用点画线粗线表示,地面线用细线表示。如果线路敷设方式为地下线,那么地面线在设计坡度线之上;如果线路敷设方式为高架线,那么地面线在设计坡度线之下。根据线路敷设方式绘制纵断面设计坡度线和结构轮廓线,如图 4-10 所示,该图为地下线,地下线的结构轮廓线由车站部分和区间隧道部分组成。每个车站须绘制车站站台示意图,并标注车站名称、车站里程、相邻车站的站间距、车站与区间的分界里程。并且,每条相交的道路名称、河道、联络通道与泵站里程等信息也须标注在最上方。

另外,沿线控制点建(构)筑物的物探信息也需要在图样上标注出来,控制点是指影响纵坡设计的高程控制点,显示与轨道交通车站或区间的竖向关系。比如路线起终点,沿线相交的桥涵及人工构造物的位置、结构类型、基础情况;沿线与道路、城市轨道交通、铁路交叉的里程及路名;沿线跨越的河流名称、里程、河床底标

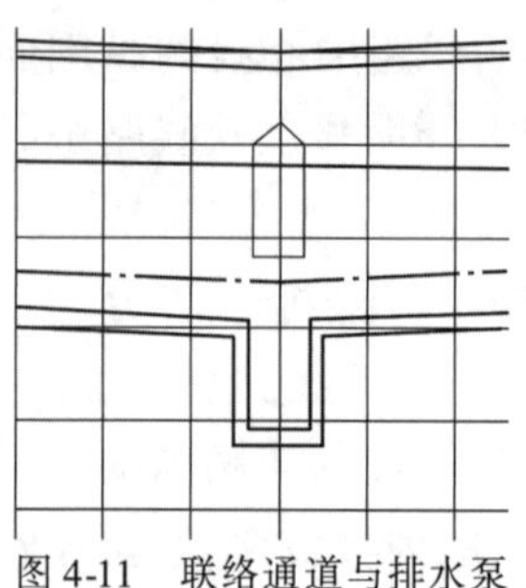
图 4-11　联络通道与排水泵站示意图

高以及受其他因素限制路线必须通过的高程控制点等。

除此之外,如果是地下线,则还要标注联络通道和排水泵站及其里程,联络通道与排水泵站示意图如图 4-11 所示;平面上的断链里程及长短链关系等信息也需要在图样上表示出来。

2. 数据栏

图幅的下方标注线路相关资料和数据,与上方线路各相关点位置一一对应。各设计阶段的要求不同,编制的纵断面图所采用的比例尺和标注内容的繁简也有所区别。下部主要用来填写纵断面图的相关数据,纵断面图数据栏部分内容如图 4-12 所示(请扫描二维码),自下而上分别包含文字栏(线路平面及车站配线)、百米标(里程桩号)、地面标高(地面高程);线路再按照上行线和下行线分别分栏设置,其中上行线一栏自下而上又分别包含设计坡度、设计标高(设计高程)、竖曲线、加标及竖曲线改正值、轨面设计标高(轨面标高、轨面高程)、断链。下行线内容与上行线一栏内容一致,数据不同。

图 4-12　纵断面图数据栏部分内容

(1)线路平面及车站配线:表示线路平面和车站站台及配线情况的示意图。该示意图凸起部分表示右转曲线,凹下部分表示左转曲线。凸起与凹下部分的转折点依次为 ZH、HY、YH、HZ 点。在 ZH 和 HZ 点处要标注里程加标(与前一个百米标的距离)。曲线要素标注于曲线内侧,包括交点编号、偏角、圆曲线半径、缓和曲线长度、切线长度和曲线总长度。两相邻曲线间的水平线为夹直线,要标注其长度。直线段上、下行线平行部分标注线间距。

学习笔记

按照线路平面图中站台与线路的位置关系来绘制车站站台示意图。车站站台分为岛式站台、侧式站台和混合式站台。

车站配线示意图中,不仅要绘制配线,而且要标注线间距。如果是配线车站,还需要标注各个道岔编号和岔心的里程加标。线路平面及车站配线部分示意图如图 4-13、图 4-14 所示。

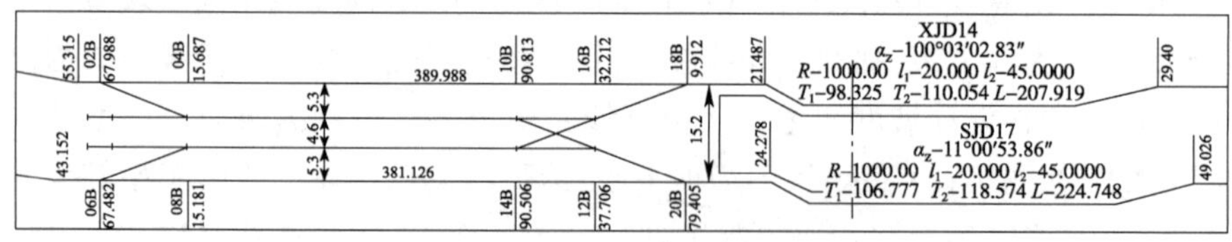

图 4-13　线路平面及车站配线部分示意图 1

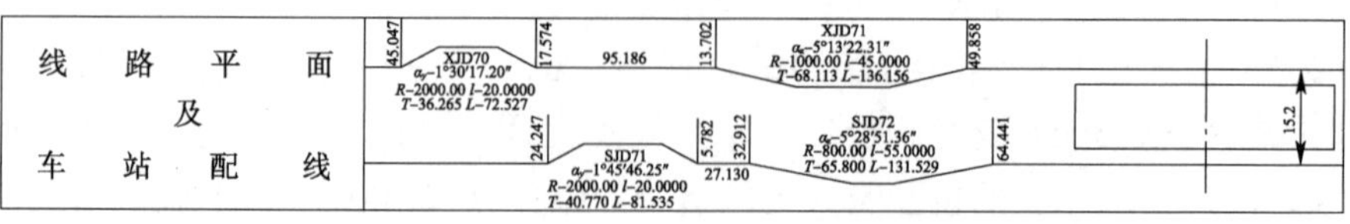

图 4-14　线路平面及车站配线部分示意图 2

图 4-14 中，15.2 为线间距；SJD71 表示上行线交点编号 71 的曲线要素；α_y – 1°45′46.25″表示右偏角大小为 1°45′46.25″；R – 2000.00 表示平面曲线半径为 2000m；l – 20.0000表示缓和曲线长度为 20m；T – 40.770 表示平面曲线切线长度为 40.77m；L – 81.535 表示曲线总长度为 81.535m；里程加标 5.782 为 SJD71 的缓直点；里程加标 32.912 为 SJD72 的直缓点；27.130 为夹直线长度，即后一个曲线的直缓点和前一个曲线的缓直点的差值；XJD71 表示下行线交点编号 71 的曲线要素。

（2）百米标：也可以称为里程桩号，一般以线路起点处为零起算，按里程比例尺在整百米处标注百米标（以数字 1 ~ 9 注写），在整千米处标注公里标。百米标栏示意图如图 4-15 所示。

百　　米　　标	8	9	SK27	1

图 4-15　百米标栏示意图

百米标栏中的 9 是百米标，实际里程 SK26 + 900，表示里程 26900m；SK27 是公里标，实际里程 SK27 + 000，表示里程 27000m。

（3）地面标高：也可以称为地面高程，在平面地形图上读取各百米标和控制点加标处高程，精度为 0.01m。地面标高栏示意图如图 4-16 所示，图中的 2.72 表示里程 SK26 + 900 处的地面标高值。根据纵断面标高比例尺，把各个地面高程点绘于纵断面图图样中，连接起来就是一条不规则的线，称为地面线。详见图 4-10。

地　面　标　高	2.85	2.72	2.66	2.74
百　　米　　标	8	9	SK27	1

图 4-16　地面标高栏示意图

（4）设计坡度：向上或向下的斜线表示上坡道或下坡道，水平线表示平坡。对角线上方数字表示坡度的千分数（‰），对角线下方数字表示坡段长度（m）。每个坡段的开始和结束，也就是变坡点处须标注里程加标。

设计坡度栏示意图如图 4-17 所示。第一个坡段 2/270 表示 2‰的下坡，坡段长度为 270m。第一个变坡点前数字 90 表示变坡点的里程加标为 SK26 + 890，与前一个百米标的距离为 90m；变坡点后数字 10 表示与后一个百米标的距离为 10m。

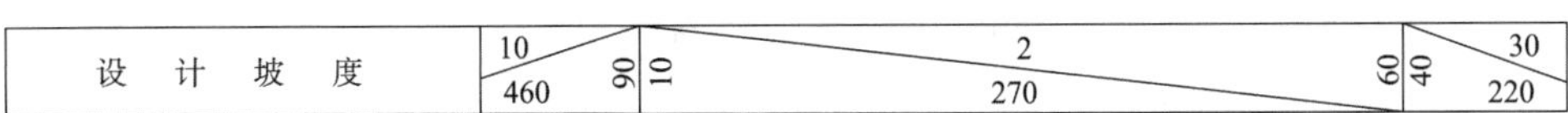

图 4-17　设计坡度栏示意图

（5）设计标高：也可以称为设计高程，是坡段上不设置竖曲线时的高程。

变坡点处的设计标高计算如下：

所求变坡点设计标高 = 前一点设计标高 + 坡度 × 坡段长度（上坡为正，下坡为负）。

任一点处的设计标高计算如下：

所求点设计标高 = 起始点设计标高 + 坡度 × 里程增量（上坡为正，下坡为负）。

设计标高栏示意图如图4-18所示。设计标高栏中，第一个变坡点里程SK26+890处设计标高为−11.636m，第二个变坡点里程SK27+160处设计标高为−12.176m，这两个变坡点的设计标高关系如下：

$$-11.636-270\times2‰=-12.176(\mathrm{m})$$

−11.910为车站中心里程SK27+026.920处的设计标高，与第一个变坡点设计标高的关系如下：

$$-11.636-(27026.920-26890)\times2‰=-11.910(\mathrm{m})$$

里程SK26+900处设计标高：

$$-11.636-(26900-26890)\times2‰=-11.656(\mathrm{m})$$

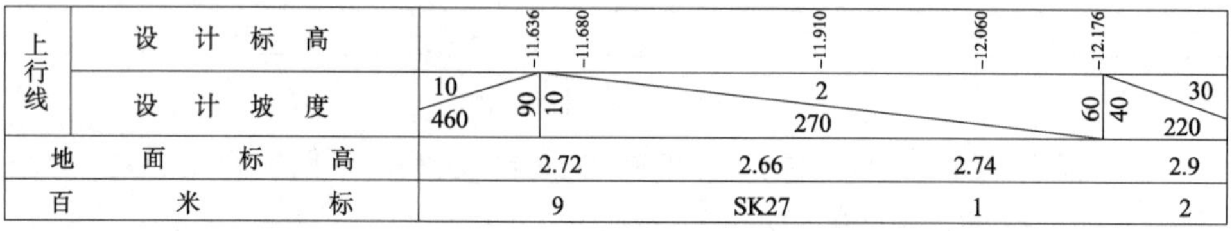

上行线	设计标高	−11.636　−11.680　−11.910　−12.060　−12.176
	设计坡度	10/460　90　10　2/270　60　40　30/220
地面标高		2.72　2.66　2.74　2.9
百米标		9　SK27　1　2

图4-18　设计标高栏示意图

(6)竖曲线：竖曲线示意图凸起部分表示凸形坡，凹下部分表示凹形坡。凸起部分与凹下部分的转折点依次为竖曲线的起点、中点和终点。竖曲线要素标注于竖曲线内侧，包括竖曲线半径、切线长和外矢距。

上行线部分数据栏示意图如图4-19所示。其中竖曲线栏中，第一个竖曲线$R-3000$表示该竖曲线半径为3000m，$T-18.000$表示竖曲线切线长度为18m，$E-0.054$表示外矢距为0.054m。

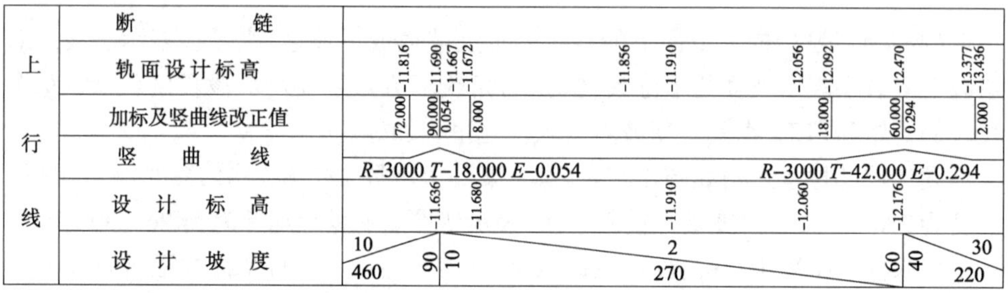

上行线	断链	
	轨面设计标高	−11.816　−11.690　−11.667　−11.672　−11.856　−11.910　−12.056　−12.092　−12.470　−13.377　−13.436
	加标及竖曲线改正值	72.000　90.000　0.054　8.000　18.000　60.000　0.294　2.000
	竖曲线	R−3000 T−18.000 E−0.054　R−3000 T−42.000 E−0.294
	设计标高	−11.636　−11.680　−11.910　−12.060　−12.176
	设计坡度	10/460　90　10　2/270　60　40　30/220

图4-19　上行线部分数据栏示意图

竖曲线半径R根据有关要求进行取值，车站两端的竖曲线半径一般情况下取3000m，正线区间线路的竖曲线半径一般情况下取5000m。竖曲线切线长度T和外矢距E的计算如下：

$$T=3000\times|10-(-2)|/2000=18(\mathrm{m})$$

$$E=18^2/(2\times3000)=0.054(\mathrm{m})$$

(7)加标及竖曲线改正值：加标分别为竖曲线起点、中点和终点的里程加标，在竖曲线中点加标值右侧标注竖曲线改正值，也就是外矢距。

图4-19加标及竖曲线改正值栏中，72.000表示竖曲线起点里程为SK26+

学习笔记

872,90.000 表示竖曲线中点里程为 SK26 +900,0.054 表示竖曲线中点外矢距为 0.054m,8.000 表示竖曲线终点里程为 SK26 +908。

(8)轨面设计标高:也可以称为轨面标高、轨面高程。轨面设计标高既是钢轨表面处的高程,也是车辆走行面的高程。轨面设计标高计算范围可以按照竖曲线夹直线段和竖曲线段进行分段计算。轨面设计标高需在百米标,竖曲线起点、中点、终点,以及变坡点、车站中心里程、车站与区间分界里程、联络通道、泵站处标注,精度为 0.001m。其中,竖曲线夹直线段(包括竖曲线起点和终点)的所有轨面设计标高与设计标高相同,竖曲线段(除竖曲线起点和终点之外)的所有轨面设计标高与设计标高不同。竖曲线段的轨面设计标高和设计标高的关系如下:

①竖曲线起点轨面设计标高 = 竖曲线起点设计标高。

②竖曲线中点轨面设计标高 = 竖曲线中点设计标高 ± 外矢距(凸形坡为负,凹形坡为正)。

③竖曲线终点轨面设计标高 = 竖曲线终点设计标高。

图 4-19 轨面设计标高栏中,-11.816 为竖曲线起点里程 SK26 +872 的轨面设计标高,-11.690 为竖曲线中点里程 SK26 +900 的轨面设计标高,-11.667 为里程标 SK26 +900 的轨面设计标高,-11.672 为竖曲线终点里程 SK26 +908 的轨面设计标高。

因为竖曲线起点里程 SK26 +872 和竖曲线终点里程 SK26 +908 的轨面设计标高与设计标高相同,所以这两点只需要计算出设计标高即可,具体计算如下:

竖曲线起点里程轨面设计标高:

$$-11.636-(26890-26872)\times 10‰=-11.816(\mathrm{m})$$

竖曲线终点里程轨面设计标高:

$$-11.636-(26908-26890)\times 2‰=-11.672(\mathrm{m})$$

竖曲线中点里程轨面设计标高:

$$-11.636-0.054=-11.690(\mathrm{m})(\text{凸形坡轨面设计标高低于设计标高})$$

竖曲线上任意一点的轨面设计标高,可以采用近似算法,如里程 SK26 +900 的轨面设计标高:

$$-11.656-(26908-26900)^2/(2\times 3000)=-11.667(\mathrm{m})$$

先计算竖曲线终点里程 SK26 +908 至里程 SK26 +900 的距离,再计算出里程 SK26 +900 的纵距,也就是轨面设计标高与设计标高的差值。

(9)断链:断链栏处标注断链长度,断链里程及长短链关系标注在纵断面图图样上。纵断面的上下行线断链根据平面上下行线断链设置,断链位置、里程和断链值与平面一致。线路纵断面图断链数据栏示意图如图 4-20 所示,该图中断链为下行线短链,100 -0.942 =99.058(m),99.058 表示断链在下行线相应的一百米范围内的实际长度。

学习笔记

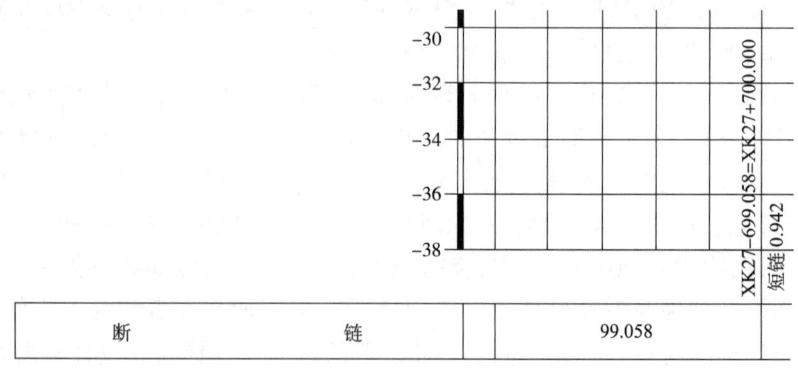

图4-20　线路纵断面图断链数据栏示意图

3. 附注和图例

线路纵断面图的附注主要说明数据的单位、采用的高程系统、上下行线和结构轮廓线的表示等。线路纵断面图的附注一般包含如下内容：

(1)本图尺寸除标明者外，长度以m计，坡度以‰计。

(2)本图高程系统采用吴淞高程系统。

(3)本图所示纵剖面线除注明者外，均为上行线。

(4)本图标注的结构轮廓线等均为示意，详见各工点设计单位图纸。

图例是对线路纵断面图的地质剖面图中出现的各个土层编号的说明，图例示意图如图4-21所示，其中②3为灰色砂质粉土，④为灰色淤泥质黏土。

图　例

①1　人工填土

②2　褐黄~灰黄色黏土

②3　灰色砂质粉土

③1　灰色淤泥质粉质黏土

③2　灰色黏质粉土

④　灰色淤泥质黏土

图4-21　图例示意图

4. 图签栏

线路纵断面图的图签栏同线路平面图的图签栏。图签栏示意图如图4-22所示，与线路平面图不同的是线路纵断面图的比例设置。如图4-22中“横1∶2000纵1∶200”指的是绘图比例，横坐标代表里程，纵坐标代表高程。线路纵断面图由于线路的特殊性，长度方向里程范围(可达到几十千米)远远大于高度方向高程范围(一般只有几十米)，所以横、纵坐标采用不同比例尺，横坐标比例较小，纵坐标比例较大。一般施工图设计中线路纵断面图横坐标比例尺采用1∶2000，纵坐标比例尺采用1∶200，纵坐标比例是横坐标比例的10倍。某些城市为缩小图幅，已统一横坐标比例为1∶5000，纵坐标比例为1∶500。

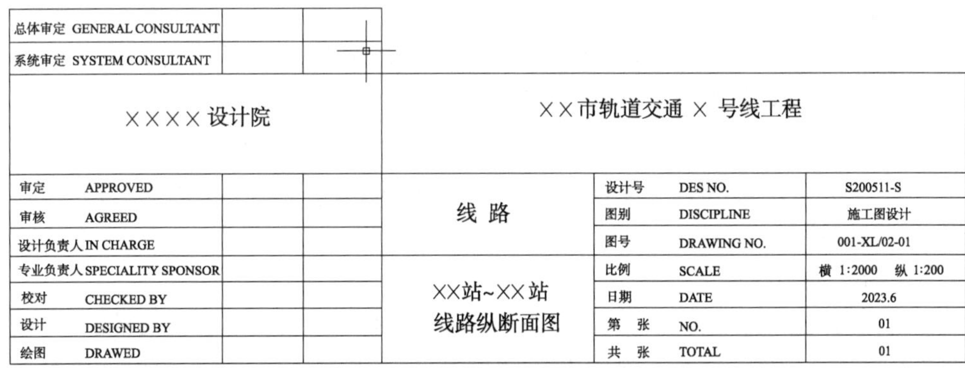

图4-22　图签栏示意图

5. 会签栏

线路纵断面图的会签栏同线路平面图的会签栏。

单元4.5　地铁线路纵断面设计

一、影响线路纵断面设计的因素

1. 地下线明挖暗埋结构顶板覆土厚度

当地下线位于城市道路下方时，要考虑路面铺装和管线要求，一般情况下隧道结构顶板距地面2～3m。

当地下线位于城市公园或绿地下方时，要考虑植被的最小厚度，一般草坪为0.2～0.5m，灌木植物为0.5～1.0m，乔木植物为1.5～2.5m。

当地下线位于水面下方时，要考虑隔水层厚度要求，一般为1m左右。

当地下线作为人防工程时，应考虑防空工程的最小覆土要求。

在寒冷地带应考虑保温层最小厚度要求。

2. 地下管线及地下构筑物

在明挖车站遇地下深大管线，尤其是重力流管线时，应尽可能考虑改移，以减小覆土厚度，方便乘客出入。

地下隧道结构以明挖法通过地下管线或地下构筑物时，隧道与管道（构筑物）可留少量土层，甚至两者共用结构。

地下隧道以暗挖法通过地下构筑物、楼房基础时，两结构之间应保持必要的土层厚度，最小厚度应根据结构要求而定。

3. 地质条件

当地下线路遇到不良地质条件时，主要是淤泥质黏土及流砂层，应尽量考虑避让，尤其是联络通道和泵站处，若避让有困难，应采取工程措施。

4. 施工方法

地下线施工采用明挖法时,为减小土方开挖量,线路埋深应尽可能小;当采用暗挖法时,应选择较好地层,埋深一般较大。

5. 联络通道及泵站位置

地下线区间排水泵站一般设于线路纵断面的最低点。因此纵断面设计要考虑排水站的位置。

6. 桥下净高

线路为高架线上跨其他工程时,桥下净高最小值受通行的车船高度控制,应按相关铁路、道路、航运等有关规范执行;下穿其他工程时要满足本线接触网、限界等净空要求。

7. 防洪水位

地面线路路基、地下线的各种地面出口部,应按百年一遇的洪水位设计。

二、线路纵断面坡度设计方法

1. 地下线纵断面坡度设计

地下线纵断面因为敷设在地面以下,不用考虑景观,主要从运营角度出发,在有条件满足避让地下建(构)筑物、管线和不良土层等控制点以及联络通道、排水泵站设置要求的前提下,须考虑节能坡设计,即高站位、低区间,利用势能,列车进站减速、出站加速。地下线纵断面节能坡设计示意图如图 4-23 所示。当然,在有些情况下,如果区间长度较小(如小于 600m),或者两相邻车站埋深(线路轨面到地表面的垂直距离)相差较大,按照实际情况设计,可以设计成单向坡或者"人"字坡,以减少区间排水泵站的设置。

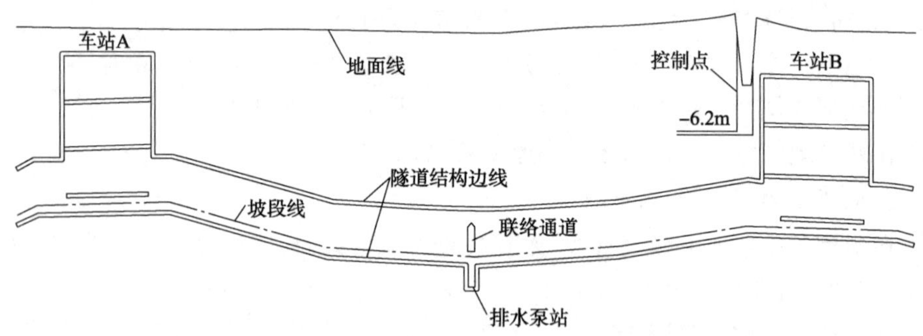

图 4-23　地下线纵断面节能坡设计示意图

在地下线纵断面坡度设计中,排水泵站和联络通道是除了控制点因素之外的重要影响因素。根据消防安全疏散的要求,两条单线区间隧道相邻的两个联络通道距离不应大于 600m,上下行线轨面标高宜相等,根据线间距不同允许有少量高差。一般情况下,为有利于两条隧道的排水汇集于一处,在隧道的最低点处会设置一个排水泵站,排水泵站和区间联络通道位置结合,有利于横通道与排水井工程同步实施。为了兼顾区间排水泵站和区间联络通道位置结合设置,上下行两个行车隧道区间的纵断面设计的最低点处轨面标高宜相等,允许有少量高差,当然高差越小越好。

因此,联络通道和排水泵站的设置会影响坡段长度和坡度的设置。

根据车站和区间的埋深情况、区间长度、控制点因素以及联络通道、排水泵站的设置要求,地下线纵断面坡度设计常见以下两种情况:

(1)凹形坡设计。

如果地下线两车站站中心轨面标高接近,则一般设计成凹形坡(节能坡),根据区间长度和联络通道、排水泵站的设置要求,确定坡段长度和坡度。设计为凹形坡的区间隧道有最低点,需要设置区间排水泵站。一般情况下,在没有相关控制点时,主要考虑最低点处排水泵站和联络通道合设的位置。

地下线凹形坡设计示意图如图 4-24 所示。当区间长度介于 600m 和 1200m 之间时,设置一处联络通道,根据实际情况可以设置为二、三、四段坡,须满足最低点两侧区间隧道长度不超过 600m;当区间长度较大,超过 1200m,但小于 1800m 时,设置两处联络通道,根据实际情况,可以设置为三段坡或四段坡,最低点偏向一侧,一般设置为三段坡。

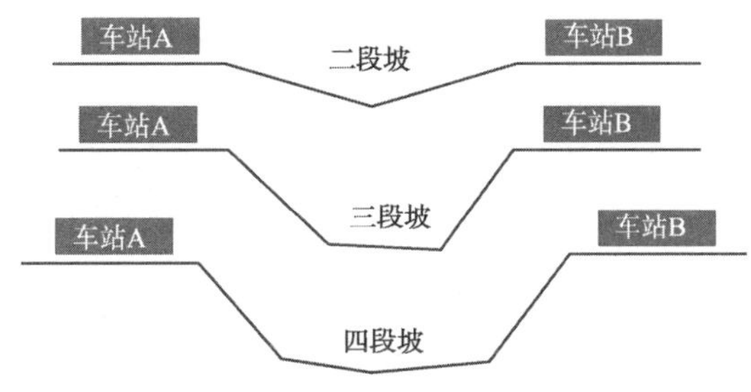

图 4-24 地下线凹形坡设计示意图

从乘客舒适度角度来看,应尽量避免两段反向陡坡直接连接,以免出现较大的坡度代数差。节能坡一般设计为三段坡或四段坡,当设计为三段坡时,可按两段陡坡和一段缓坡连接;当设计为四段坡时,可按两段陡坡和两段缓坡连接。一般情况下,陡坡坡度设置范围为 20‰ ~ 28‰,介于 22‰ ~ 26‰之间较好;缓坡坡度设置范围为 3‰ ~ 6‰,缓坡并非越缓越好,为利于排水,一般缓坡坡度在 5‰左右;地下车站处坡度则为 2‰。陡坡段长度不宜过大,缓坡段长度可设置较大。根据运营经验,常规最高运行速度为 80km/h 的地铁线路,较理想的节能坡坡度设置范围为 22‰ ~ 26‰,坡段长度设置范围为 260 ~ 300m。

(2)单向坡设计。

如果地下线两相邻车站埋深相差较大,即站中心轨面标高相差较大,一般设计成单向坡。地下线单向坡设计示意图如图 4-25 所示。单向坡的形式可以分为以下两种:一种是设置一段缓坡,即从车站 A 到车站 B 直接拉一段缓坡,具体情况可放宽;另外一种是设置一段缓坡和一段陡坡,即靠近高站位的车站 A 设置一段陡坡

学习笔记

以利于节能，靠近低站位的车站 B 设置一段缓坡，具体情况可放宽。这两种情况下，两车站之间的区间段没有最低点，无须设置排水泵站，这样可以降低工程造价。

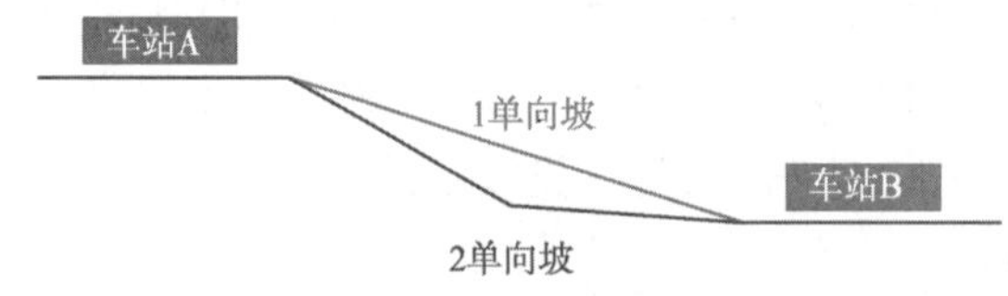

图 4-25　地下线单向坡设计示意图

当然，在两相邻车站埋深相差较大的情况下，如果两车站区间长度足够大，也可以考虑双向坡或者节能坡设计。双向坡为一段陡坡和一段缓坡，陡坡和缓坡段形成最低点，须设置排水泵站。

2. 高架线纵断面坡度设计

高架线纵断面从优化城市景观角度出发，尽量设置平缓的较长坡段，不考虑节能坡设计。车站一般都采用平坡；区间坡度根据实际情况可以设置为从 0 到最大纵断面坡度，为利于排水，一般设置缓坡。一般情况下，在没有相关控制点时，可以分以下两种情况设计：

(1) 如果高架线两车站站中心轨面标高相差不大，则一般设计成一段缓坡，高架线单向缓坡设计示意图如图 4-26 所示。

图 4-26　高架线单向缓坡设计示意图

(2) 如果高架线两车站站中心轨面标高相差较大，则一般设计成一段陡坡和一段缓坡，高架线单向陡坡 + 缓坡设计示意图如图 4-27 所示。

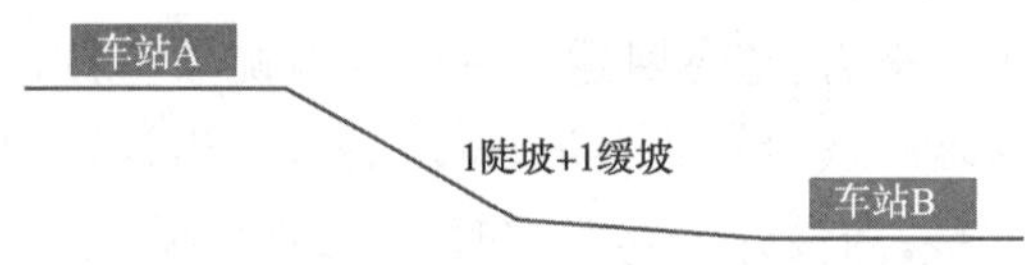

图 4-27　高架线单向陡坡 + 缓坡设计示意图

地面线纵断面坡度设计与高架线纵断面坡度设计原则基本一致，因为城市轨道交通的城市地面起伏较小，基本上以平坡或者缓坡设计为主。

3. 过渡段线路坡度设计

城市轨道交通线路敷设方式一般分为地下、高架及地面敷设三种，线路设计时应根据沿线城市规划、地理条件等合理选择敷设方式。同一条线路采用不同敷设方式，比如从高架线转地下线，或者从地下线转高架线时都需要设置过渡段，过渡段线路坡度设计示意图如图 4-28 所示。过渡段的设置应充分考虑控制性因素、规划协调性、线路条件等并进行综合研究。过渡段设置的要求如下：

学习笔记

(1)确定开口位置时,尽量减少切割地块和道路,结合地形等环境条件开口。

(2)尽快出洞,减少过渡段,可以采用较大陡坡出洞,具体设计根据实际情况确定。

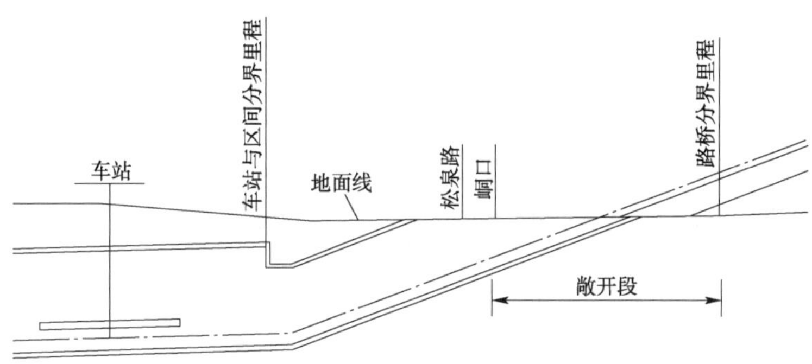

图 4-28　过渡段线路坡度设计示意图

学习笔记

复习思考题

1. 地铁线路纵断面各技术要素的确定与哪些因素有关?

2. 请回答地铁系统 A 型车 6 辆编组,最高运行速度为 80km/h 的线路正线纵断面各个要素参数值。

(1)车站站台处纵断面坡度________‰(地下线)。

(2)车站站台处纵断面坡度________‰(地面线、高架线)。

(3)正线区间最大纵断面坡度________‰(地下线、地面线、高架线)。

(4)正线区间最小纵断面坡度________‰(地下线)。

(5)正线区间最小纵断面坡度________‰(地面线、高架线)。

(6)竖曲线半径:靠近车站端________m,区间________m。

(7)最小坡段长度________m。

(8)竖曲线夹直线长度________m。

(9)坡度代数差大于或等于________‰时设置竖曲线。

3. 已知竖曲线半径和相邻坡段的坡度值,求竖曲线长度 K_{sh} 和外矢距 E。

(1)$R_{sh}=5000\text{m}, i_1=20‰, i_2=-4‰$。

(2)$R_{sh}=5000\text{m}, i_1=-10‰, i_2=-20‰$。

(3)$R_{sh}=3000\text{m}, i_1=2‰, i_2=26‰$。

4. 不同城市轨道交通系统制式的线路纵断面的最大坡度和竖曲线半径的取值分别为多少?

5. 某线路纵断面图部分数据栏如图 4-29 所示,请从该图中读出坡度及坡段长度,并判断上下坡,计算方块部分的坡度值。

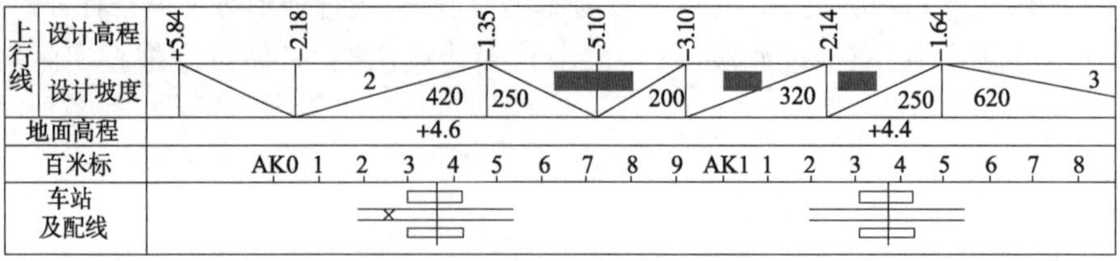

上行线	设计高程	+5.84	–2.18	–1.35	–5.10	–3.10	–2.14	–1.64
	设计坡度	2/420	250	200	320	250	620	3
地面高程		+4.6				+4.4		
百米标		AK0 1 2 3 4 5 6 7 8 9				AK1 1 2 3 4 5 6 7 8		
车站及配线								

图 4-29　部分数据栏图

6. 影响线路纵断面设计的因素有哪些？

7. 高架线和地下线纵断面坡度设计的方法有哪些？

学习笔记

模块 5

城市轨道交通车站

问题导入

车站是城市轨道交通的重要组成部分，是集散客流的基本设施。车站分布和站位设置影响着线路设计，同时线路条件也影响着车站的站位和布局。从运营角度来看，城市轨道交通车站是如何分类的？从整条线路角度来看，城市轨道交通车站是如何分布和设置的？车站范围内的线路平纵断面的技术要求有哪些？从车站本身的建筑布局来看，车站是如何布局的？换乘方式有哪些？换乘站如何设计？本模块将从车站建筑和车站线路的角度来回答这些问题。

学习目标

知识目标

1. 掌握城市轨道交通车站分类、组成和设计原则。
2. 掌握城市轨道交通车站分布及站位设置。
3. 掌握城市轨道交通车站总平面布局、站厅层布局、站台层布局及站台设计。
4. 了解城市轨道交通车站主体建筑层次空间布局。
5. 了解城市轨道交通车站附属建筑物的基本设计要求。
6. 掌握换乘站设计原则及换乘方式。

技能目标

1. 能对城市轨道交通车站站位进行比选。
2. 能对城市轨道交通车站总平面、站厅层和站台层进行概略布局。
3. 能对不同敷设方式的城市轨道交通车站主体建筑层次进行空间布局。
4. 能根据给定的条件，合乎规范地确定站台长度和宽度。
5. 能识读城市轨道交通车站建筑施工图图纸。
6. 能根据实际情况对车站进行换乘方式的初步设计。

素质目标

1. 具有规范严谨的设计理念、求真务实的工作态度和高度的责任感。
2. 具有良好的职业道德和规范、安全与质量控制等职业素养。
3. 具有良好的团队协作、人际交往和协商沟通的能力。
4. 具有良好的城市轨道交通工程伦理和环保意识。

建议学时

8 学时

案例引入

武汉轨道交通徐家棚站综合交通枢纽位于湖北省武汉市武昌区和平大道与徐家棚街、秦园路交会处，是轨道交通 5 号线、7 号线、8 号线三线换乘站，是武汉轨道交通重要的交通节点之一，也是大武昌片区内的首个三线换乘站。5 号线与 7 号线、8 号线在徐家棚形成"工"字形三线换乘节点，车站上方为三阳路越江公路隧道，5 号线为地下两层岛式车站，7 号线和 8 号线均为地下三层侧式车站。该换乘站位于长江边，地理位置特殊且重要，对于连接武汉的武昌区和其他区域起到了关键作用。该交通枢纽极大地缓解了武汉的过江交通压力，方便了市民的出行，为城市的交通拥堵问题提供了有效的解决方案，开通以来直接惠及众多乘客和过江车辆。该综合交通枢纽获得了菲迪克"工程项目特别优秀奖"。

徐家棚站综合交通枢纽工程首创"公铁合建地下车站"模式，将公路隧道和地铁车站两种结构进行高效整合。这种模式高度集约利用了城市道路和下穿长江通道的资源，实现了集约发展，践行了共建共享的先进理念，开历史先河，为城市交通枢纽的建设提供了新的思路和范例。

学习笔记

此工程为长江边最深明挖地下车站，通过高水平设计、高质量施工，攻克了超深地下连续墙接缝渗漏的世界性难题，全过程零事故，彰显了杰出的专业技术水平。通过技术创新，打造了大跨度、高净空舒适地下空间，创造了服务千万市民的百年精品工程。

徐家棚站装修设计主题是"城市森林、湖光山色"，倡导绿色生活理念。建筑装修注重人文关怀，艺术墙充满楚文化的繁华浪漫韵味，反映了武汉地方特色，在实现交通功能的同时，也展现了当地的文化底蕴。

单元 5.1 城市轨道交通车站概述

城市轨道交通车站对于乘客是乘降、候车和换乘的场所；对于车站工作人员是开展日常运营和管理工作的场所；对于车辆是列车到发、通过和折返的场所；对于城市轨道交通线网，起到了锚固的作用。此外，车站还是城市轨道交通设备，如电气设备、信号设备、控制设备等的集中设置地点。车站的选址、布置、规模等不仅影响运营和经济效益，而且影响城市市容和文明建设。城市轨道交通车站的分类标准比较多，本单元重点介绍车站的建筑结构特点、车站运营功能、车站站台形式、车站规模、运营管理职能等分类标准。

城市轨道交通车站分类

学习笔记

一、车站分类

1. 按车站的建筑结构特点分类

按车站与地面的相对位置,车站可分为地下车站、高架车站和地面车站三种形式。由于空间位置不同,三类车站的土建结构也截然不同。

(1)地下车站。

地下车站按车站埋深,可分为浅埋车站和深埋车站。浅埋车站一般采用明挖法或盖挖法施工,通常为矩形断面,分为单跨、双跨、三跨及多跨框架结构,一般设置两层,线路轨面与地面距离在20m以内;深埋车站根据不同地区的地质情况可采用明挖法或暗挖法施工,其中暗挖法工艺根据断面形式分为单拱、双拱、三拱和多拱,一般设置两层或三层,不宜超过四层,线路轨面与地面距离在20m以上。深埋车站一般受线路条件和周围环境等因素的制约,技术难度和投资量大,造价高。地下车站除了其结构特点以外,在防火、防灾及环控方面还有更特殊的要求,与地面车站和高架车站有着显著的区别。

(2)高架车站。

高架车站按照结构可以分为两种形式:当高架车站的结构和站内轨道结构建在一起时,为站桥合一结构车站;当高架车站的结构和站内轨道结构分开建设时,为站桥分离结构车站,该结构车站可以防止列车行驶时的振动对车站主体结构产生影响。高架车站多采用双层设计,不宜超过三层,造价居中。

(3)地面车站。

地面车站会对地面造成分割,一般修建在用地面积不受限制的区域,造价较低,较少采用。

2. 按车站运营功能分类

按车站运营功能,车站分为起终点站、一般中间站、中间折返站、换乘站、接轨站。车站分类示意图如图5-1所示。

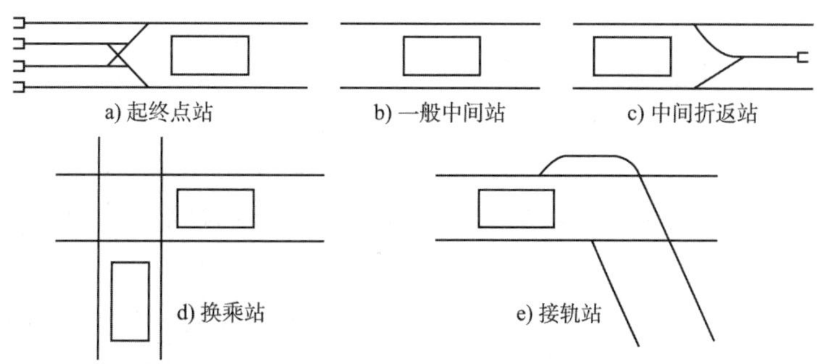

图5-1 车站分类示意图

(1)起终点站。

起终点站是设在线路两端的车站,车站设置折返线和设备,它除了有一般中间站的功能外，主要功能为供列车折返，也可供列车临时停留。如线路远期延长，则变为一般中间站。

(2)一般中间站。

一般中间站是线路中数量最多、最为常见的车站，少部分车站设置有停车线和渡线等配线。主要功能为供乘客上下车，也可供部分列车临时停留和临时折返。

(3)中间折返站。

中间折返站是设在两种不同行车密度交界处的车站，车站设有折返线，它除了具有一般中间站的功能外，主要功能为供列车折返。

(4)换乘站。

换乘站是位于两条及两条以上轨道交通线路交叉点上的车站，它除了具有一般中间站的功能外，主要功能是实现客流在不同线路间的转换。

换乘站根据换乘特点又可以分为一般换乘站、换乘枢纽站和综合交通枢纽换乘站。一般换乘站是指两条轨道交通线路换乘的车站；换乘枢纽站是指三条及以上轨道交通线路且有大量客流换乘的车站(共线段车站除外)，如上海地铁 2 号线、4 号线、6 号线、9 号线的世纪大道站与 1 号线、2 号线、8 号线的人民广场站；综合交通枢纽换乘站是指两种及以上交通工具在空间上集中，实现大量客流在交通方式间交换的车站，它往往是衔接铁路、航空、地面公交、出租车等交通方式的综合性站点，如上海虹桥综合交通枢纽换乘站是集航空、高铁、城铁、高速公路、磁浮、地铁、公交等“轨、路、空”多种交通方式于一体的综合交通枢纽换乘站。

(5)接轨站。

接轨站是位于同一条线路不同线路类型或不同线路连接处的车站，一般有以下 3 种情况：①干线和支线连接处的车站，如上海地铁 10 号线的龙溪路站、11 号线的嘉定新城站；②出入线和正线连接处的车站；③不同线路共线车站的起始站，如上海轨道交通 3 号线、4 号线有共线段部分，宝山路站、虹桥路站是它们的接轨站。

站台

3. 按车站站台形式分类

按车站站台形式，车站可分为岛式站台车站、侧式站台车站和混合式站台车站。

(1)站台位于上、下行线路之间，这种站台布置形式称为岛式站台，岛式站台示意图如图 5-2 所示。具有岛式站台的车站称为岛式站台车站(简称岛式车站)。

(2)站台位于上、下行线路的两侧，这种站台布置形式称为侧式站台，侧式站台示意图如图 5-3 所示。具有侧式站台的车站称为侧式站台车站(简称侧式车站)。

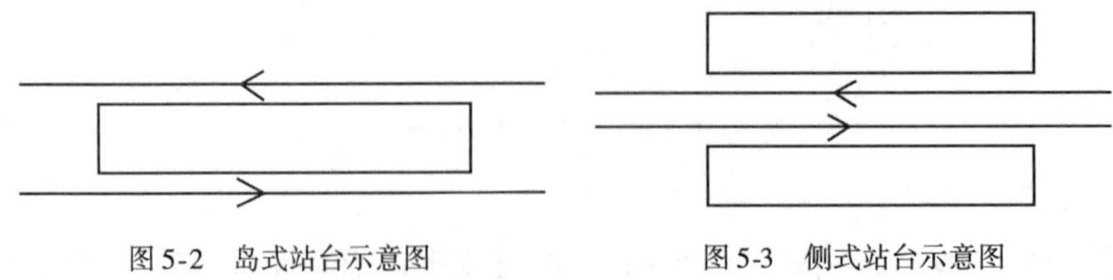

图 5-2　岛式站台示意图　　图 5-3　侧式站台示意图

岛式站台与侧式站台的比较见表 5-1。

岛式站台与侧式站台的比较　　表 5-1

项目	岛式站台	侧式站台
站台使用	站台面积利用率高,可调节客流量,乘客有乘错车的可能	站台面积利用率低,不能调节客流量,乘客不易乘错车
站厅设置	站厅与站台须设在两个不同高度上,站厅跨过轨道线路	站厅与站台可设在同一高度上,站厅可不跨过轨道线路
站内管理	管理集中,联系方便	站厅分设时,管理分散,联系不方便
乘客中途折返	乘客中途改变乘车方向比较方便	乘客中途改变乘车方向不方便,须经过站厅
改扩建难易性	改扩建时,延长车站很困难,技术复杂	改扩建时,延长高架车站相对容易
站内空间	站厅、站台空间宽阔完整	站厅分设时,空间分散,不及岛式车站宽阔
造价	较高	较低

(3)将多个岛式站台或岛式站台及侧式站台同设在一个车站内,具有这种站台形式的车站称为混合式站台车站(简称混合式车站)。一般情况下,混合式站台多设置于含配线且客流量比较大的车站。混合式站台常见的形式有一岛两侧式、一岛一侧式和双岛式等,混合式站台示意图如图 5-4 所示。混合式站台可以提高乘客的换乘便捷性,有利于提高车站的利用率和车站的安全性。但是,混合式站台规模大,会提高车站的建设成本和车站的管理难度,同时不利于客流组织。

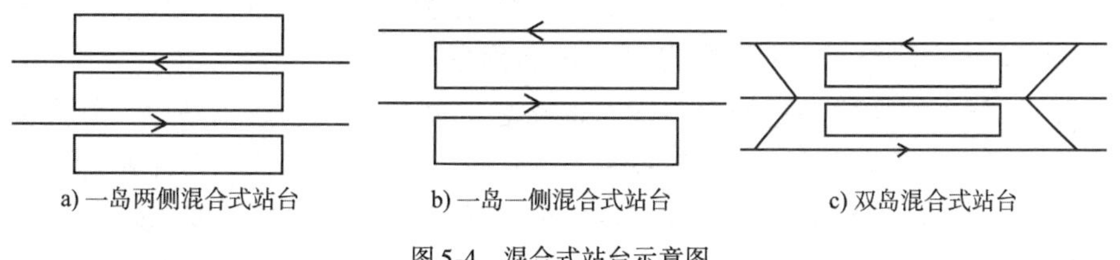

图 5-4　混合式站台示意图

4. 按车站规模分类

按车站规模,车站主要分为四种类型,即特大型车站、大型车站、中型车站和小型车站。

(1)划分标准符合以下条件之一的,即为特大型车站:综合交通枢纽;单站日均客流量在 20 万(含)人次以上;日均客流量在 10 万(含)人次以上的三线(含)以上换乘站(共线段除外);日均客流量在 10 万(含)人次以上的复杂行车作业车站(指接轨站、折返站)。

(2)划分标准符合以下条件之一的,即为大型车站:单站日均客流量在 6 万(含)至 20 万(不含)人次;日均客流量在 10 万(不含)人次以下的三线(含)以上换

学习笔记

乘站(共线段除外);日均客流量在10万(不含)人次以下的复杂行车作业车站(指接轨站、折返站)。

(3)划分标准符合以下条件之一的,即为中型车站:单站日均客流量在2万(含)至6万(不含)人次的车站;两线换乘站(共线段除外);有道岔的车站。

(4)除特大、大、中型车站外的其他车站,均属于小型车站。

5. 按运营管理职能分类

按照运营管理职能进行划分,将一条运营线划分为若干个区域,每一区域设置一个区域性车站,这样形成客运专业公司、区域站、普通站三个层面的三级管理格局,某运营公司某线路的三级运营管理示意图如图5-5所示,一般每个区域站包含一个或两个配线车站。比如上海地铁4号线大连路站—蓝村路站为一个区域站,称为大连站区(以中心车站命名),包含以下6个车站:大连路站、杨树浦路站(设有渡线)、浦东大道站、世纪大道站、向城路站、蓝村路站(设有停车线)。

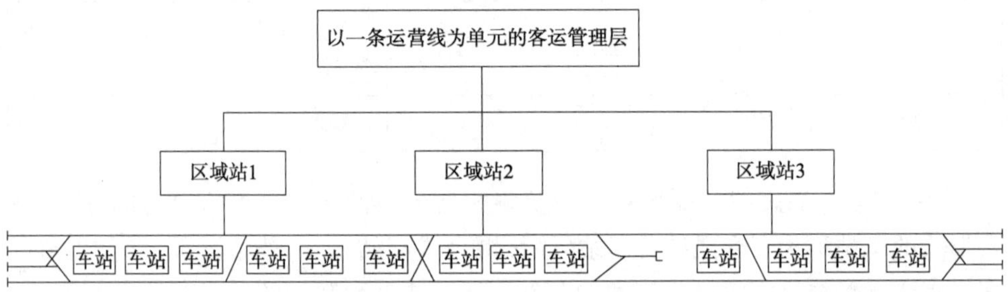

图5-5 某运营公司某线路的三级运营管理示意图

二、车站命名

城市轨道交通车站一般以经过或者邻近的道路、地域、公园、广场、火车站、飞机场、大学、体育场馆、娱乐场所、新村等的名称命名。

(1)以与车站站位邻近的主要横向道路名称命名。大多数车站以与线路相交或邻近的道路名称来命名,如上海地铁2号线的南京东路站、南京西路站等。

(2)以相近的地域名称命名。车站所处区域具有很高的辨识度,如上海地铁1号线莘庄站、9号线七宝站等。

(3)以相近的较为著名的公共设施名称命名。以经过或者邻近的著名公共设施名称来命名,该种命名方式种类繁多,有公园、广场、体育场(馆)、大学院校、交通枢纽等,如上海轨道交通人民广场站、上海体育场站、复旦大学站、虹桥火车站等。

(4)以其他符合法律、法规规定的方法命名。车站名称命名的优先权主要由被选道路、地域或公共设施的重要程度、对社会的导向性等因素确定。

两条或两条以上轨道交通线路在同一换乘节点的车站名称应统一,一般以先期命名的名称为准;同期建造或一次规划分期建造的两条或两条以上轨道交通线路交会的换乘节点(枢纽站)名称,应在满足以上条件的基础上结合站位的实际情况确定。

三、车站的组成

车站既为乘客提供乘降、集散、候车的场所，也为列车运行提供管理、控制和通信的场所和设备，实现客运服务和列车的运行组织，所以车站的建筑空间布局要为乘客和运营管理服务。按照车站建筑的空间位置，车站一般由车站主体(站台层和站厅层)和车站附属建筑物组成，车站附属建筑物一般由出入口及通道、风亭及冷却塔(仅地下车站)等其他附属建筑物组成，如图 5-6 所示。

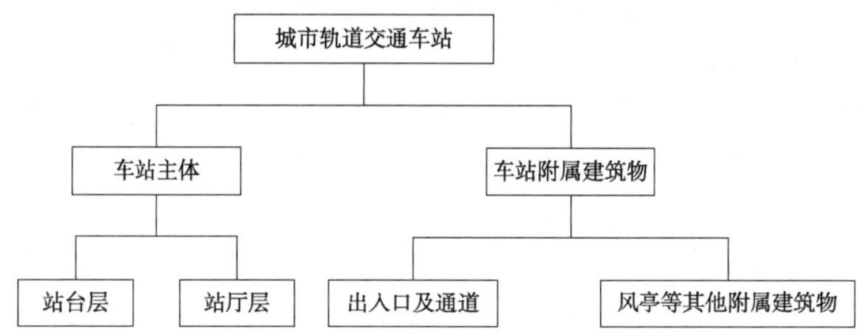

图 5-6　城市轨道交通车站的组成

1. 车站主体

车站主体是供乘客上下车、集散、候车及换乘的设施，也是办理运营业务和设置运营设备的地方。按照建筑空间的组成，其可分为站台层和站厅层；按照车站主体功能的不同，其可分为乘客使用空间和车站用房两大部分。车站主体的组成如图 5-7 所示。

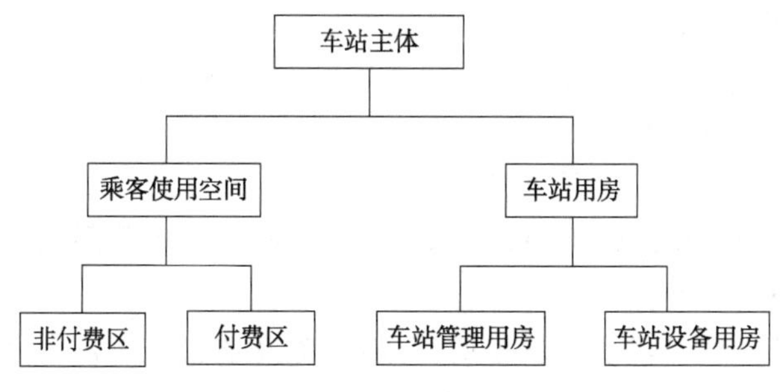

图 5-7　车站主体的组成

(1)乘客使用空间。

乘客使用空间分为非付费区和付费区。非付费区是乘客购票并正式进入车站前的活动区域。它一般应有较宽敞的集散空间、售检票区域。根据需要，这部分区域还可设银行、公用电话、商店等设施。付费区包括站台、楼梯和自动扶梯、导向牌等，它是为乘客候车提供服务的区域。乘客使用空间是车站设计的重点，设计时要注意客流流线的合理性，以保证乘客方便、快捷地出入车站。

站厅付费区与非付费区的划分

(2)车站用房。

一般的车站用房由车站管理用房和车站设备用房两部分组成，另外有些城市

学习笔记

把同一条线上统筹规划的车站用房,称为车站条线用房。不同城市对车站用房的数量、种类等要求也会不同,下面以上海轨道交通车站用房为例做介绍。

①车站管理用房。

车站管理用房是车站运营管理人员使用的办公用房,主要包括行车管理用房(如车站控制室、站长室、站务员室、收款室、服务中心、车站检修和备用房间等)、警务用房(如警务室、保安室、安检室等)、乘客服务用房(如公共卫生间、便民设施、清扫工具间等)、员工生活用房(如交接班室、更衣室、茶水间、员工卫生间、垃圾堆放点等)、备用间(如应急备用间、防汛备用间等)。

②车站设备用房。

车站设备用房主要用于保证列车正常运行、车站内良好环境和灾害情况下的乘客安全,主要包括通号设备用房(如弱电综合设备室和电源室、信号设备室和电源室、民用通信机房、拉远机房等)、运营设备用房[如站台门控制室、AFC(Automatic Fare Collection,自动售检票系统)配电间、AFC配电及维修室等]、供配电用房[如降压变电所(开关柜室、控制室)、混合变电所(开关柜室、整流变压器室、控制室)、跟随变电所(开关柜室、控制室)、低压配电用房(照明配电间、应急照明电源室、环控电控室、动照电缆井)等]、给排水及消防用房(如消防泵房、污水泵房、废水泵房、气瓶间、冷水机房等)、通风空调机房(如区间通风机房、环控机房、小通风机房、排烟机房、补风机房、回排风室等)。

学习笔记

③车站条线用房。

车站条线用房是同一轨道交通线路上统筹规划的车站功能用房,包括车站行车管理用房(如区域站长室、合建站长室、志愿者用房、集中指挥室、条线备用间、司机交接班室等)、乘客服务用房(如母婴室等)、维保供电用房(如触网抢修物资存放间、供电巡检值守点用房、接触网工区等)、维保车辆用房、维保通号用房、维保工务用房、资产公司用房等。

车站用房设置应遵循以下原则:

①车站用房应根据运营管理需要设置,在不同车站配置不同,应尽可能减少用房面积,以减少车站投资。

②车站设计应满足系统功能要求,合理布置设备管理用房,并宜采用标准化、模块化、集约化设计。车站在满足功能需求的前提下应合理控制其规模及层数。

③为降低建筑能耗、保持城市轨道交通的可持续发展,应合理控制车站用房的规模。提倡进行极简规模车站方案设计。

④车站用房使用面积设置应综合考虑智慧轨道交通的发展,兼顾全生命周期大修改造的需求。

2. 车站附属建筑物

(1)出入口及通道。

出入口及通道是供乘客进、出车站的建筑设施。车站出入口和通道是客流集散的必经地,乘客必须经过出入口和通道才能进、出车站,实现乘坐列车的目的;城市轨道交通车站借助出入口和通道的合理设置，实现车站内部空间与外界环境的物理分隔。

(2)风亭等其他附属建筑物。

风亭等地下车站附属建筑物是为了营造舒适的乘车和运营环境。风亭是为车站及隧道提供通风、换气的设施，在车站或隧道发生火灾时还能排烟。风亭及其他附属建筑物如紧急疏散口、冷却塔(冷却塔的主要功能是为车站的环境控制系统散热，采用高出地面的结构)等，不一定全都设置，不同的车站类型，如地面车站、地下车站和高架车站所需要的附属设施也不同。

四、车站规模的确定

决定车站规模的因素包括车站的运营组织要求(如中间站、折返站、换乘站的规模显然应具备不同的等级)、车站敷设方式(即采用地下车站、地面车站还是高架车站)、车站客流规模、车站周边土地开发与利用情况等。在进行车站建筑空间布局之前，要确定车站的规模。通常用来表征车站规模的指标为车站面积。以下主要是在车站敷设方式、运营组织要求和周边土地开发与利用情况已经明确的情况下，对车站客流量与车站规模的关系进行重点阐述。

车站客流量是车站设计的重要基础资料之一。一般可以参照日均客流乘降量和高峰小时客流乘降量来综合确定。车站客流量决定了车站的规模、站台的宽度、楼梯的宽度和数量、出入口的宽度和数量。因此，在进行车站的建筑设计之前，必须首先对客流量进行调查。车站客流量根据居民出行调查结果进行预测，客流预测的年限应与设计年限相同。由于大部分城市轨道交通线路具有明显的通勤客流特征，即有明显的早晚出行高峰，所以还须同时预测早晚高峰小时客流量。由于即使在客流最为集中的高峰小时内，客流的分布也不是完全相同的，一般存在超高峰时间段，通常为 10 ~ 20min，所以还须预测超高峰时段客流。

车站的站台公共区、站厅公共区、出入口及通道、楼梯(自动扶梯)、售票口(机)、检票口(机)等部位的通过能力，应满足该站预测远期或客流控制时期高峰小时客流量乘 1.1 ~ 1.4 超高峰系数的计算客流量要求。同时按不同部位事故工况下疏散所需的通过能力进行复核。因此各车站的设计规模还需根据超高峰系数进行控制，超高峰系数的计算公式如下：

$$\mathrm{PHF} = \frac{4 \times P_{15}}{P_{\mathrm{h}}} \tag{5-1}$$

式中：PHF——超高峰系数；

P_{h}——高峰小时客流量；

P_{15}——15min 超高峰客流量。

车站设计是一项复杂的大工程设计，包括各个专业的内容，如线路、车站建筑、车站结构、车站环控系统、车站供电、车站通信信号等，本单元主要从车站建筑空间

学习笔记

布局和线路设计角度进行阐述。车站建筑空间布局包括车站总平面布局、站台层平面布局、站厅层平面布局、车站纵剖面图布局;线路设计包括车站分布、站位设置和车站段线路平纵断面设计。

学习笔记

单元5.2 车站分布及站位设置

一、车站分布

从整条线路设计的角度来看,车站分布的合理性是保证城市轨道交通吸引客流、提高通过能力的一条重要的技术措施。车站分布主要考虑客流集散、城市规划、地区发展、与其他交通方式衔接等因素,还考虑城市轨道交通本身的许多技术条件。为了满足城市轨道交通运量要求,从“以人为本”的原则出发,车站分布尽量做到经济、合理,方便乘客。

1. 车站设置原则

城市轨道交通系统的车站直接服务于乘客。一般情况下,车站设置应遵循以下原则:

(1)尽可能靠近大型客流集散点,为乘客提供方便的乘车条件。

(2)在城市交通枢纽、城市轨道交通交会处设置车站,使之与道路网及公共交通网密切结合,为乘客创造良好的换乘条件。

(3)与城市建设密切结合,与旧城改造和新区开发相结合。

(4)尽量避开地质不良地段,尽可能减少动拆迁以及对周围环境的干扰。

(5)兼顾各车站间距离的均匀性。

2. 影响车站分布的因素

(1)城市规模。

城市规模包括城市建成区和规划区域的面积及人口。城区面积大、人口多,线路上客流量大、乘距长时,城市轨道交通应以长距离乘客为主要服务对象,车站分布宜稀疏一些,以提高城市轨道交通的运营速度。反之,车站分布宜密集一些。

(2)大型客流集散点。

大型客流集散点往往是城市的政治、经济活动中心,是城市的窗口地段,包括工业区、商业区、火车站、机场、广场、公共交通总站、地铁一线与环线等特大型及大型客流集散点。该地段客流量不但大,而且集中,给地面交通带来很大压力。

(3)城区人口密度。

人口密度高的区域,相同吸引范围内的交通客流量往往较大,因此车站分布宜密集一些。

(4)线路功能。

车站分布的疏密宜根据线路功能有所不同,承担客流收集功能的线路车站分布宜密集一些,速度要求高、出行距离长的快线车站分布宜稀疏一些。

(5)城市地貌及建筑物布局。

城市中的江、河、湖、山和铁路站场、仓库等地区,人口密度低,甚至无人,城市轨道交通在穿越这些地区时可以不设站。

(6)城市轨道交通线网及城市道路网状况。

两条城市轨道交通线路交叉时,在其交叉点应设换乘站;在与城市主干道交叉时,为了让乘客方便乘坐,也宜设车站。

(7)对站间距的要求。

在车站分布上,除大型客流集散点及换乘站外,其他车站的设置主要受站间距要求的支配。对于平均站间距,在吸取世界地铁建设经验的基础上,《地铁设计规范》(GB 50157—2013)中规定:"车站间的距离应根据实际需要确定,在市区宜为1km左右,在郊区不宜大于2km。"站间距增大,车站数量减少,造价低,乘客步行距离及时间增加,客流吸引能力降低,单个车站负荷增加,运营速度提高,运营费用减少。反之,运营费用增加。城市轨道交通的站间距在市内繁华区一般可控制在1km左右;在市区边缘或城市组团之间,一般为1.5~2.0km;在郊区可增大到2km以上。

除上述各因素外,线路平面和纵剖面、车站站位的地形条件、城市公交线路网及其车站位置,也会对城市轨道交通车站分布造成一定影响。

学习笔记

3. 车站分布对市民出行时间的影响

车站数目直接影响市民乘坐轨道交通的出行时间。车站多,市民步行到车站距离短,节省步行时间,可以增加短程乘客的吸引量;车站少,提高了运营速度,减少了乘客在车内的时间,可以增加线路两端乘客的吸引量。关于市民出行对交通工具的选择标准,快捷省时排在第一位。

二、车站站位设置

一般车站站位的设置与道路路口关系较为紧密,车站与道路关系一般分为跨路口、偏路口、两路口之间以及道路红线外四种形式,如图5-8所示。设计时,要结合周边实际情况合理选择车站站位。

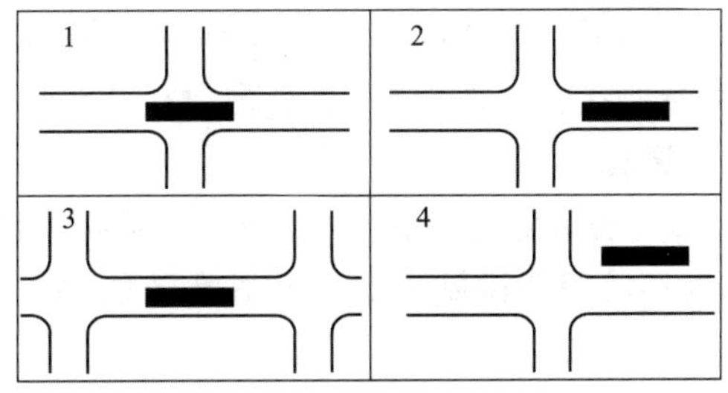

图5-8 车站与道路关系示意图

1-跨路口;2-偏路口;3-两路口之间;4-道路红线外

学习笔记

1. 跨路口设站

这种站位便于各个方向的乘客进入车站,减少了路口人流与车流的交叉干扰,而且与地面公交线路有良好衔接。在有条件时应优先选用。

2. 偏路口设站

这种站位是在偏路口一侧设置车站,施工时可减少对道路交叉口地面交通以及地下管线的影响,采用高架线时,较容易与城市景观相协调。不过,其缺点是路口客流量较大时,车站两端客流易不均衡,从而影响车站的使用功能。一般在高架线或路口施工难度较大时采用。

3. 两路口之间设站

若规划站点的站位附近的路口都是主要交通路口,并且客流量大、相距较近,为兼顾两路口的客流需求,一般将车站设于两路口之间。两路口之间设站可以方便路口范围内乘客乘车,有利于吸引两个路口的客流。

4. 道路红线外设站

准备设车站的道路中间已建道路立交桥、路面交通繁忙,或施工交通疏解困难,或虽然道路路面交通不繁忙,但路面不宜开挖且道路红线外地块又有空地或建筑物拆迁量不大时,车站可设置在道路红线外。典型的有设于火车站站前广场或站房下,以利于乘客换乘;与城市其他建筑同步实施,和新开发建筑物相结合;结合城市交通规划,建设城市综合交通枢纽等。

三、车站站位比选

由于车站造价高,车站数量对整个轨道交通的工程造价影响较大,在进行线路规划时,一般要做两个或三个车站数量与分布方案的比选。方案比选可从以下方面进行:车站功能的发挥,客流吸引,乘客使用条件,车站埋深、规模、投资,动拆迁、交通改道、管线搬迁等工程量,工程施工难度,以及地下空间开发、与商业开发结合等。通过全面、综合的评价,确定推荐方案。

车站站位的比选在车站设计过程中占头等重要的地位。站址周边客流量是决定车站站位的主要因素,站址附近地下管线、交通状况、周边规划及车站附属建筑的位置和车站的施工方法等不同程度地影响着车站站位的选择。选择合理的车站站位,首先应做好资料收集工作,包括城市规划资料、地面公交线路现状资料、城市交通规划资料、地下管线现状及规划资料、建筑物现状及规划资料,对收集到的资料应进行必要的核对和调查。

如上海地铁 12 号线宁国路站站位比选,结合客流吸引条件及施工难度提出了跨内环线设站方案和内环线西侧设站方案。两方案的优缺点如下,宁国路站站位方案比选示意图如图 5-9 所示。

(1)跨内环线设站方案:车站跨内环高架线设置,可兼顾环线两侧客流,客流吸引条件较好,但车站施工难度较大,且对长阳路和宁国路的交通影响较大。

(2)内环线西侧设站方案:车站设于内环线以西的长阳路南侧,可降低车站施工难度及对道路交通的影响,但不利于吸引内环高架线外侧的客流。

最后从降低车站的施工难度角度出发,采用了内环线西侧设站方案,通过将车站东侧出入口延长至内环高架线东侧,来吸引该侧客流。

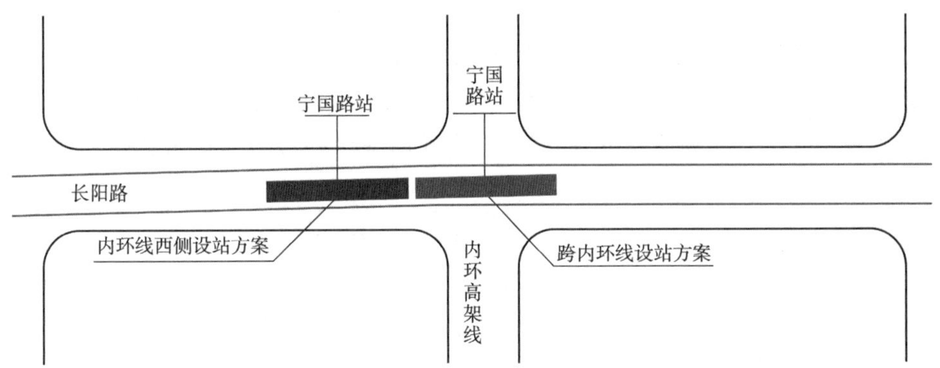

图5-9 宁国路站站位方案比选示意图

四、车站段线路平纵断面设计

1. 车站段线路平纵断面技术要求

(1)车站段线路平面技术要求。

车站站台计算长度段的线路宜设在直线上,在困难地段可设在曲线上。对于A型车设站台门和无站台门,其半径分别不应小于1500m和800m;对于B型车设站台门和无站台门,其半径分别不应小于1000m和600m。

(2)车站段线路纵断面技术要求。

地下车站站台计算长度段应设在一个坡道上,坡度宜采用2‰。有条件时车站宜布置在纵断面的凸形部位上,并设置合理的进、出站坡度。

地面和高架桥上的车站站台计算长度范围内的线路宜设在平坡上。

两相邻坡段的坡度代数差大于或等于2‰时,应用圆曲线形的竖曲线连接。因车站端部行车速度较低,其竖曲线半径可小于区间标准数值,一般情况下为3000m,困难情况下为2000m。

2. 车站段线路设计

城市轨道交通的轨道线路设置在站台层,车站段的线路设计与站台关系密切,站台形式、站台的长度和宽度等都会影响线路的平纵断面设计。

(1)岛式站台的线路设计。

岛式站台位于上、下行线路之间,站台处的线间距由岛式站台的宽度决定,一般线间距较大。根据岛式站台的线间距与区间线间距差异大小,线路设计可以分为两种:

第一种情况,岛式站台的线间距和区间的线间距差异较大,如高架岛式车站区间段需要保持最小线间距,为了把站台处的较大线间距缩小到区间最小线间距,那

学习笔记

么线路从车站过渡到区间时会在站台两端形成喇叭口的形状。此种情况下，岛式站台段线路与区间线路连接示意图如图 5-10 所示。

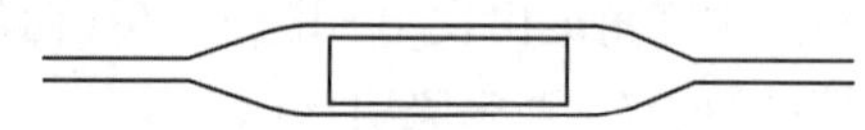

图 5-10　岛式站台段线路与区间线路连接示意图 1

第二种情况，岛式站台的线间距和区间的线间距基本相同，如地下车站岛式站台处的线间距与盾构区间的线间距在用地条件较好的情况下，可以保持一致，基本上可以直接过渡。此种情况下，岛式站台段线路与区间线路连接示意图如图 5-11 所示。

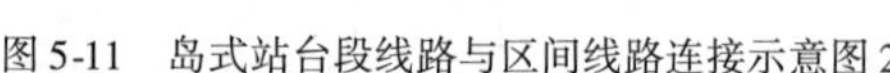

图 5-11　岛式站台段线路与区间线路连接示意图 2

(2)侧式站台的线路设计。

侧式站台分别位于线路两侧，线路一般采用最小间距。侧式站台段线路与区间线路的连接情况也可以分为两种：

第一种情况，当站台处线间距与区间线间距一致时，如高架线路的侧式车站与高架区间连接时，因车站处和区间的线间距相同，故无须设置喇叭口。此种情况下，侧式站台段线路与区间线路连接示意图如图 5-12 所示。

学习笔记

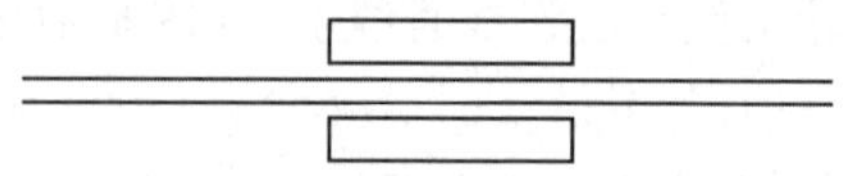

图 5-12　侧式站台段线路与区间线路连接示意图 1

第二种情况，当站台处线间距与区间线间距差异较大时，如地下线车站采用侧式站台，区间采用单洞单线的隧道结构时，由于区间两条单线隧道要保持一定间距，此间距大于车站段线间距，为了把车站处的最小线间距加宽到区间线间距，线路连接处也会形成一个喇叭口的形状。此种情况下，侧式站台段线路与区间线路连接示意图如图 5-13 所示。

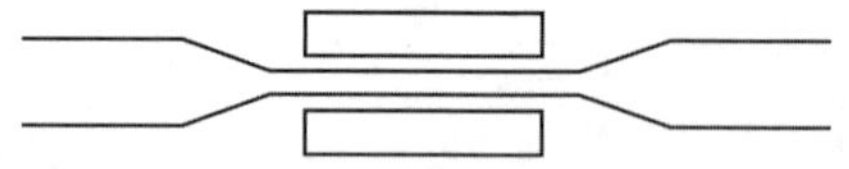

图 5-13　侧式站台段线路与区间线路连接示意图 2

单元 5.3　车站总平面布局

车站的总体建筑布局应符合城市规划、城市交通规划、环境保护和城市景观的要求，妥善处理好与地面建筑、地下管线、地下建(构)筑物之间的关系。车站的设计和施工涉及多方面的城市基础设施资料，主要包括地形图，城市规划，交通规划，地面公交线路现状，过街隧道、人行天桥、地下管线现状及规划，建筑物现状及规划，防洪要求，等等。

一、影响车站总平面布局的因素

影响车站总平面布局的因素主要有以下四个方面：

(1)周围环境。主要包括现有道路及交通条件，公交及其他交通方式站点设置，周围建筑物功能性质，车站周围建筑物现状和地下管线的布置情况，拆迁改移条件以及规划建筑物、管线方案和可能的实施时间，待开发地块综合开发条件，等等。

(2)客流来源及方向。车站要能最大限度地吸引客流，须根据主要客流的来源和方向考虑站位和出入口通道的设置。

(3)车站功能要求。不同功能性质的车站，其总平面布局是不一样的。对于换乘站，应考虑乘客的换乘条件，尽可能减小换乘距离，并应有足够的换乘能力；对于接驳大型客流集散点的车站，要考虑突发性客流特点，留有足够的乘客集散空间，并创造快捷的进出站条件；对于有列车折返运行需要的车站，要考虑车站配线的设置以及由此带来的车站站位及平面布局的变化等。

(4)施工方法。要结合工程地质、水文地质条件和周围状况，提出可实施的施工方法，并与总平面方案一同考虑。

由于影响车站总平面布局的因素很多，在设计时一般需要与线路和结构专业等反复研究论证，如此才能获得好的设计方案。

二、车站总平面布局的内容

某地下车站总平面布局示意图如图5-14所示。车站总平面布局的内容一般包括车站站位的确定、车站主体建筑的确定和车站附属建筑物(出入口、风亭、冷却塔等)的确定三部分。车站总平面布局是车站设计的关键环节。

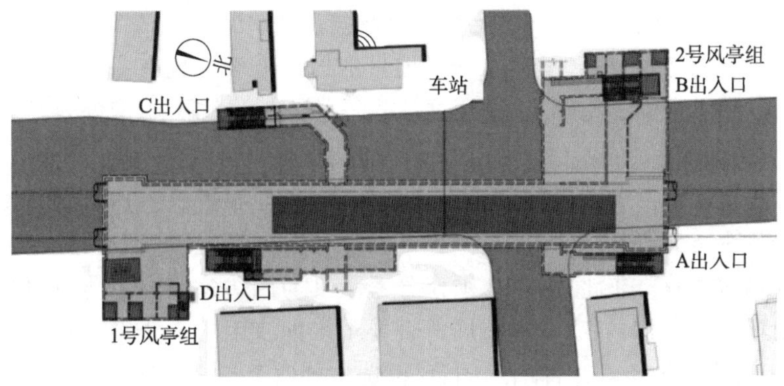

图5-14　某地下车站总平面布局示意图

学习笔记

1. 车站站位的确定

车站站位要符合线路平纵断面设计，满足城市规划和地面交通的要求，最大限度地吸引客流。正常情况下，车站中心的位置同时也是站台中心的位置，在车站中心位置确定后，那么车站中心里程和站台的位置也就确定了，上、下行线的车站中心里程应保持一致。车站中心位置不仅影响车站的总体布局，还会影响车站段线路平纵断面的设计，尤其是站台设计与线路设计有着直接的关系。

2. 车站主体建筑的确定

车站主体建筑由车站主体结构确定，车站建筑专业根据线路专业提供的线站位，结合车站内部布置，确定车站的主体结构内边线轮廓。城市轨道交通车站较多设置在地下和地上，较少设置在地面。车站主体结构通常位于城市主干道的上方或下方，一般地下标准车站主体结构外轮廓示意图如图 5-15 所示。车站两端分别设置一个盾构井(也叫端头井)，以采用 A 型车、6.2m 外径盾构为例，盾构井长度一般按 12.5m 控制，盾构井两侧结构边线与线路中心线距离按 4.2m 控制，盾构井与站台两端距离按 8m 控制，非盾构井处线路中心线与车站结构边线距离按 2.2m 控制。车站中心位置和车站主体结构外轮廓，需要线路专业、车站建筑和结构专业根据车站功能需求、外部设置条件等反复研究确认。一旦主体结构内边线轮廓确定，车站与区间的分界也就能确定下来。

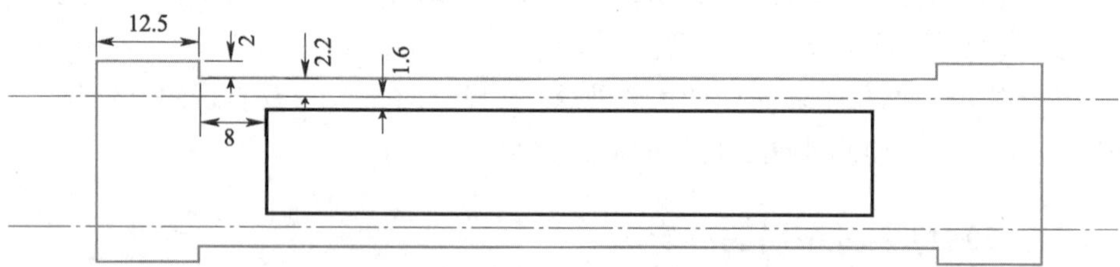

图 5-15　地下标准车站主体结构外轮廓示意图(单位:m)

3. 车站附属建筑物的确定

相对于车站主体建筑来说，出入口、风亭和冷却塔等则为车站的附属建筑物。这些建筑物与车站整体方案的稳定性、合理性有着密切关系，如果能很好地解决附属建筑物的布局问题，将对车站及附近地带的城市建设起到有益的作用。所以车站的出入口和风亭位置的确定，往往对总平面布局有很大影响，有时甚至有决定性的影响。

车站附属建筑物设计应符合城市规划要求，合理布置出入口、风亭、冷却塔的位置。城市轨道交通车站的出入口、风亭和冷却塔，设置于规划道路红线以外、建筑红线以内的区域。在此过程中，须充分考量其与周边建筑在消防、环保、日照等方面的相互关系，确保各项设施布局符合要求。如有困难不能设在建筑红线以内时，应先经过当地城市规划部门的同意，再选定其位置。一般标准车站设有 4 个出入口、2 组风亭和 1 处冷却塔。

三、车站总平面图的设计

1. 总平面图的内容

根据设计阶段的不同,车站总平面图的内容也不同,它一般在比例尺为 1∶500 的地形图上进行绘制,主要包含以下内容:

(1)站中心的详细位置,包括线路里程、坐标等。

(2)站台长度、宽度和车站总长、总宽。

(3)车站主体的外轮廓尺寸,包括端点的线路里程、关键点的位置坐标等。

(4)出入口的位置、长度、宽度等。

(5)车站与区间分界里程和坐标。

(6)车站周围地面建(构)筑物的情况、地形条件等。

(7)与车站有关的设施情况,如冷却塔数量和尺寸等。

2. 车站总平面图设计案例

(1)总平面布置。

某地下二层岛式车站总平面图如图 5-16 所示。车站位于泰和路南侧、铁山路下方,沿铁山路南北向布置,为地下二层岛式车站。

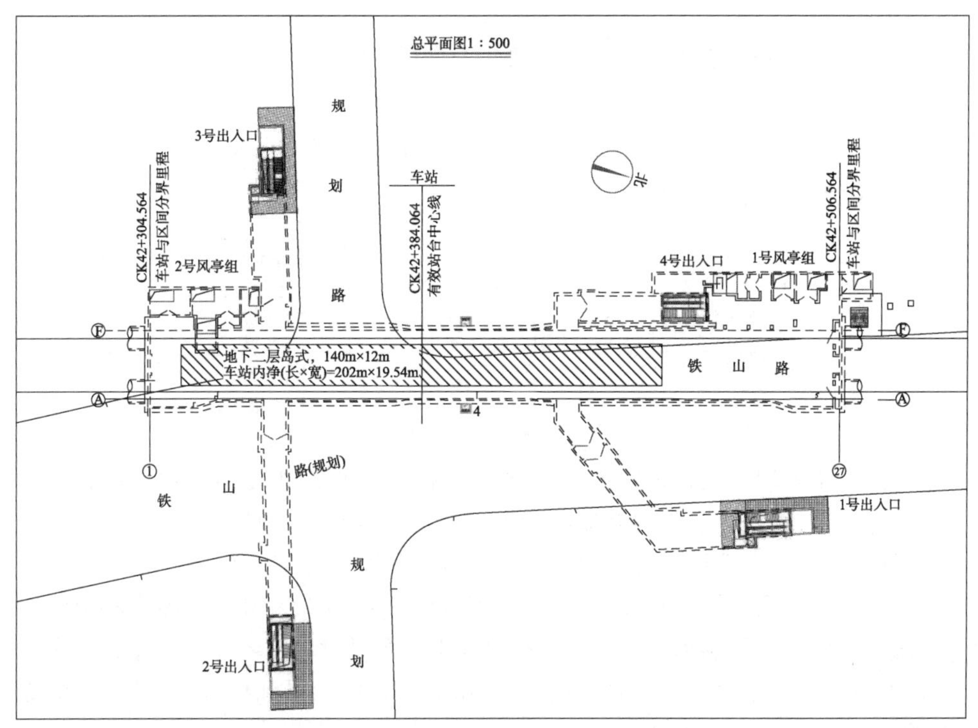

图 5-16 某地下二层岛式车站总平面图

(2)车站主要设计参数。

车站规模:202.00m×19.54m(主体长×宽);车站中心里程:CK42+384.064;

学习笔记

车站埋深:20.23m(车站中心里程处);车站中心里程处轨顶标高:-14.20m;有效站台规模:140m×12m。

(3)出入口、风亭、冷却塔。

①出入口建筑布置。

该车站共设4处出入口。1号出入口位于车站主体东北侧,服务吴淞科技园地块北侧客流。2号出入口位于车站主体东南侧,铁山路与规划路交叉路口东南侧,1号出入口、2号出入口均位于远期规划科技研发用地内。3号出入口位于车站主体西南侧,铁山路与规划路交叉路口西南侧。4号出入口位于车站主体西北侧,3号出入口、4号出入口均位于远期规划生态绿地内。

本站共设有1处消防安全出入口,位于铁山路西侧规划绿化带内,紧急工况下兼作消防人员进入的专用救援通道。

本站出地面无障碍电梯共有2处,与1号、3号出入口的楼梯段结合布置。

②风亭、冷却塔建筑布置。

车站共设有2组共8个风亭,1号风亭组、2号风亭组均为低风亭组。

车站冷却塔设置于车站北侧,靠近车站1号风亭组。

学习笔记

单元5.4 车站主体建筑平面布局

车站主体建筑按照建筑空间又可以分为站厅层和站台层两部分,包括设备用房、管理用房和公共区,如图5-17所示。

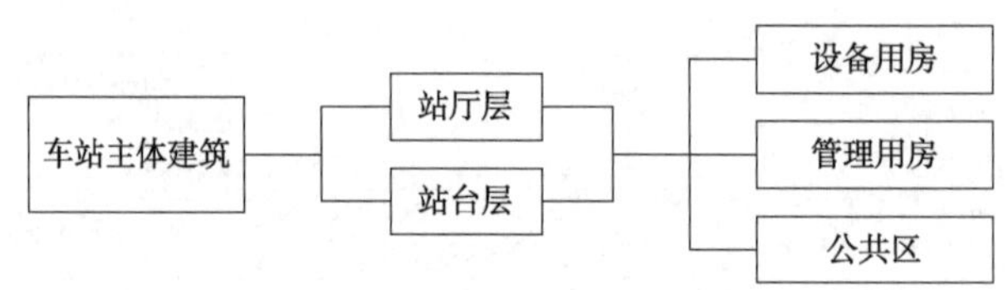

图5-17 车站主体建筑的组成

站厅层主要用于乘客售检票及进出站作业,要根据周边城市布局来设置乘客出入的通道口,根据各通道的客流量设置售票区、进出站检票区、付费区与非付费区、站厅与站台的上下楼梯与自动扶梯等空间和设备的位置和数量。

站台层用于乘客候车和乘降,主要根据客流量及列车编组情况确定站台的有效长度及宽度。站厅层和站台层在进行建筑平面布局时必须考虑客流量及列车运行计划,确定相应空间的宽度和长度,以及所需楼梯的数量和位置,设备用房的面积、位置等。

地下车站的设备与管理用房的布置应紧凑合理,主要管理用房应集中布置。车站的建筑布局不仅要满足车站乘客及工作人员对其活动区域内各部位的使用需要,还要考虑乘客流线、站内工作人员流线和设备工艺流线等。车站主要为乘客服务,所以乘客流线是车站的主要流线,也是决定车站建筑布局的主要依据,乘客流线具体反映乘客对车站站房各类设施的设置及布局的基本要求。车站站房内各类设施的设置应以合理组织各种流线、力求减小乘客的走行距离、方便乘客办理各种乘降手续以及经济合理、节约用地为原则。

一、站台层平面布局

站台层
平面布置

站台层是最能直接体现车站主要功能的场所,其主要作用是供列车停靠、乘客候车及上下车等。站台层由站台公共区、轨道运行区及设备、管理用房等组成。站台的形式和尺寸影响站台层建筑空间布局,同时与轨道线路关系密切,站台的长度和宽度、线路中心线到站台边缘的距离直接影响线路的平纵断面设计。

1. 站台层布局

以某地下岛式车站为例,其站台层布局示意图如图5-18所示。站台层布局平面图中站台两端布置有车站用房,其中大部分为设备用房,如应急电源室、电缆井、配电室、排热风室、屏蔽门室、开关柜室、废水泵房等,另外还有一些管理用房,如备品间、卫生间等。站台公共区供乘客上下车和候车用,主要有屏蔽门、安全护栏、站台监控厅、乘客座椅、公用电话、紧急停车按钮、立柱等设备设施。

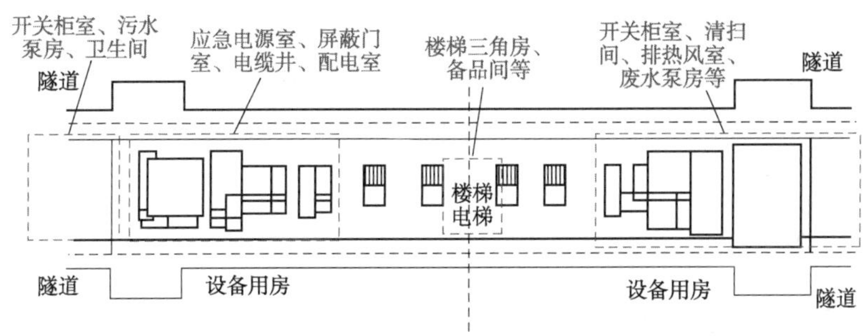

图5-18 某地下岛式车站站台层布局示意图

站台两端设备用房可伸入站台计算长度内,但伸入长度不应超过一节车厢长度,与梯口或通道口的距离不应小于8m,且不得侵占侧站台计算宽度。

2. 站台尺寸

(1)站台长度。

站台长度由列车长度决定,列车长度则是编组车辆长度的总和。站台计算长度应采用远期列车编组长度加停车误差。停车误差的确定与人工驾驶时司机操作的熟练程度或自动停车设备的先进程度有关。一般停车误差控制在±0.5m之内。

地下站台的长度一旦决定(建成),基本无延长改建的可能。因此,在预测确定远期客流量后,须充分考虑足够的列车编组辆数,来保证较大的运输能力。

站台层两端可以布设设备和管理用房,但这些设备和管理用房在每端占用有效站台(计算长度内)的范围不得大于半节车厢长度。如果是侧式站台出现这种

学习笔记

情况，则要求它们不得侵入侧式站台计算长度内，与楼梯口的距离不小于8m。

(2)站台宽度。

站台宽度根据高峰时段客流候车、上下集散的需要计算，不仅应满足远期客流集散的要求及规定的最小宽度要求，而且要满足事故列车所有乘客6min内全部疏散的要求，按安全要求扣除安全带宽度及横向立柱等附属设施所占面积折算宽度，实际上是计算站台有效宽度。

站台宽度应按下列公式计算，并应符合表5-2的规定。

站台的最小宽度　　表5-2

名称	最小宽度(m)
岛式站台	8.0
岛式站台的侧站台	2.5
侧式站台(长向范围内设梯)的侧站台	2.5
侧式站台(垂直于侧站台开通道口设梯)的侧站台	3.5

岛式站台宽度：

$$B_{d} = 2b + n \cdot z + t \tag{5-2}$$

计算岛式站台宽度中的 b 值，应分别按上、下行线的上、下车设计客流量计算，其值一般不相等，为了建筑布置适宜，宜按较大值对称布置。

侧式站台宽度：

$$B_{c} = b + z + t \tag{5-3}$$

$$b = \frac{Q_{上} \cdot \rho}{L} + b_{\alpha} \tag{5-4}$$

式(5-4)中 b 值是指列车未到站时，等候上车乘客只能站立在安全带之内，此时侧式站台计算宽度是上车乘客站立候车所需要的宽度加上安全带宽度。当站台采用站台门时，式(5-4)中的 b_{α} 值用站台边缘至站台门立柱内侧距离 M 代替。

式(5-5)是指列车进站停靠后，上、下客流交换中安全带宽度已被利用。

$$b = \frac{Q_{上、下} \cdot \rho}{L} + M \tag{5-5}$$

式中：b——侧站台宽度，m，式(5-2)和式(5-3)中，应取式(5-4)和式(5-5)计算结果的较大值；

n——横向柱数；

z——纵梁宽度(含装饰层厚度)，m；

t——每组楼梯与自动扶梯宽度之和(含与纵梁间所留空隙)，m；

$Q_{上}$——远期或客流控制期每列车超高峰小时单侧上车设计客流量，人；

$Q_{上、下}$——远期或客流控制期每列车超高峰小时单侧上、下车设计客流量，人；

学习笔记

ρ——站台上人流密度 m^2/人，取0.33～0.75m^2/人；

L——站台计算长度，m；

M——站台边缘至站台门立柱内侧距离，m，无站台门时，取0；

b_α——站台安全防护带宽度，m，取0.4m，采用站台门时用M代替b_α值。

岛式站台的最小宽度为8m，横向并列的立柱越多，站台宽度越大。侧式站台的最小宽度视其有无立柱而定，长向范围内设梯的侧站台的最小宽度为2.5m，垂直于侧站台开通道口设梯的侧站台的最小宽度为3.5m，一般为4～6m。

站台宽度计算案例如下：

某条线路的某岛式车站初期（20××年）、近期（20××年）、远期（20××年）高峰小时客流量、超高峰系数及设计客流量表如表5-3～表5-5所示，该站初期、近期和远期开行的车辆对数分别为24对、28对、30对，求该岛式站台的宽度。

初期（20××年）高峰小时客流量、超高峰系数及设计客流量表 表5-3

站名	时段	由南向北（人次/h）			由北向南（人次/h）			超高峰系数
		上客量	下客量	断面客流量	上客量	下客量	断面客流量	
××站	早高峰	1006	1244	15163	794	606	4234	1.13
	晚高峰	483	664	3531	952	808	11972	

近期（20××年）高峰小时客流量、超高峰系数及设计客流量表 表5-4

站名	时段	由南向北（人次/h）			由北向南（人次/h）			超高峰系数
		上客量	下客量	断面客流量	上客量	下客量	断面客流量	
××站	早高峰	1297	1437	17449	975	776	5353	1.12
	晚高峰	638	786	4516	1199	1060	14327	

远期（20××年）高峰小时客流量、超高峰系数及设计客流量表 表5-5

站名	时段	由南向北（人次/h）			由北向南（人次/h）			超高峰系数
		上客量	下客量	断面客流量	上客量	下客量	断面客流量	
××站	早高峰	1670	1554	24146	1030	1173	7582	1.10
	晚高峰	994	881	6249	1313	1425	20943	

根据客流预测资料，本站初期、近期、远期计算客流量（注：控制期客流量＝每小时最大上下客量÷车辆对数×超高峰系数）如下：

20××年（初期早高峰）：$Q_{初早}=(1006+1244)\div 24\times 1.13=106$（人/对）

20××年（初期晚高峰）：$Q_{初晚}=(952+808)\div 24\times 1.13=83$（人/对）

20××年（近期早高峰）：$Q_{近早}=(1297+1437)\div 28\times 1.12=110$（人/对）

20××年（近期晚高峰）：$Q_{近晚}=(1199+1060)\div 28\times 1.12=91$（人/对）

20××年（远期早高峰）：$Q_{远早}=(1670+1554)\div 30\times 1.10=119$（人/对）

学习笔记

20××年(远期晚高峰):$Q_{远晚}=(1313+1425)\div30\times1.10=101$(人/对)

因此,以20××年(远期)早高峰客流预测数据作为本站客流控制期的依据,$Q_{上、下}=119$ 人/对。

侧站台宽度:

$$b=\frac{Q_{上、下}\cdot\rho}{L}+M$$

其中 $Q_{上、下}$取20××年(远期)早高峰(由南向北)一侧设计客流量,则 $Q_{上、下}=Q_{远早}=119$ 人/对;

取 $\rho=0.6\text{m}^2$/人,$L=135.52\text{m}$,$M=0.26\text{m}$,则

$$b=(119\times0.6)/135.52+0.26=0.79(\text{m})<2.5(\text{m})$$

本站侧站台最小宽度取 $b=2.5\text{m}$;

站台层楼梯(自动扶梯)宽度为 $t=1.8\times2+1.8=5.4(\text{m})$;

站台中部纵梁宽度考虑装饰层厚度,取 $z=0.8\text{m}$,取横向柱数 $n=2$;

故站台总宽度 $B=2b+n\cdot z+t=2\times2.5+2\times0.8+5.4=12(\text{m})$,设计采用12m站台宽度,站台有效长度为140m。

(3)站台高度。

站台高度是指站台到轨顶面的高度,与车型有关。站台平面与车辆车厢内地板具有同样高度,称为高站台;站台平面比车厢地板面低,称为低站台。采用高站台时,考虑到车辆弹簧的挠度,在乘车效率最大时,考虑车厢地板下沉的范围,站台面应低于车厢地板面,高差不得大于50mm。

学习笔记

(4)线路中心线到站台边缘的距离。

线路中心线到站台边缘的距离由车辆的建筑限界决定,此外,还应考虑站台的施工误差,一般为10mm。站台边缘与静止车辆车门处的安全间隙,在直线段宜为70mm(内藏门或外挂门)或100mm(塞拉门),在曲线段应在直线段规定值的基础上加不大于80mm的放宽值,实际尺寸应满足限界安装公差要求。如地铁系统A型车车体宽度为3m,站台边缘与静止车辆车门处的安全间隙为100mm,则线路中心线到直线站台边缘的距离为1.6m。

一般情况下,乘客使用空间设计首先由站台层着手,根据列车编组确定站台的有效长度,结合站台两端应有的设备用房和必需的端头初步确定车站长度。根据计算所得的站台宽度以及上下行线路及限界要求确定车站的总宽度。然后根据站厅层设备与管理用房所需面积划分出站厅公共区和设备与管理用房区,同时调整站厅至站台的楼梯(自动扶梯)数量及位置,使其能均匀疏散客流。

3.站台层设计案例

(1)站台层设计。

图5-19 某地下二层岛式车站站台层平面图

某地下二层岛式车站站台层平面图如图5-19所示(请扫描二维码)。该车站地下二层为站台层,为单柱双跨的岛式站台,有效站台宽度为12m,侧站台宽度最小为2.8m(至站台土建边缘)。该线为6节A型车列车编组,站台有效长度为

140m,站台共布置有2组楼梯(自动扶梯),中部设置1部T型楼梯和1部无障碍电梯。站台层平面图的比例一般为1:200。

(2)站台层设备用房与管理用房。

车站公共区两端为设备用房与管理用房,北端站台布置的设备用房与管理用房有配电间、站台门控制室、公共卫生间等,南端站台布置的设备用房与管理用房有配电室、气瓶间、废水泵房等。站台层设备与管理用房详见表5-6。

站台层设备用房与管理用房表　　表5-6

房间名称	面积(m^2)
站台门控制室	21.86
应急照明配电室	8.35 +7.43
站务员室	13.43 +13.43
照明配电间	15.45 +19.73
5G拉远机房	5.07
气瓶间	14.22
信号值班室	41.00
35kV 开关柜室	35.04
供电备品间兼临时值守点	15.67
0.4kV 开关柜室	155.48
控制室	34.14
清扫间	3.40
污水泵房	18.00
乘客卫生间(男)	18.90 +18.90
乘客卫生间(女)	32.80 +32.80
无障碍卫生间	7.93
废水泵房	17.51

学习笔记

二、站厅层平面布局

站厅层是乘客换乘列车的中转层,用于将进出车站的乘客迅速、安全、方便地引导到站台乘车或使下车乘客迅速离开车站。其主要作用是集散客流,为乘客提供售票、检票、补票、咨询等服务。站厅布置应满足功能分区要求,尽量避免进、出站及换乘人流路线之间的相互干扰。

站厅层平面布置(以武汉地铁2号线光谷广场站为实例)

1. 站厅层布局

站厅按其用途分为公共区和设备用房、管理用房,设备用房、管理用房一般设在车站的两端,中间为站厅层公共区,用于引导客流均匀通向站台(或出站)。某车站站厅层平面布局示意图如图5-20所示。

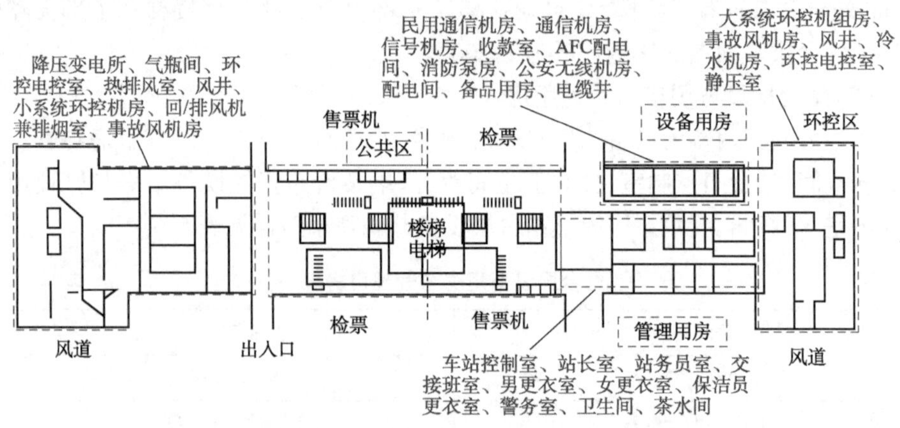

图 5-20　某车站站厅层平面布局示意图

(1)站厅层公共区。

站厅层公共区主要供乘客购票和检票,在此区域内设置各种导向、事故疏散、服务乘客的标志,引导乘客方便、快捷地进出车站。公共区根据客流流线及管理需要划分为非付费区及付费区两大区域,以检票闸机和栏杆进行分割,主要供乘客完成购票、检票过程。对于一般车站来说,通常非付费区的面积应略大于付费区。设于站厅两端的非付费区宜用通道连通。公共区应合理布置通道口、售票设施、检票设施、栅栏、楼梯、自动扶梯,使进出站客流尽量少交叉,流线短捷而有序。与乘客有联系的房间如售票间、问询处、站长室、公安室等应面向或邻近非付费区,在非付费区内可以根据场地大小布置部分便民的商业设施。站厅在一定程度上会使乘客聚集,故要起到分配和组织人流的作用。因此,站厅应有足够的面积,以不影响乘客出行为首要条件,除考虑正常所需购票、检票及通行面积外,尚需考虑乘客短暂停留及紧急疏散的情况。站厅的面积主要由远期车站预测的客流量和车站的重要程度决定,一般根据经验和类比分析确定,可以参照能容纳高峰小时 5min 内聚集的客流量的水平来推算。

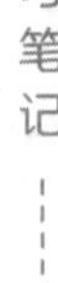

(2)站厅层设备用房与管理用房。

地下车站的设备用房与管理用房布置应紧凑合理,站厅内设备用房与管理用房宜集中设置,便于联系与管理;设备用房一般分设在车站的两端,并呈现一端大、一端小的布置格局,中间为站厅层公共区,用于引导客流均匀通向站台(或出站)。

车站管理用房——车站控制室

①站厅层的管理用房。

站厅层的管理用房一般有车站控制室、站长室、警务室、安检室、保安室、收款室、男女更衣室、交接班室、卫生间等。

②站厅层的设备用房。

站厅层的设备用房一般有通信机房、信号机房、综合电源设备室、环控电控室、配电间、环控机房、气瓶间、民用通信机房等。

2. 站厅层的位置

站厅的位置与车站埋深、人流集散情况、所处环境条件等因素有关。站厅设置将会直接影响车站的使用效果及站内的管理和秩序。站厅的设置与车站类型、站台形式及布置关系密切。站厅有以下设置方式,其相对位置示意图如图 5-21 所示。

(1)位于车站一端[5-21a)]。常用于终点站、车站一端靠近城市主要道路的地面车站。

(2)位于车站两侧[5-21b)]。常用于侧式车站,一般用于客流量不大的车站。

(3)位于车站两端的上层或下层[5-21c)]。常用于地下岛式车站及侧式车站站台的上层、高架车站站台的下层。客流量较大的车站多采用这种设置方式。

(4)位于车站上层[5-21d)]。常用于地下岛式车站及侧式车站。客流量很大的车站多采用这种设置方式。

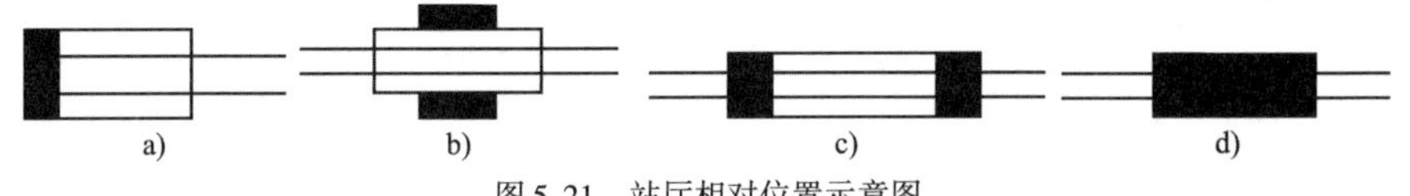

图 5-21　站厅相对位置示意图

3. 站厅层设计案例

(1)站厅层设计。

某地下二层岛式车站站厅层平面图如图 5-22 所示(请扫描二维码),车站地下一层为站厅层,中部设置站厅层公共区,左右两端为设备区。

图 5-22　某地下二层岛式车站站厅层平面图

学习笔记

本站为 12m 岛式车站,主体采用单柱双跨框架结构体系。付费区内共设置 2 组楼梯(自动扶梯)且中部设置 1 部 T 型楼梯和 1 部无障碍电梯。进站闸机布置在付费区两端,公共区中部设置 1 处客服中心。车站共设有 4 个出入口和 2 个安全出入口,与室外地面连通。站厅层平面图的比例一般为 1:200。

(2)站厅层设备用房与管理用房。

站厅层的主要设备用房与管理用房设置在车站北端,此处的管理用房主要有站长室、男女更衣室、警务室、安检人员休息室、交接班室、通信值班室、收款室等;设备用房主要有车站控制室、辅助机房、信号设备室、信号电源室、信号工区、弱电综合设备室、AFC 设备室、环控电控室、配电间、消防泵房、气瓶间、卫生间、环控机房、小通风机房等,并设置消防楼梯与地面连通。

站厅层的南端设置少量的设备用房,局部设置设备夹层。其房间有 AFC 配电及维修室、配电间、环控电控室、环控机房、小通风机房等。

站厅层主要设备用房与管理用房详见表 5-7。

站厅层主要设备用房与管理用房表　　表 5-7

房间名称	面积(m^2)
车站控制室	39.41
站长室	13.88
车控室辅助机房	14.63
警务室及保安室	19.31 + 9.55

续上表

房间名称	面积(m^2)
安检人员休息室	10.99
AFC 设备室	19.71
收款室	21.28
弱电综合设备室	90.32
弱电综合电源室	45.35
通号电缆间	12.13 +7.42
信号设备室	41.11
民用通信机房	89.82
弱电间	1.90 +4.77
强电间	6.77 +6.00
环控电控室	88.87 +53.22
配电间	5.48 +6.97
气瓶间	39.28
更衣室	19.98 +17.83
交接班室	41.09
消防泵房	75.90
环控机房	189.24 +165.89
照明配电间	26.78 +24.51
运营检修和备品用房	35.14
冷水机房	130.57
补风机房	43.93 +48.23
员工卫生间	11.85 +12.22
清洁工具间	11.44
垃圾堆放点	4.42
茶水间	15.47

学习笔记

单元 5.5　车站主体建筑空间布局

根据线路敷设方式、周边环境及城市景观等因素,车站竖向布置可选取地下多层、地下一层、路堑式、地面、高架一层、高架多层等形式。地下车站埋设宜浅,高架车站层数宜少,有条件的地下或高架车站宜将站厅及设备用房、管理用房设于地面。根据乘客进站、出站和换乘流线,结合乘客在车站内的活动过程分析,车站敷设方式不同,车站主体建筑空间布局也不同。

一、地面车站建筑空间布局

根据客流量、线路、站址环境、城市规划及与其他交通方式衔接等条件，地面车站可设置为单层或双层，地面车站建筑空间布局如图 5-23 所示，地面二层车站纵剖面效果图如图 5-24 所示。地面线路为了节省土地资源，区间上下行线路的线间距通常较小，在不设置配线的车站，站内上下行线路的线间距也相应缩小。这种情况下，站台分设于上下行线路的两侧，因此在地面车站设置侧式站台较为理想。这类车站可以设计为单层车站，站厅分别设置于上下行站台的外侧。当站外广场的客流组织和交通方式衔接条件较好时，也可不设置站厅，乘客可以通过地下通道或人行天桥进出站。例如上海地铁 3 号线石龙路站就是地面车站，采用地面单层侧式车站，无站厅层，乘客从站外广场通过检票闸机后直接进入站台层，车站外为非付费区，车站内为付费区，站台外广场通过地下通道连接。当站址可用空间较小而又必须设置站厅时，站厅可以设于站台层的上方，即采取双层车站的方案。例如上海地铁 1 号线锦江乐园站就是地面双层车站，乘客从地面通过垂直通道进入地面二层的站厅层，通过检票闸机后进入付费区，然后通过垂直通道进入地面一层的站台层。

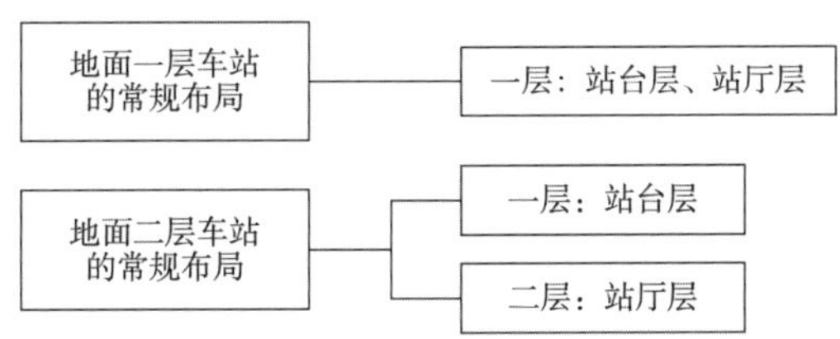

图 5-23　地面车站建筑空间布局

图 5-24　地面二层车站纵剖面效果图

二、高架车站建筑空间布局

高架车站多根据环境及景观等因素而设置。为减少高架桥的工程量，高架车站的线间距设置和布局思路与地面车站一致，以节省车站周边的地面资源，并充分利用线路与地面之间的垂直空间。高架车站多采用双层设计，站台层在上方，站厅层在下方，也可以利用高架桥下的站外广场。当高架车站为地上三层时，增加的一个层次可以用于商业性或其他综合性开发，但首先应充分满足车站的运营需求，开发层通常设置于地上的第一层。高架车站站台层的布局与地面车站站台层的布局

学习笔记

非常相似，不同之处是高架车站增加了乘客登上高架桥面站台的楼梯和电梯，高架车站建筑空间布局如图 5-25 所示。

三、地下车站建筑空间布局

根据车站客流量与功能要求、线路及站址环境等条件，地下车站可设计成单层、双层或多层，地下车站建筑空间布局如图 5-26 所示。根据乘客在车站内的活动过程分析，地下车站的站台层设置在车站的最底层较为合适。对于地下二层的车站，负二层设置为站台层，负一层设置为站厅层，此种布局方式较符合乘客在车站的活动规律。两个层次的结构已能够满足运营功能的需求。当车站为地下三层时，增加的一个层次可以用于商业性或其他综合性开发，但首先应充分满足车站的运营需求，开发层通常设置于地下的第一层。当车站为地下四层时，车站层次增加，如果条件允许，可以适当减小车站每层的使用面积，以降低工程量和建筑成本。如果车站的长度与宽度受客流量的影响或受设计规范约束而不能减小，负一层、负二层可都设置为开发层。地下一层车站的站厅宜布置在车站的两端，两站厅用楼梯和通道连接；地下二层车站的站厅宜设于上层，站台宜设于下层，地下二层车站纵剖面效果图如图 5-27 所示。

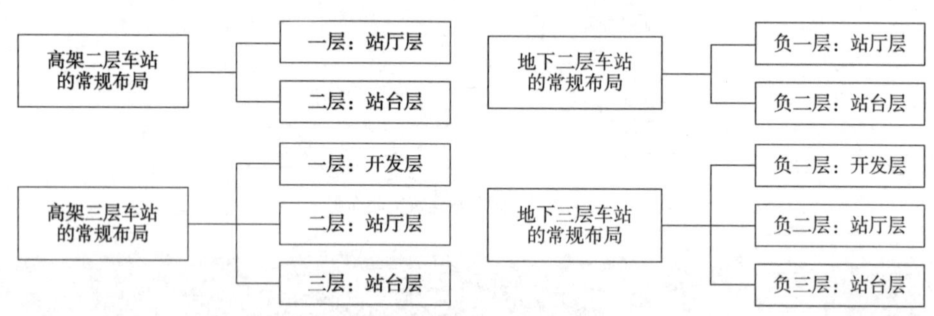

图 5-25　高架车站建筑空间布局　　图 5-26　地下车站建筑空间布局

图 5-27　地下二层车站纵剖面效果图

地下车站由于所处位置的特殊性，在施工条件、设备安装和布置方面都较地面车站和高架车站更为复杂。车站结构的内部净空，是满足设计客流量疏散通过需求的必要空间，是保证各专业设备和管线布置需要的空间。其尺寸由建筑限界、曲线半径、道床、线路安全距离、施工误差、结构变形、建筑装修吊顶限高，以及大型设备和管线安装限高等因素确定。

四、车站竖向设计

1. 车站纵剖面图

车站竖向设计主要包括车站纵剖面图。车站纵剖面图中，车站管线应根据各设备专业管线协调安排，并充分利用结构空间布置，主要处理好与综合管线之间的关系。一般标准的地下二层车站站厅层净高为4.5～4.8m，站台层层高为5.1m。车站各部位的最小高度见表5-8。

车站各部位的最小高度　　表5-8

名称	最小高度(m)
地下车站站厅公共区(地面装饰层面至吊顶面)	3.2
高架车站站厅公共区(地面装饰层面至梁底面)	2.6
地下车站站台公共区(地面装饰层面至吊顶面)	3.0
地面、高架车站站台公共区(地面装饰层面至风雨棚底面)	2.6
站台、站厅管理用房(地面装饰层面至吊顶面)	2.4
通道或天桥(地面装饰层面至吊顶面)	2.4
公共区楼梯和自动扶梯(踏步面沿口至吊顶面)	2.3

车站纵剖面图中，车站中心、车站与区间分界里程处上下行线的轨面标高必须与线路纵断面图中相应里程处轨道标高相同。另外，纵剖面图中还要确认每层高度、楼梯(自动扶梯)是否满足通过的净空需求，以及与顶底板梁上下翻情况、市政管线和车站埋深是否有冲突等。

学习笔记

2. 车站竖向设计案例

某地下二层岛式车站纵剖面图如图5-28所示(请扫描二维码)，某车站地面乘客通过地面4个出入口进入地下一层车站公共区，通过进站闸机由纵列两组楼梯(自动扶梯)直达站台公共区乘车。车站北端设备区设置消防楼梯1座，供消防人员及工作人员使用，站中心设置站厅至站台1部无障碍电梯及1部T形楼梯。

图5-28　某地下二层岛式车站纵剖面图

某地下二层岛式车站横剖面图如图5-29所示(请扫描二维码)，站厅层净高为6.5m，站台层净高为5.88m，有效站台中心线处轨顶标高为-14.2m，车站中心覆土3.3m，埋深约为20.23m。

图5-29　某地下二层岛式车站横剖面图

单元5.6　车站附属建筑物平面布局

一、车站出入口

出入口是车站的门户，客流集散的第一通道，也是城市轨道交通管理辖区的分

学习笔记

界点。为方便乘客及疏散客流,车站出入口的位置,应有利于吸引和疏散客流。

1. 出入口的设置原则

车站出入口布置应与主客流的方向一致,且宜与过街天桥、过街地道、地下通道、邻近公共建筑物相结合或连通,宜统一规划,可同步或分期实施,并应采取地铁夜间停运时的隔断措施。当出入口兼有过街功能时,其通道宽度及其站厅相应部位设计应计入过街客流量;当出入口与周边建筑物相结合时(兼作人防战时人员主要出入口可按直通室外地面的出入口独立设置),应满足车站独立消防疏散与排烟的要求。

设于道路两侧的出入口,与道路红线的间距,应按当地规划部门要求确定。当出入口朝向城市主干道时,应有一定面积的集散场地,应根据车站规模、埋深、平面布置、地形地貌以及城市规划、道路、环境条件并按照车站远期预测高峰小时客流量计算,综合考虑确定。

2. 出入口数量

车站出入口的数量,应根据吸引与疏散客流的要求设置;每个公共区直通地面的出入口不得少于2个。

一般情况下,地下车站不宜少于4个出入口,且每个公共区直通地面的出入口不得少于2个。地下一层侧式站台的车站,每侧站台不得少于2个直通地面的出入口。各地出入口编号规则不同,有英文字母、罗马数字和阿拉伯数字等编号方式,如上海采用阿拉伯数字编号,以车站的东北方向为1号出入口,按顺时针编号。

3. 出入口平面形式

出入口的平面形式一般有"一"字形、"L"形、"T"形三种基本形式和由基本形式变化的其他形式(如"N"形、"Y"形等),出入口平面形式如图5-30所示。

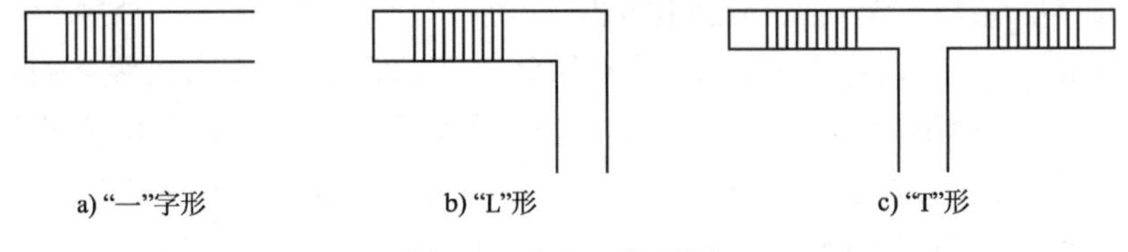

a)"一"字形　　b)"L"形　　c)"T"形

图5-30　出入口平面形式

"一"字形出入口:施工简单,进出方便,经济。口部较宽,不宜修在路面狭窄地区。

"L"形出入口:施工稍复杂,进出方便,较经济。不宜修在路面狭窄地区。

"T"形出入口:施工稍复杂,造价较高,口部较窄。适用于路面狭窄地区。

4. 出入口尺寸

每个出入口宽度应按远期或客流控制期分向设计客流量乘1.1~1.25不均匀系数计算确定。此系数与出入口数量有关,出入口多者应取上限值,出入口少者宜取下限值。车站出入口宽度的总和,应大于该站远期预测超高峰小时客流量所需的总宽度。出入口的最小宽度不应小于2.5m,净空高不得低于2.5m。兼作城市地下人行过街通道的车站出入口应根据城市过街客流量加宽。车站出入口地面与站厅地面高差较大时,宜设置自动扶梯。

地下车站出入口、消防专用出入口和无障碍电梯的地面标高,应高出室外地面300～450mm,一般取三踏步450mm为宜,并应满足当地防淹要求,当无法满足时,应设防淹闸槽,槽高可根据当地最高积水位确定。

二、车站通道

连接出入口与车站站厅或站厅与站台之间的通行道路称为通道。通道的设计应以乘客流动的路线为主要考虑依据,遵循两个原则,即减少进出站乘客流线的交叉和最大限度缩短乘客从出入口到站台的走行距离。车站附属建筑物的出入口通道,主要由楼梯、电梯和步行通道构成;另外,车站主体建筑站厅与站台之间的通道,主要由楼梯和电梯构成。

1. 通道设置要求

地下出入口通道应力求短、直,通道的弯折不宜超过3处,弯折角度不宜小于90°。地下出入口通道长度不宜超过100m,当超过时应采取能满足消防疏散要求的措施。

地下车站主要设备用房与管理用房集中区域内应加设至地面的消防专用通道,其宽度不应小于1.5m,消防专用通道应能方便到达地下各层;当集中区域内无条件设置时,可结合出入口通道设置消防专用通道。

2. 通道的设施设置

(1)楼梯。

进站客流与出站客流混用,没有严格划分区域,客流较大时,容易形成进出站客流对流的情形,对客流组织不利。在人流大的车站可以考虑在楼梯中间设置栏杆,有效地将进出站客流分开。

在有效站台长度外的侧站台应设安全栏杆,每侧均设置通向轨道区的人行楼梯,以满足检修人员上、下轨道区之需,同时供列车在区间隧道内发生事故时乘客紧急疏散使用,楼梯宽度不应小于1100mm。当楼梯面向区间隧道设置时,应考虑管线穿越的空间。

(2)电梯。

电梯是垂直电梯、倾斜方向运行的自动扶梯、倾斜或水平方向运行的自动人行道的总称。站台上的楼梯和自动扶梯宜纵向均匀设置。布置在站台层与站厅层的楼梯与自动扶梯如有多组,其位置设置应使每组所承担的客流量大致相等。

①自动扶梯。

自动扶梯是由一台链式输送机和两台胶带式输送机组合而成的升降传送系统。自动扶梯的主要特点是可以有效地将进出站客流分开,避免对流或者拥挤。自动扶梯输送能力大,输送效率高;能逆转,满足不同需要;当停电或零件损坏时,可作步行梯用;提升高度较大;但是造价比楼梯高。

学习笔记

车站出入口若不受提升高度的限制应设置上下行自动扶梯。对客流量不大的车站(且高差小于5m时),可用楼梯代替下行自动扶梯。当发生火灾时,车站的自动扶梯须停止运行,作为固定楼梯用于疏散乘客。

②垂直电梯。

垂直电梯设置在出入口、站厅层和站台层,一般供有需要的人士使用,如伤残人士、携带大件行李的乘客或其他有特殊情况的人员。垂直电梯的设置要符合无障碍通道设计要求,要突出“以人为本”的原则。

每个车站应设置一台从地面通往站厅非付费区的垂直电梯,该电梯应便于乘客通往站台。对于站厅不位于地面层的换乘车站,站厅与室外地面之间的垂直电梯数量宜与该站换乘线路的数量一致,且各垂直电梯宜分散布置。每个站台均应设置一台通往站厅的垂直电梯(兼作无障碍电梯和内部货运电梯,并不用于紧急疏散);在不影响站台楼梯(自动扶梯)疏散能力的情况下,垂直电梯宜设于站台中部。无障碍电梯门不宜正对轨道,且不得侵入站台计算长度内的侧站台。

车站各部位通道和楼梯的最小宽度见表5-9。

车站各部位通道和楼梯的最小宽度 表5-9

名称	最小宽度(m)
通道或天桥	2.4
单向楼梯	1.8
双向楼梯	2.4
与上、下行自动扶梯并列设置的楼梯(困难情况下)	1.2
消防专用楼梯	1.2
站台至轨道区的工作梯(兼作疏散梯)	1.1

学习笔记

三、风亭与冷却塔

1. 风亭

风亭一般采用地面带盖风井构造,按功能不同分为活塞风亭、进风亭、排风亭,风亭的设计根据周边环境条件可采用独立式或合建式。车站风亭的位置,应根据周边环境条件及城市规划要求合理布置,在满足功能要求的前提下,尚应满足规划、环保和城市景观的要求。根据地面建筑的现状或规划要求,风亭可集中或分散布置,宜与地面建筑结合设置,但被结合建筑应满足地铁风亭的技术要求。对于单建的风亭,如城市环境有特殊要求,可采用敞口低风井,风井底部应有排水设施,风口最低高度应满足防淹要求,开口处应有安全装置。风亭口部与其他建筑物口部之间的距离应满足防火及环保要求。

2. 冷却塔

采用空调系统的地下车站,地面应设冷却塔,其造型、颜色、位置应符合城市规划、景观及环保要求。对于有特殊要求的地段,冷却塔可采用下沉式或全地下式,但应满足工艺要求。

单元5.7 换乘站设计

换乘站是线网中各条线路的交叉点,是供乘客转线换乘的场所,也是轨道交通线网中的重要节点,换乘站规划在城市轨道交通线网规划中有着特殊的地位及作用。换乘站的形式与换乘方式关系密切。换乘站较常见的有两线换乘,也有三线甚至四线换乘。三线换乘如上海地铁1号线、2号线、8号线交会于人民广场站;四线换乘如上海地铁2号线、4号线、6号线、9号线交会于世纪大道站。

一、换乘站的作用

1. 乘降及转线

换乘站除了有中间站的乘降功能外,还具备两线或多线车站之间的换乘功能。乘客通过换乘站及专用(或兼用)通道设施,在两车站之间往来,从而达到换乘的目的。

2. 提高出行效率

从线网运营来看,线路交叉点的个数、位置,决定着线网的形态,影响着线网中各换乘站客流量的大小,乘客的换乘地点、出行时间及方便程度,从而影响乘客的出行效率和整个线网的运输效率。

3. 提升土地利用价值

从交通与城市发展的相互作用关系来看,换乘站有更大的客流量,久之换乘站处土地利用价值会超常上升,并对换乘站周围的土地利用格局和规模产生深远的影响,最终可能会导致整个城市布局结构的变化及调整。

因此,在城市轨道交通线网规划中,要非常慎重地选择换乘站的位置。

二、换乘形式

换乘车站应根据地铁线网规划、线路敷设方式、地上及地下周边环境、换乘客流量等因素,选取换乘形式。线路相互交织的形式,一般有直交叉、斜交叉、平行等几种。根据换乘线路与站台的位置关系,换乘形式通常可以分为共线式换乘、平行并列式换乘、交叉式换乘和叠置式换乘这4种。

1. 共线式换乘

两条运营线在某一段范围内,设置成共线的形式,在这一范围内的所有车站均为共线站,这样的换乘形式称为共线式换乘,共线式换乘示意图如图5-31所示,如上海地铁3号线、4号线宝山路站—虹桥路站为共线式换乘。共线式换乘分为共

学习笔记

线顺向换乘与共线逆向换乘,其中有上行转上行、上行转下行、下行转上行、下行转下行4种转车方式。

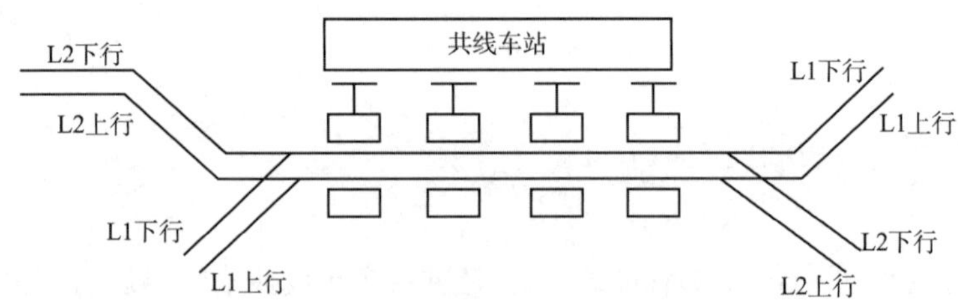

图5-31　共线式换乘示意图

2. 平行并列式换乘

两条或两条以上的线路以接近于平行的位置关系设置在某一车站,这样的换乘形式称为平行并列式换乘,平行并列式换乘示意图如图5-32所示。根据不同的站台形式和不同线路的位置关系,可以呈现不同的并列形式。平行并列式换乘站的站台层一般设置在同一高度,车站宽度大,对于车站的横向用地要求高。如车站设在道路下方,对道路红线宽度的要求比较高,两条线路在区间上可能会形成交叉点,当形成交叉点时,线路条件相对复杂,设计和施工难度增大,对运营也相对不利。

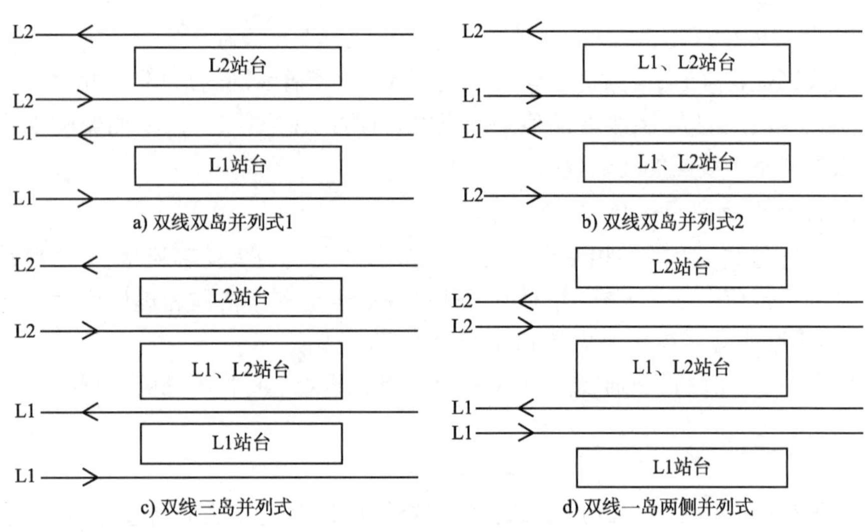

图5-32　平行并列式换乘示意图

平行并列式换乘的车站,若建设时序相近,在有条件的情况下,可以同步施工。此时可以将两条或两条以上线路的上下行线相间排列,形成同站台平面换乘,方便乘客换乘;有条件的还可以在两线之间增设渡线、联络线或停车线等,以提高车站的运行能力。

上海地铁2号线、10号线、17号线虹桥火车站示意图如图5-33所示。虹桥火车站为三条线平行并列式换乘站,2号线和17号线的上下行线穿插并列设置,并设置了两线间的渡线、联络线，10 号线单独平行设置，且其与 2 号线间也设置了渡线、联络线，这样形成了三线三岛式的站台。其优点是乘客在 2 号线和 17 号线间可以实现同站台平面换乘，这无论是对乘客的换乘还是对两线之间的车辆调度都是十分有利的，但是车站规模较大，线路条件较差。

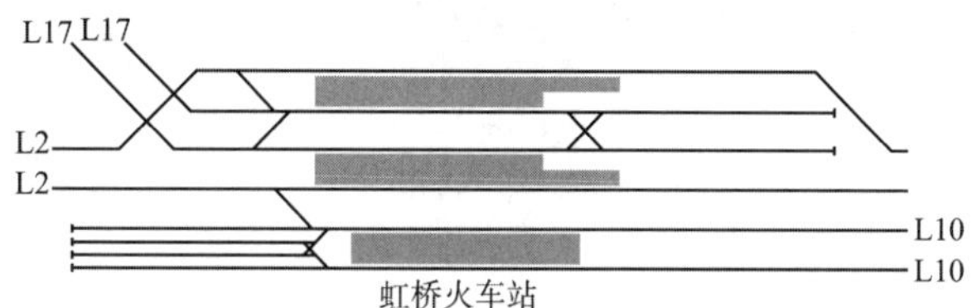

图 5-33　上海地铁 2 号线、10 号线、17 号线虹桥火车站示意图

3. 交叉式换乘

当两条或两条线路在同一车站呈现垂直交叉或斜交的情况时，这样的换乘形式称为交叉式换乘。交叉式换乘是最常见的换乘形式，交叉式换乘示意图如图 5-34 所示。根据换乘站的不同站台形式及其位置关系，可以呈现不同的交叉式换乘形式。交叉式换乘站的线路及站台为立体交叉，埋深较大，下层车站层数一般为三层，如果两条线路建设时序相差较远，则两线的结构预留程度相对较高。

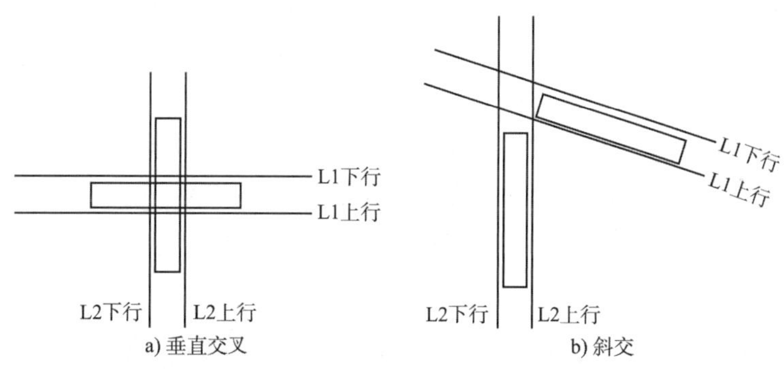

图 5-34　交叉式换乘示意图

其中，在线路垂直交叉，且站台形成节点后，可以分成站台与站台的“十”字形、“T”形、“L”形布置形式。

(1)“十”字形换乘站。

两个车站在其中部相交，在平面上构成“十”字形，根据站台的不同形式，又可以分为以下三种形式，如图 5-35 所示。

①岛式与侧式换乘。岛式站台与上层侧式站台换乘，具有两处换乘点，岛式与侧式换乘如图 5-35a) 所示。

②岛式与岛式换乘。利用上、下二层岛式站台层的“十”字交叉点，进行站台与站台之间的直接换乘，岛式与岛式换乘如图 5-35b) 所示。

③侧式与侧式换乘。利用上、下二层侧式站台层的“十”字交叉点(4 处)来完成站台与站台之间的直接换乘，侧式与侧式换乘如图 5-35c) 所示。

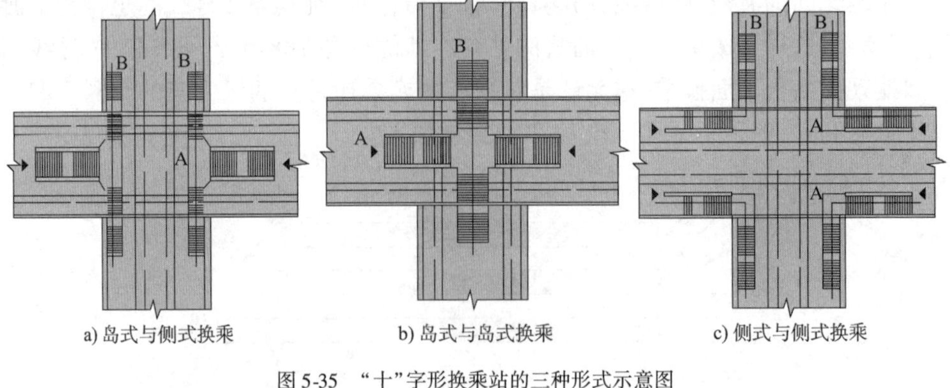

a) 岛式与侧式换乘　b) 岛式与岛式换乘　c) 侧式与侧式换乘

图 5-35 “十”字形换乘站的三种形式示意图

“十”字形换乘形式要注意上、下客流组织,避免进、出站客流与换乘客流的交叉紊乱。该形式多应用于侧式站台间的换乘,或与其他换乘形式组合应用,可以达到较好的效果。两个岛式站台之间采用节点换乘形式连接一般较为困难,因为楼梯宽度往往受岛式站台总宽度的限制,其通行能力难以满足换乘客流需求。如果两条交叉线路的高差足够大,那么可以采用两个车站“十”字形塔式交叉,两站台之间用双层式楼梯连接。

(2)“T”形换乘站。

两个车站上下相交,其中一个车站的端部与另一个车站的中部相连,在平面上构成“T”形,“T”形换乘站如图 5-36 所示。一般可采用站台或站厅换乘。

(3)“L”形换乘站。

两个车站平面位置在端部相连构成“L”形,“L”形换乘站如图 5-37 所示。两个车站的高差要满足线路立交的需要。一般在相交处设站厅进行换乘,也可根据客流情况,设通道进行换乘。

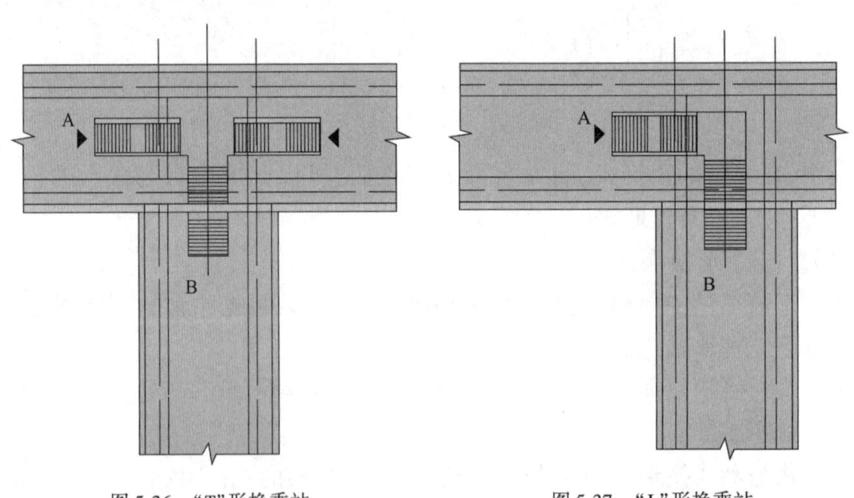

图 5-36 “T”形换乘站　图 5-37 “L”形换乘站

“T”形和“L”形换乘站因为两车站主体结构与换乘设施间不一定是垂直或直接相连,建筑结构相对简单,所以这两种换乘形式布置起来比较灵活。

4. 叠置式换乘

在两条或多条线路的交叉地段设置车站，一般设置为多层式的地下车站，使不同线路的车站在同一位置形成叠置式。叠置式有两种情况，第一种是同层同线，第二种是同层异线。

(1)同层同线叠置式。

同层同线叠置式换乘平面和横剖面示意图如图5-38所示。同层同线叠置式换乘是指一条线路的上下行线全部设置于车站的上层，另一条线路的上下行线全部设置于车站的下层，将楼(电)梯、通道、站厅等土建建筑作为换乘设施，在同一个车站进行上下层之间的换乘。

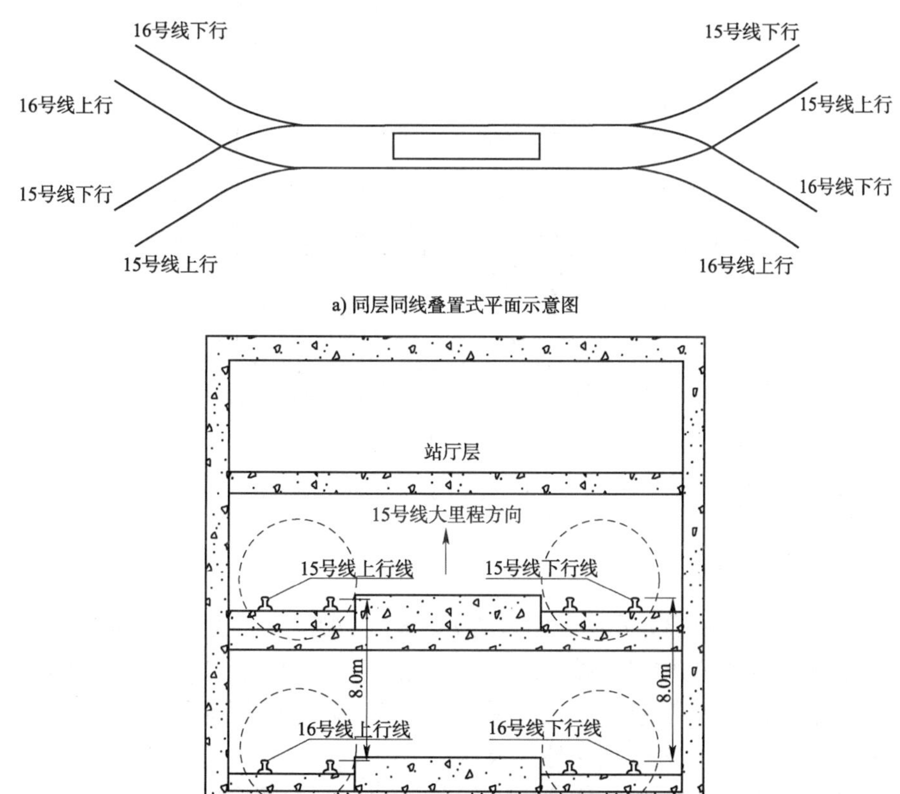

图5-38 同层同线叠置式换乘平面和横剖面示意图

(2)同层异线叠置式。

同层异线叠置式换乘平面和横剖面示意图如图5-39所示。同层异线是指在同一层次内含有两条线路上下行线路之中的任一条。这就是说，把每条运营线的上下行拆开，一条置于车站的上层，另一条置于车站的下层。其目的是使不同的运营线在同一车站的同一层次、同一站台相遇，进一步改善乘客的换乘条件。当然，不管如何改善，顺向换乘、逆向换乘不可能实现完全理想化。

其一般用于地下三层车站，车站埋深大，施工难度大，两条线路的上下行线分别从并行等高的区间段过渡到上下叠加平行的车站段，线路条件复杂，且地下线不能按照节能坡设计，否则对运营较不利。

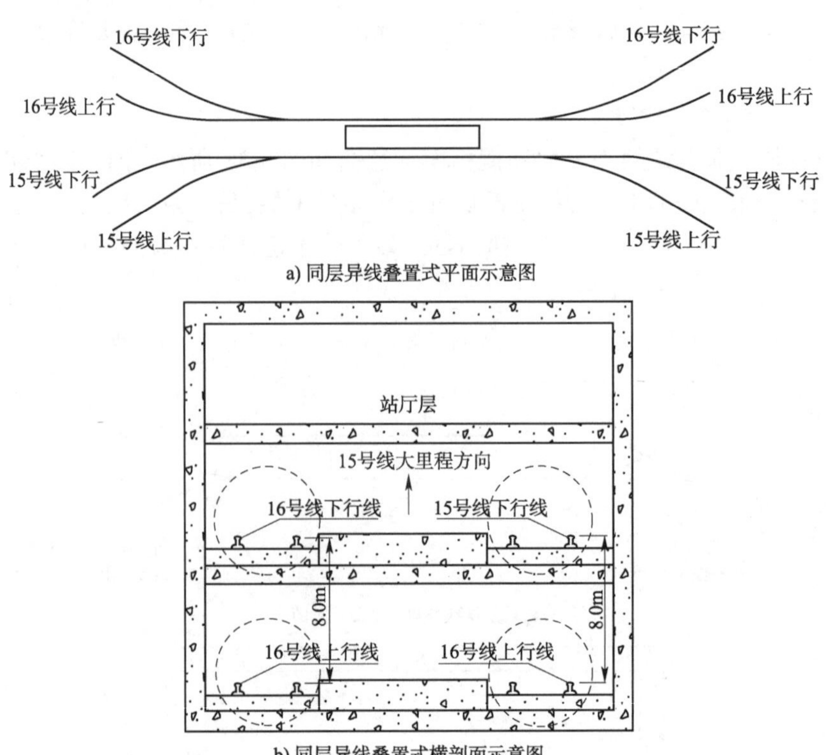

a) 同层异线叠置式平面示意图

b) 同层异线叠置式横剖面示意图

图 5-39　同层异线叠置式换乘平面和横剖面示意图

三、换乘方式

任何换乘站的换乘方式都应先满足换乘客流功能需要，再考虑其他相关因素，如换乘站各条线路修建顺序，换乘站上两条线路的交织形式和位置，换乘站的换乘客流量和客流组织方式，换乘站的线路结构形式、施工方法，换乘站周围的地形条件、地质条件以及城市规划的用地要求等。

根据换乘站的形式，换乘方式可以分为站台换乘、站厅换乘、通道换乘、站外换乘 4 种基本方式以及组合换乘方式。

1. 站台换乘

站台换乘是指两条或多条线路的乘客不经过站厅或不出站，而直接通过站台进行换乘。根据两线或多线站台的设置方式，同站台换乘、站台上下平行换乘和站台间换乘都属于站台换乘。

(1)同站台换乘。

同站台换乘可以出现在共线式换乘站、平行并列式换乘站和叠置式换乘站中，同站台换乘示意图如图 5-40 所示。对于乘客来说，同站台换乘非常方便，换乘距离短、时间短，尤其是在客流量很大的时候。

学习笔记

同站台换乘

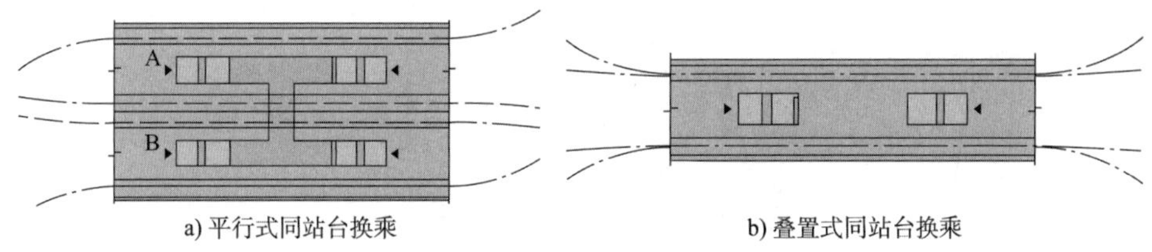

图 5-40　同站台换乘示意图

①单个同站台换乘。

单个同站台换乘指的是连续几个换乘车站中，只有一个车站可以实现同站台换乘。单个同站台换乘方向受限，只能实现两个方向的换乘，对于另外两个方向的换乘乘客来说，仍需进入站厅完成换乘。

②连续同站台换乘。

从乘客的换乘便利性角度出发，为了使四个换乘方向都能进行同站台换乘，可以将两个同站台换乘站组合起来使用，这就是连续同站台换乘。所以连续同站台换乘是指交会的两条线路，至少有连续相邻的两个车站能实现同站台换乘。作为被公认为世界最先进、最人性化的一种轨道交通换乘方式，连续同站台换乘这一模式，目前已得到了多个城市的认可。

连续同站台换乘方式，可以是连续叠置式同站台形式、连续平行并列式同站台形式，也可以是叠置式同站台与平行并列式同站台组合形式。香港地铁太子站和旺角站连续同站台换乘示意图如图 5-41 所示，香港地铁荃湾线和观塘线利用其共用的太子站和旺角站的组合实现了连续同站台换乘，观塘线在两站间立体交叉，从而使所有换乘方向都能实现同站台换乘，这是连续叠置式同站台换乘形式的应用。

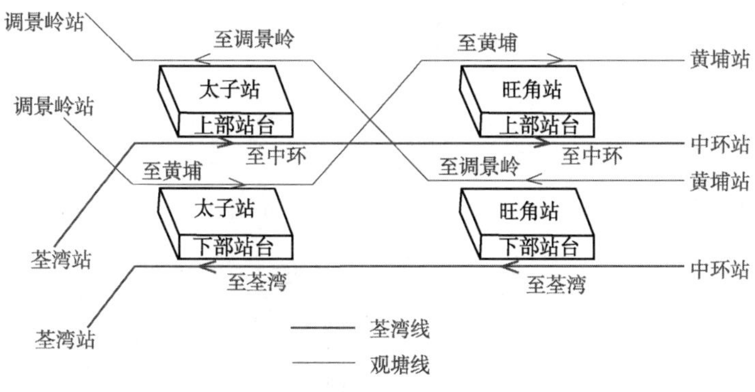

图 5-41　香港地铁太子站和旺角站连续同站台换乘示意图

武汉地铁洪山广场站和中南路站的连续同站台换乘示意图如图 5-42 所示。武汉地铁 2 号线、4 号线在洪山广场站、中南路站也实现了连续同站台换乘。在中南路站，两条线路是平行并列布置的，乘客可以实现两个方向的换乘；在洪山广场站，两条线路则是上下两层叠置式布置的，乘客可实现另外两个方向的同站台换乘；同时两条线路在两站间立体交叉，这是叠置式同站台换乘与平行并列式同站台换乘的组合。

学习笔记

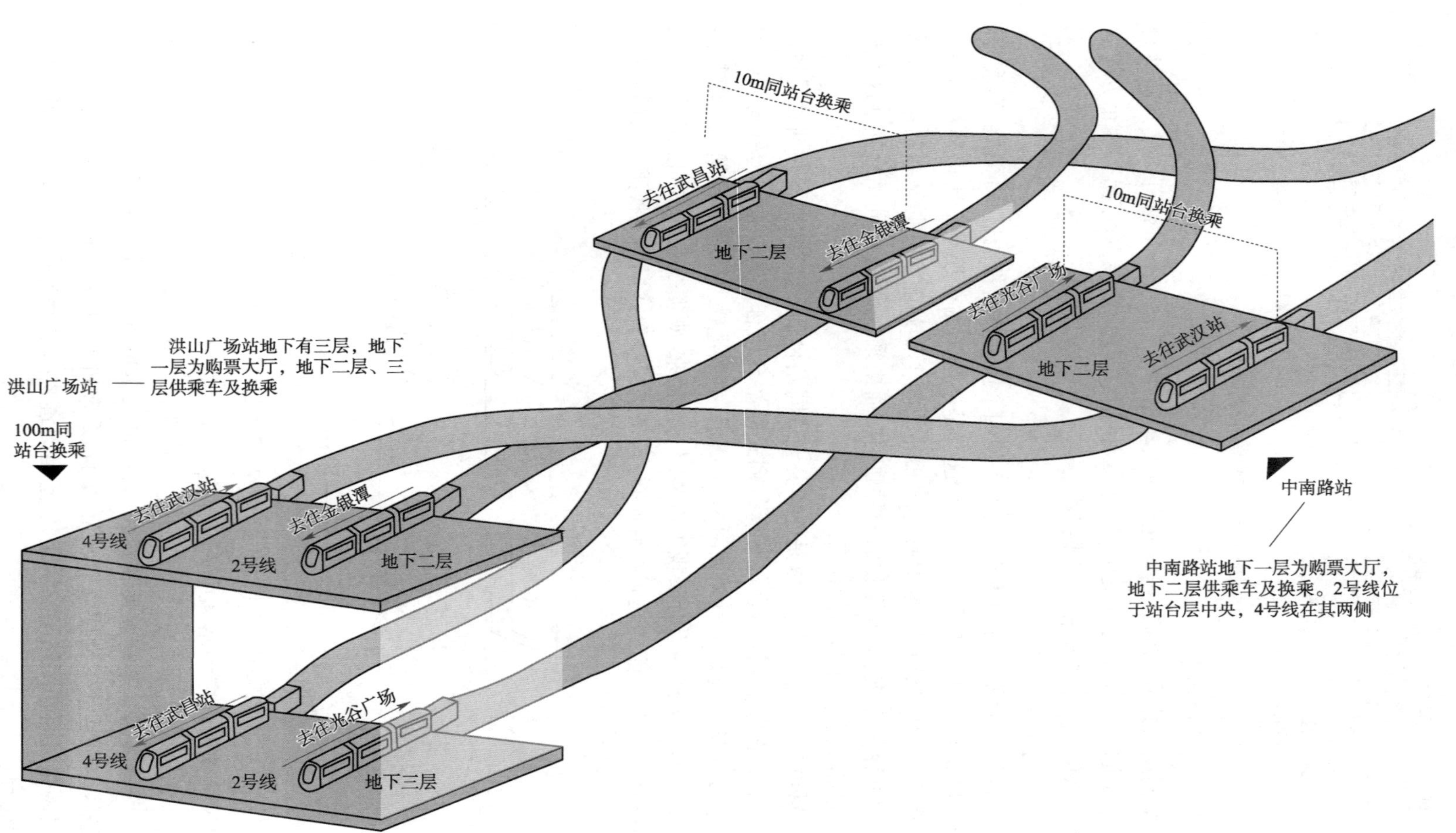

图5-42　武汉地铁洪山广场站和中南路站的连续同站台换乘示意图

不论是单个同站台换乘还是连续同站台换乘，车站的工程量较大，工程投资大，一般需要两条线路同步设计，同期施工；尤其对于叠置式的同站台换乘来说，线路条件要求高，须有足够长的平行段，施工难度大，并增加了列车运行的不良因素（线路平面会有反向曲线和纵断面不能形成节能坡等），对运营不利。如果不能同期施工，对车站的预留要求比较高。因此，同站台换乘只有在某两个方向的换乘比例相当高，其他条件也许可的情况下，方可权衡得失慎重选用，且应尽量在建设期相近或同步建设的两条线的换乘站上选用。

（2）站台上下平行换乘。

站台上下平行换乘，指的是叠置式换乘站的同层同线的情况，一般多用于岛式站台，所有方向的客流均需通过设置在上下岛式站台之间的楼梯、电梯或站厅等实现在同一个车站上下层之间的换乘。站台上下平行换乘除了不能实现同站台换乘，其他优缺点与同站台换乘相似。

（3）站台间换乘。

站台间换乘，指的是交叉式换乘站上下层站台间形成节点的情况。站台间换乘一般多见于上下层站台之间的换乘，上下层站台间一般会形成节点，节点要求一次做成，预留线路的限界净空且线路位置会受到制约，这就要求避免预留工程不到位或过剩等不良现象的产生。站台间换乘设计的关键是要注意上、下层的客流组织，避免进、出站客流与换乘客流的交叉。

以上三种站台换乘方式中，同站台换乘能力最大，换乘时间最短；站台上下平行换乘和站台间换乘的能力最小，换乘时间比同站台换乘长。站台上下平行换乘和站台间换乘的能力受上下层站台的换乘设施如楼梯和电梯的数量与宽度限制，交叉点越少，换乘能力就越小，反之亦然。

学习笔记

2. 站厅换乘

站厅换乘

站厅换乘是设置两线或多线的共用站厅，或相互连通形成统一的换乘大厅。乘客下车后，无论是出站还是换乘，都必须经过站厅，再根据导向标志出站或进入另一站台继续乘车。由于下车客流只朝一个方向流动，站厅换乘方式减少了站台上人流交织，乘客行进速度快，在站台上的滞留时间减少，可避免站台拥挤，同时又可减少电梯等升降设备的总数量，增大站台有效使用面积，有利于控制站台宽度。乘客换乘路线通常要先上（或下）再下（或上），换乘总高度大。若是站台与站厅之间用自动扶梯连接，可改善换乘条件。

站厅换乘可以出现在平行并列式换乘、交叉式换乘和叠置式换乘形式中，站厅换乘能力比站台换乘能力小，换乘时间长。

3. 通道换乘

通道换乘

通道换乘是在两线交叉处，车站结构完全分开，当车站站台相距较远或受地形限制不能直接通过站厅进行换乘时，用通道和楼梯将两车站连接起来，供乘客换乘。连接通道一般设于两站站厅之间，也可以在站台上直接设置。通道换乘方式布置较为灵活，对两线交角及车站位置有较大的适应性，预留工程少，甚至可以不预留,将来可做少许改动。通道宽度按换乘客流量来设计,也可根据不同方向换乘客流量的大小分别采用两个方向换乘客流使用同一通道换乘或两个方向换乘客流分离的双通道换乘方式,通道换乘示意图如图 5-43 所示。当采用多条换乘通道时,一般需要使不同方向的换乘客流尽可能分离,避免出现交叉干扰;当采用单通道换乘时,换乘通道内也应尽可能地将两股换乘客流分开,避免交叉。

换乘条件取决于通道长度,通道长度一般不宜超过 100m。通道换乘有利于两条线路工程分期实施,预留工程最少,后期线路位置调整的灵活性大。

受各种因素影响,换乘通道一般都较长,这样就使得乘客的换乘距离和时间都比前两种换乘方式要长,要注意尽可能减小通道长度。通道换乘能力同站厅换乘,但是换乘时间比站厅换乘时间长。

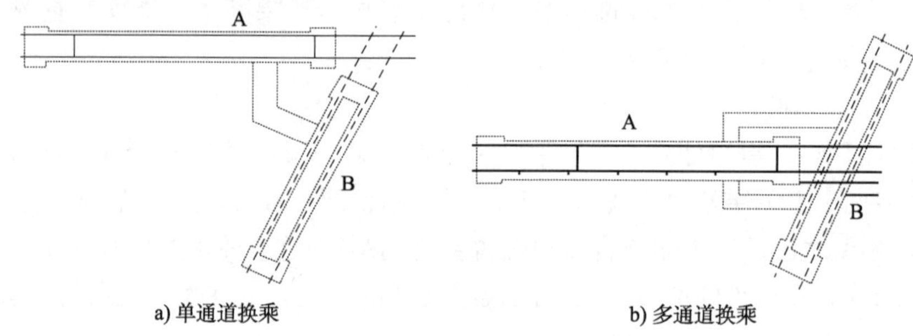

a) 单通道换乘　　b) 多通道换乘

图 5-43　通道换乘示意图

4. 站外换乘

站外换乘是乘客在车站付费区以外进行的换乘,是没有专用换乘设施的换乘方式。它出现在下列情况下:

(1)高架线与地下线之间的换乘,因条件所限,不能采用付费区内换乘的方式。

(2)两线交叉处无车站或两车站相距较远。

(3)规划不周,已建线未做换乘预留,增建换乘设施又十分困难。

站外换乘往往是没有进行很好的轨道交通线网规划而造成的,是一种系统性的缺陷。乘客增加一次进出站手续,步行距离长,再加上在站外与其他人流混合,因而造成换乘不便。站外换乘方式在线网规划中应尽量避免。

5. 组合换乘

在换乘方式的实际应用中,若单独采用某种换乘方式不能奏效,则可采用两种或多种换乘方式组合,以达到完善换乘条件、增强换乘能力、方便乘客使用、降低工程造价的目的。例如,同站台换乘方式辅以站厅或通道换乘方式,可使所有的换乘方向都能换乘;在岛式站台中,必须辅以站厅或通道换乘方式,才能满足换乘能力要求;站厅换乘方式辅以通道换乘方式,可以减少预留工程量。

总的来说,城市轨道交通换乘方式与线路走向、车站埋深、换乘客流量、地面环境、施工技术水平以及经济发展水平等因素密切相关。应在远期换乘客流量预测的基础上,因地制宜地选择能充分满足换乘需求且经济合理的换乘方式。

四、换乘站的分布原则

从线网和线路的角度来说,换乘站的分布原则主要有:

(1)线网中任意两条线路尽可能相交1次或2次。

(2)换乘站应适当分散,避免过分集中在城市中某个狭小区域。

(3)换乘站最好为两线交叉,以利于分散换乘客流,合理控制换乘站规模,简化换乘站客流组织,降低工程施工难度、工程造价,维持车站良好乘车秩序,组织高密度行车,提高运行质量。

(4)换乘站应尽量避免三条以上线路交叉于一点,以减少换乘客流干扰,降低工程难度。

(5)换乘站应主要分布于城市重点区域,如中心区或外围特大型客流集散点。

五、换乘站的设计原则

从车站的设计角度来说,换乘站的设计原则主要有:

(1)车站换乘形式应根据规划线网的走向及线路敷设方式确定。

(2)换乘设施[楼(电)梯及通道]的通过能力应满足初期、近期、远期超高峰小时设计换乘客流量的需要。换乘通道宽度不得小于6m,其净空高度不宜小于3.2m。

(3)换乘途径要尽量短捷、方便,并设置明显的换乘导向标志。宜实现付费区换乘,并避免换乘客流与进、出站客流交叉。

(4)对于预留的换乘节点,其相邻车站及相应区间的线位应稳定,也就是该换乘线路前后各一站和相邻区间(即三站二区间)的线位站位必须稳定。为了换乘线实施时对线路、站位有微调的余地,预留换乘节点两侧应留出不小于500mm的余量。

(5)换乘接口设计按相关轨道交通线的建设年限遵循以下原则:

①初期实施的规划线路应与在建线路车站土建同步实施,对于同步实施的换乘车站,车站内用房、设备和设施等资源应共享。

②近期实施的规划线路宜与在建车站换乘节点的土建工程一次建成。

③远期实施的规划线路与在建车站可不同步建设换乘节点,但在建车站土建应留有远期安全实施的可能性。

学习笔记

复习思考题

1. 城市轨道交通车站按照不同的分类标准分别可以分为哪些类型?

2. 城市轨道交通地下车站的建筑空间由哪几部分构成?分别有什么作用?

3. 城市轨道交通车站的规模主要由什么确定?

4. 车站站位设置有哪几种形式?分别简述各种形式的优缺点。

5. 车站站位比选内容有哪些？

6. 影响车站总平面布局的因素有哪些？

7. 从车站总平面布局图中可以读出哪些信息？

8. 车站主体建筑按照建筑空间可以分为哪几部分？

9. 简述一般地下二层车站的站台层平面布局。站台层的管理用房和设备用房分别有哪些？

10. 站台长度、宽度和高度分别是怎么确定的？与哪些因素有关？

11. 线路中心线到站台边缘距离是如何确定的？

12. 简述一般地下二层车站的站厅层平面布局。站厅层的管理用房和设备用房分别有哪些？

13. 简述地面车站、地下车站、高架车站的建筑空间布局情况。

14. 地下车站出入口的数量以及设置原则分别是什么？出入口平面形式有哪些？地下出入口通道的弯折不宜超过几处？弯折角度不宜小于多少？地下出入口通道长度不宜超过多少米？

15. 城市轨道交通换乘站的形式有哪些？请以你熟悉的城市轨道交通实际线路举例说明。

16. 城市轨道交通换乘方式有哪些？请从换乘时间、换乘能力角度分析各种换乘方式。

17. 城市轨道交通站台换乘可以分为哪几种类型？请分别简述其特点。

18. 换乘站的分布原则有哪些？

19. 换乘站的设计原则有哪些？

学习笔记

模块 6
城市轨道交通配线

问题导入

城市轨道交通配线是为了保证正线运营而配置的线路，与运营正线直接贯通，为列车调整运行组织提供线路条件。合理设置配线形式和数量，可使列车运行方案更加灵活、机动；当出现非正常运营情况时，也为线路快速恢复正常运营提供了可能性。那么配线有哪些类型呢？分别起到什么作用？配线是如何设置的？配线和行车组织的关系又是怎样的？本模块将回答这些问题。

学习目标

知识目标

1. 掌握城市轨道交通配线分类。
2. 了解城市轨道交通配线设置目的。
3. 了解各种不同类型的配线的布置形式。
4. 了解各种不同类型的配线的设置要求。

技能目标

1. 能区分不同类型的配线，并说出配线的不同功能。
2. 能合乎规范地使用最高运行速度为 80km/h 地铁系统 A 型车线路各种配线的平纵断面主要技术标准。
3. 能识读城市轨道交通地铁系统线路平面图中配线部分内容。
4. 能根据行车组织的要求进行初步的配线设计。

素质目标

1. 具有规范严谨的设计理念、求真务实的工作态度和高度的责任感。
2. 具有良好的职业道德和规范、安全与质量控制等职业素养。
3. 具有良好的团队协作、人际交往和协商沟通的能力。
4. 具有良好的城市轨道交通工程伦理和环保意识。

建议学时

10 学时

案例引入

2021 年 12 月 28 日,重庆"地铁 4 号线—环线—5 号线"跨线直快列车上线运行,4 号线与环线在民安大道站实现跨线,环线与 5 号线在重庆西站实现跨线,重庆是全国首个实现三线跨线运营的城市。

4 号线西起民安大道站,北至黄岭站,里程 48km,设站 24 座,采用 6 节编组 As 型列车,2022 年高峰小时最大断面客流量为 0.41 万人次,高峰最小发车间隔为 10min。

5 号线呈南北走向,北起悦港北路站,南至跳磴站,里程 44km,设站 28 座,采用 6 节编组 As 型列车,2022 年高峰小时最大断面客流量为 0.98 万人次,高峰最小发车间隔为 7min。

重庆轨道交通 4 号线、环线和 5 号线在建设之前便统一规划、统一标准,为开行跨线直快列车预留条件:两座跨线车站(民安大道站、重庆西站)在建设时便预留了跨线条件;不仅如此,线路还预留了越行条件,4 号线可在黑石子站越行,5 号线可在胡霞街站越行,环线可在南桥寺站、涂山站越行。

学习笔记

"地铁 4 号线—环线—5 号线"跨线直快列车运营区间为唐家沱站(4 号线)—民安大道站(4 号线/环线)—重庆西站(环线/5 号线)—跳蹬站(5 号线),全程运营里程长,为缩短旅行时间,采用大站快车的模式,全程仅停靠 12 座车站,跳停 16 座车站。

跨线直快列车全日双向共开行 52 列次(单向为 26 列次),发车间隔约 30min,为插入式运营,不影响本线列车的正常运营。工作日高峰时段,4 号线、环线、5 号线本线列车与跨线直快列车开行比例分别约 3:1、6:1、4:1。

跨线运营实施效果如下:

(1)提升了轨道交通直达性。

跨线直快列车实现了重庆市郊东北片区(4 号线—唐家沱站)、市郊西南片区(5 号线—跳蹬站)与中心城区(环线),以及三大铁路枢纽(重庆北站、重庆西站、沙坪坝站)的快速直联。

(2)减少了换乘次数,缩短了出行时间。

跨线直快列车的开行,使乘客中途无须换乘,停靠车站数不到一半,全程运行时间由 92min 降至 59min,乘客全程可节约出行时间 33min。

跨线运营对于乘客而言,体现了以人为本的设计理念,减少了换乘次数,优化了出行路径,方便了行动不便的乘客;对于地铁运营公司而言,提高了运营效率;对于城市而言,促进了城市发展。这些都归因于在配线设计上的创新和优化。

单元 6.1 配线概述

城市轨道交通线路按其在运营组织体系中的地位和作用，可分为正线、配线和车场线。配线是在运行过程中为列车提供收发车、折返、联络、安全保障、临时停车等服务，通过道岔与正线相互联络的轨道线路，包括折返线、渡线、联络线、停车线、出入线、安全线等。城市轨道交通系统一般都是全封闭运行系统，列车运行的密度较大，同时要求按照设定好的间隔和顺序进行自动化管理，一般不允许站外停车，尤其是在隧道内，以免乘客产生不安或恐慌情绪，同时也为了保证运营维保人员检修出入方便。配线一般都紧邻车站设置，所以配线也称为车站配线，又称为辅助线。

单元 6.2 折返线

学习笔记

在学习折返线之前，需要先了解城市轨道交通车辆是如何掉头的。其实地铁列车两头都有驾驶室，不需要进行摘挂车头作业，只需要按照每趟车发车方向改变驾驶控制端，四动两拖地铁列车示意图如图 6-1 所示。地铁一般都是双线，有上、下行线两条线路，以下行方向为例，列车到达下行某车站后，先在站台处清客，然后往前开，经过道岔到达折返线停车，司机在车厢内部（地铁列车车厢之间都是贯通的）从下行端驾驶室走到上行端驾驶室，启动列车，经过道岔再转到上行线，驶入上行站台上客。

可见，折返作业是司机驾驶列车到达终点站或中间折返站，车站行车人员以及司机按有关规定完成折返操作的程序与步骤，即配合列车改变驾驶控制端的一种作业。专门进行折返作业的线路就是折返线。

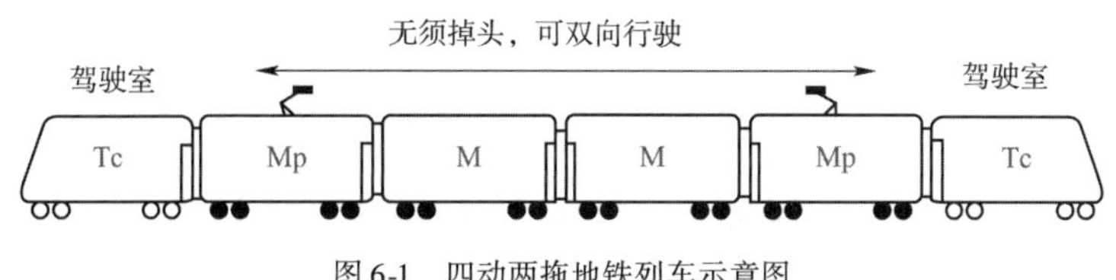

图 6-1　四动两拖地铁列车示意图

一、定义

折返线是供列车改变运行进路或方向的线路，除此之外，折返线还可以起到临时停放列车的作用，以实现列车的合理调度和正常运行。双折返线尽头式布置形

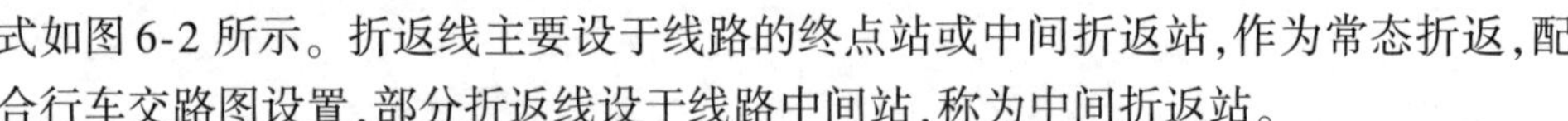

式如图6-2所示。折返线主要设于线路的终点站或中间折返站，作为常态折返，配合行车交路图设置，部分折返线设于线路中间站，称为中间折返站。

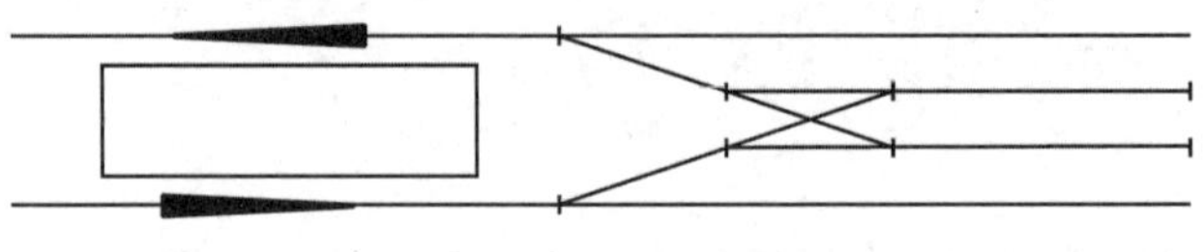

图6-2　双折返线尽头式布置形式

二、设置目的

(1)满足正常列车折返作业需要。

(2)满足非正常条件下的行车恢复和作业要求。

三、布置形式

根据列车折返方式，有站后折返、站前折返和混合式折返等不同的折返类型；根据与正线的衔接、连通情况，可分为尽头式和贯通式；根据折返线与站台的位置关系，可分为横列式和纵列式；根据折返线的数量，又可以分为双折返线、单折返线等。

其中，应用比较广泛的是按照列车折返方式来分类，下面重点介绍站后折返、站前折返和混合式折返。

学习笔记

1. 按列车折返方式分类

站后折返

(1)站后折返。

站后折返是一种被广泛采用的折返方式，采用折返线与站台纵列布置，将列车的折返作业与列车的接发车作业分离，方便运营组织与管理。终点站尽头式站后双折返线示意图及折返作业过程如图6-3所示。如果按照图中折返模式1，折返作业过程为列车到达下行终点后，先停在站台处待乘客下车清客后再往前开，通过道岔转换到折返线停下，列车换端后，启动车辆通过道岔再转到上行线至站台处，最后乘客上车后发车。

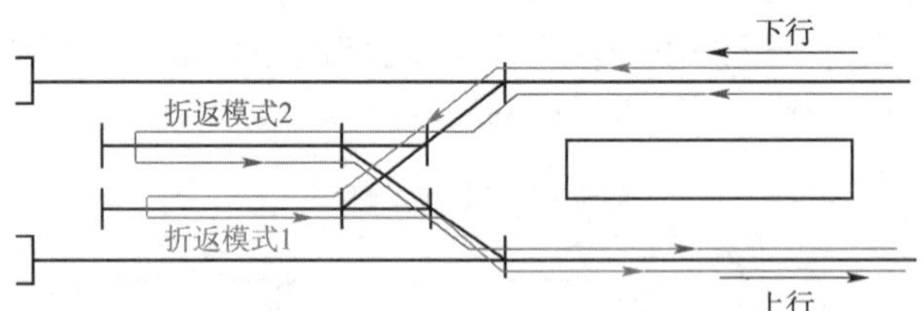

图6-3　终点站尽头式站后双折返线示意图及折返作业过程

站后折返方式的优点：

①采用站后折返方式时，出发列车与到达列车不存在敌对进路。

②列车载客运行时不经过道岔区段，乘客无不舒适感。

③当采用尽头折返线形式时，折返线既可供列车折返使用，也可供列车临时停留检修之用。

站后折返方式的缺点：

①列车的折返走行距离较长。

②车站长度大，建设投资大。

站后折返较常采用站后双折返线，上海地铁 13 号线终点站金运路站配线示意图如图 6-4 所示，该站为地下二层岛式车站，采用站后双折返线的配线形式。上海地铁 18 号线终点站长江南路站、上海地铁 11 号线终点站迪士尼站采用的也是该种折返线形式。上海地铁 6 号线终点站港城路站配线示意图如图 6-5 所示，该站为高架二层侧式车站，采用的是站后单折返线配线形式。上海地铁 3 号线终点站上海南站配线示意图如图 6-6 所示，该站为地面一层岛式车站，用地条件较好、造价较低，采用“八”字形的两个单渡线站后折返线配线形式，可提高道岔可靠性。

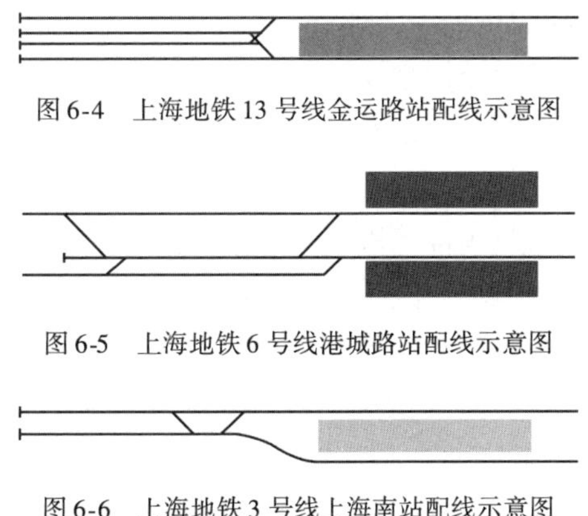

图 6-4　上海地铁 13 号线金运路站配线示意图

图 6-5　上海地铁 6 号线港城路站配线示意图

图 6-6　上海地铁 3 号线上海南站配线示意图

学习笔记

双折返线可设于列车的中间折返站上或终点折返站上，折返能力可大于 30 对/h，两条折返线中可以留出一条线作为停车线。在端部正线继续延伸后，反折返线仍可作为折返线或停车线使用，没有废弃工程，特别适用于明挖法施工的岛式车站，在北京、上海、广州等城市地铁线路中得到了广泛使用，是最常用的一种折返线形式。在站前或折返线尾部加设渡线，可以提高另一方向的列车折返灵活性，或增加列车进出折返线和停车线的通道。

单折返线折返能力和灵活性稍差，在系统能力要求较低时可以采用，一般用在仅具备单独折返功能或无须设置停车线的车站。

(2)站前折返。

站前折返

站前折返一般是折返线与站台横列布置，列车的折返作业过程与列车的接发车作业可同时进行。终点站站前交叉渡线折返示意图及折返作业过程如图 6-7 所示。如果按照图中折返模式 1，折返作业过程为列车到达下行终点前，不进入下行站台，直接载客通过道岔转换到上行线站台处停下，列车换端，乘客同时上下车后发车。

站前折返方式的优点：

①采用站前折返方式时，列车在折返作业过程中，走行距离较站后折返短。

②车站正线兼折返线，以及站线长度缩短，有利于节省车站建设投资。

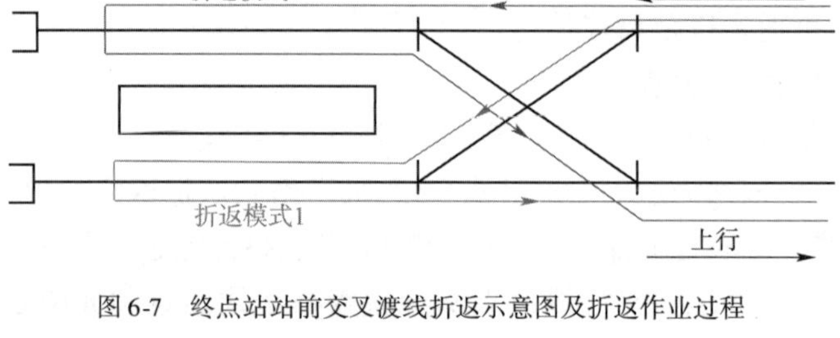

图 6-7　终点站站前交叉渡线折返示意图及折返作业过程

站前折返方式的缺点：

①出发列车与到达列车可能存在敌对进路，在采用站前折返方式的情况下，想要完全消除接发列车作业的交叉干扰，难度较大。

②相较站后折返，站前折返能力略弱。

③列车进站或出站侧向通过道岔，列车速度受到限制，影响乘坐的舒适感。

④乘客在同一个站台面完成下车与上车，客流量大时容易产生客流对冲，站台秩序会受到影响。

站前折返一般用于用地条件受限、折返能力相对较弱或者作为临时终点站（后续线路还要继续延伸）的车站。上海地铁 7 号线美兰湖站配线示意图如图 6-8 所示，该站为高架三层侧式车站，采用侧式站台配合交叉渡线站前折返。该站台形式和配线形式在线路条件不受限的情况下应尽量避免采用，因为当交叉渡线采用不同的折返模式时，上客站台面要交替改变，上车乘客需要经由站厅来回改变站台，极不方便。上海地铁 10 号线航中路站配线示意图如图 6-9 所示，该站为地下二层岛式车站，采用站前交叉渡线折返线，该站岛式站台配合交叉渡线站前折返，弥补了岛式站台的不足，乘客可以在站台上根据广播和乘客信息的提示，交替去两侧站台门外候乘，但该站台形式和配线形式折返能力稍弱，因为 10 号线为支线运营，高峰时段折返能力不强，所以采用该配线形式是合适的。上海地铁 2 号线中山公园站配线示意图如图 6-10 所示，该站为地下二层岛式车站，2 号线于 2000 年开通运营一期工程（中山公园站至龙阳路站）时，中山公园站作为临时终点站利用渡线站前折返，2006 年开通运营西延伸段一期（淞虹路站至中山公园站）后，中山公园站作为中间站。

综上，从方便乘客使用和提高折返能力的角度，站后折返比站前折返具有明显的优势。

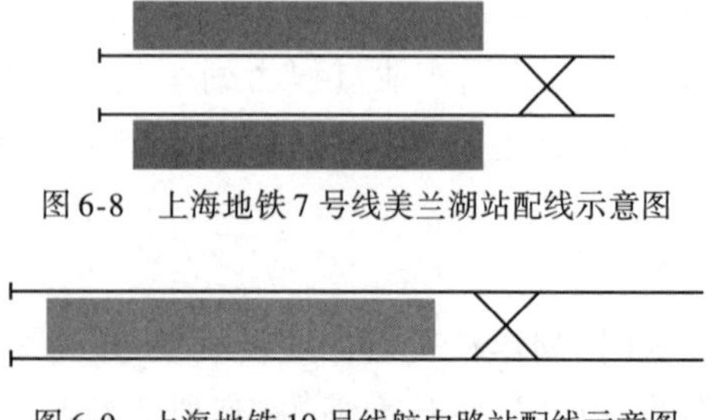

图 6-8　上海地铁 7 号线美兰湖站配线示意图

图 6-9　上海地铁 10 号线航中路站配线示意图

图 6-10　上海地铁 2 号线中山公园站配线示意图

(3)混合式折返。

当折返能力要求极高时,会采用混合式折返,即同时具备站后折返和站前折返的条件,混合式折返能够使接发车、转线形成平行进路,缩短折返时间间隔,提高折返能力,增大车站的通过能力,在有条件的情况下是比较理想的折返线布置形式,混合式折返线示意图及折返作业过程如图 6-11 所示。混合式折返线的设置是基于普通折返线,通过增加其他形式的配线和改变站台形式来实现的。此种折返方式的车站规模较大,工程量和建设投资均较大,对实施条件要求较高,因此采用时需要考虑建设、运营投资。

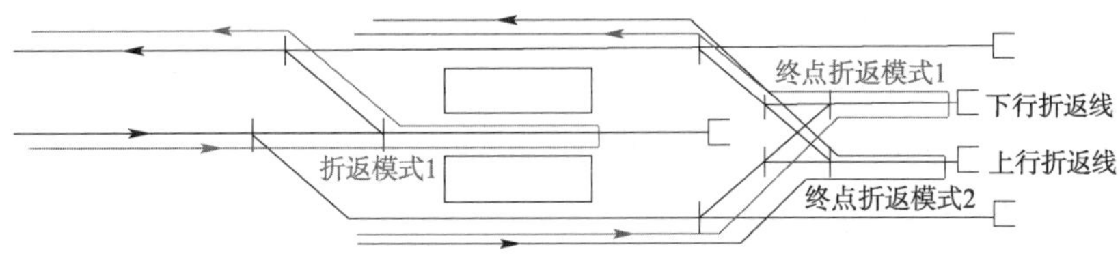

图 6-11　混合式折返线示意图及折返作业过程

混合式折返优点:站前和站后折返可同时并行作业,能够满足极小间隔高峰时段的发车需求,折返能力强,车站通过能力强,增加乘客上下车站台面,使用灵活。

混合式折返缺点:车站规模大,占地面积大,工程量大,投资高。

上海地铁 1 号线富锦路站配线示意图如图 6-12 所示,该站采用一岛一侧混合式折返,占地面积大,投资高,但折返能力极强。

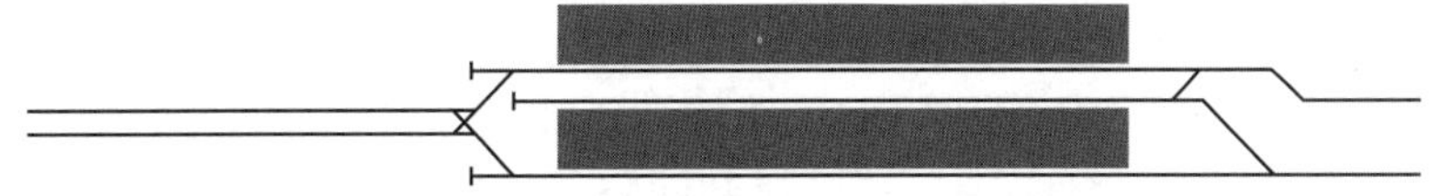

图 6-12　上海地铁 1 号线富锦路站配线示意图

2. 按折返站所处线路位置分类

按照折返站所处线路位置,可以把折返站分为终点折返站和中间折返站。

(1)终点折返站。

一般情况下终点站采用的折返形式比较灵活,以站后双折返线为主,为提高运营灵活性,有条件时一般采用站后双折返线、站前单渡线配线形式。车站类型、站台形式和线路条件不同,终点折返站的设置也不同。地下车站和高架车站的终点折返站配线形式应用如下:

上海地铁 9 号线上海松江站配线示意图如图 6-13 所示,其是终端地下一层岛式车站,采用纵列式站后双折返线,折返能力强,也可为正线远期延伸预留条件。站后双折返线在地下岛式车站作为终点折返站时较常采用。在这种折返线形式的基础上,如果线路条件较好,车站用地面积较大,还可以增加一组站前渡线,提供故障冗余。上海地铁18号线航头站配线示意图如图6-14所示,该站采用站后双折返线作为常态折返,站前采用单渡线作为备用折返,该配线形式占地面积大,折返能力强,使用情况好,也可为远期的正线延伸预留条件。

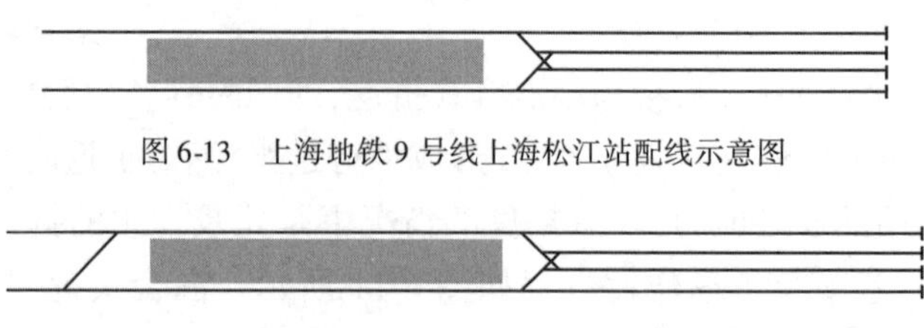

图6-13　上海地铁9号线上海松江站配线示意图

图6-14　上海地铁18号线航头站配线示意图

上海地铁10号线基隆路站配线示意图如图6-15所示,其是终端高架三层车站,采用站后交叉渡线作为常态折返,站前采用单渡线作为备用折返,该折返线形式在高架车站和地面车站侧式站台作为终点折返站时较常采用。上海地铁17号线东方绿舟站配线示意图如图6-16所示,其为高架二层岛式车站,采用站后双折返线作为常态折返,站前采用单渡线作为备用折返,该形式也为该站的正线进一步向西延伸预留了条件。

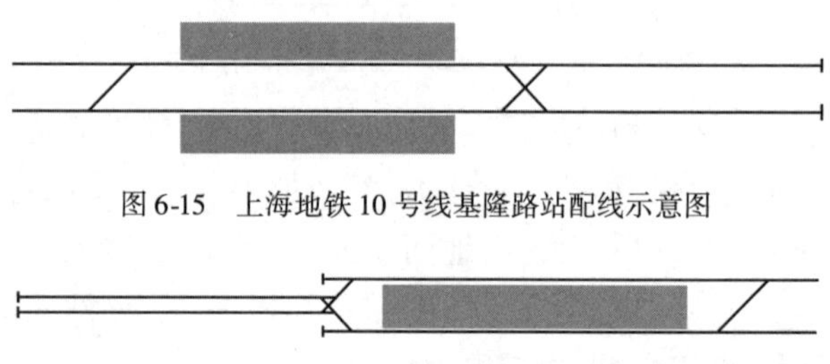

图6-15　上海地铁10号线基隆路站配线示意图

图6-16　上海地铁17号线东方绿舟站配线示意图

学习笔记

(2)中间折返站。

中间折返站一般位于线路中间,配线的设置既要考虑折返能力的要求,又要考虑折返列车与正线列车的合理运行顺序和间隔。折返线的形式多种多样,有岛式后折返、一岛一侧式前折返、双岛式前折返等,在具体工程中应根据运营需求和工程实施的可行性综合考虑,既要满足基本运营需求,又要保持一定的灵活性。中间折返站的配线应用主要可以分为纵列式和横列式,纵列式和横列式的中间折返站配线形式应用如下:

上海地铁6号线、12号线巨峰路站配线示意图如图6-17所示,6号线和12号线在巨峰路站换乘,该站既是6号线的中间折返站,也是12号线的中间折返站。同样是中间折返站,折返线的布置形式却不同,6号线上巨峰路站是高架三层岛式车站,采用纵列式站后双折返线,并与正线贯通,同时又是贯通式折返线,一条折返线用于折返,另外一条折返线可用于停车,功能比较强大,折返能力较强,但是占地面积也较大。一般情况下,地下车站岛式站台有条件时尽量采用该种折返线形式,这也是中间折返站较常采用的折返线形式。上海地铁17号线淀山湖大道站配线示意图如图6-18所示,其为地下二层岛式车站,采用的也是此布置形式。12号线上巨峰路站为地下二层岛式车站，采用纵列式站后单折返线，与正线贯通，只有一条折返线，正常运营情况下不能在折返线上停车，否则将影响交路折返，功能稍弱，但是占地面积小。在用地紧张和范围受限的情况下，地下车站岛式站台一般会采用该种折返线形式。

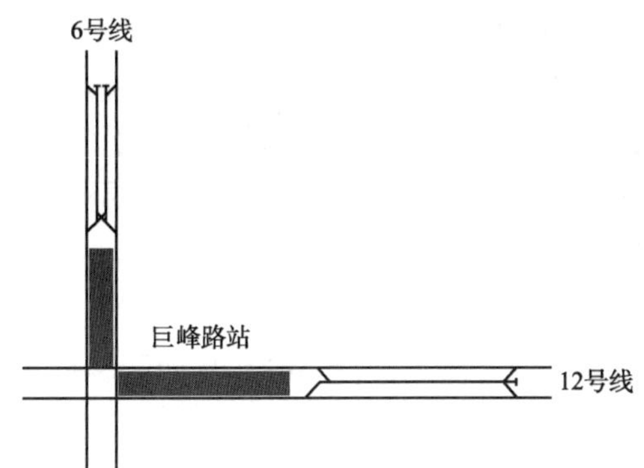

图 6-17　上海地铁 6 号线、12 号线巨峰路站配线示意图

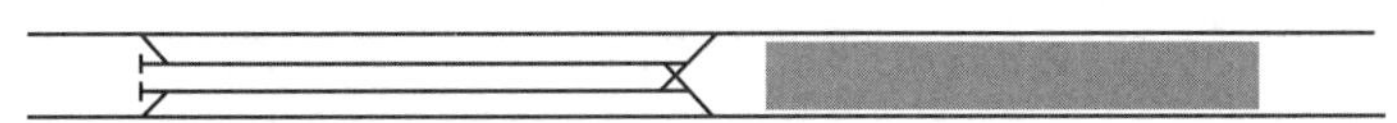

图 6-18　上海地铁 17 号线淀山湖大道站配线示意图

上海地铁 11 号线南翔站配线示意图如图 6-19 所示，其是高架一岛一侧式车站，采用横列式单折返线；上海地铁 11 号线三林站配线示意图如图 6-20 所示，其为地下双岛式车站，也采用横列式单折返线。岛侧和双岛横列式单折返线车站比岛式后折返车站宽且稍短，列车折返和通过总能力较强，多在路幅宽度、折返能力较大和通过列车对数较多时采用。横列式单折返线一般与正线双线贯通，这样双向列车进出折返线都顺畅，使用方便。

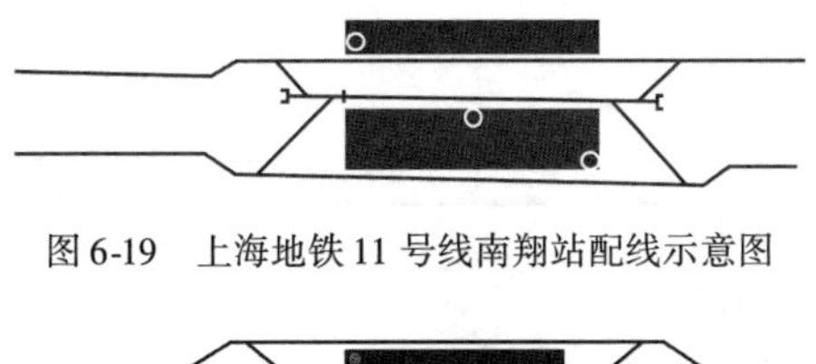

图 6-19　上海地铁 11 号线南翔站配线示意图

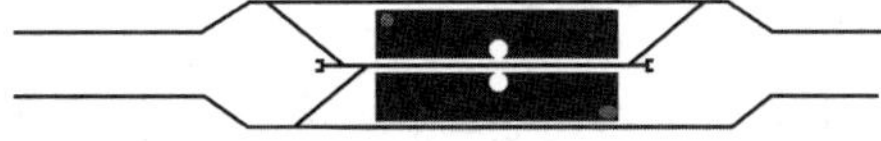

图 6-20　上海地铁 11 号线三林站配线示意图

折返线的布置形式与其在线路中所处的位置、用地情况、车站类型、车站站台形式、折返能力、工程建设条件、线路延伸条件及运营维护要求等都有较大关系，应根据具体情况具体设计。

四、设置要求

1. 折返线的位置

在线路起、终点站或每期工程的起、终点站，必须设置折返线。当线路因客流

学习笔记

分布和行车组织需要，须采用分区段运行模式时，在中间折返站也需要设置折返线，其折返能力应与该区段的通过能力相匹配。

2. 折返能力

折返站的折返能力即折返站在单位小时内能折返的最大列车数，它是由折返站折返间隔时间决定的。折返作业量决定了折返能力，是决定折返线形式的主要因素。折返能力强，也就是折返间隔时间较短，通常是折返线设置追求的目标。一般情况下，远期的折返能力要达到 30 对/h。折返能力不但要满足折返作业量的要求，还要有一定的预留，以满足突发客流和故障运营的要求，提高折返线的灵活性。

3. 折返线的长度

折返线的有效长度主要考虑以下两个因素：一是停车线端与道岔基本轨端留有必要的距离，若该距离太短，会影响列车加速，从而影响列车折返能力；二是列车进入折返线通过最后一组道岔时，不希望降低运行速度，以便尽快给其他列车让开线路，因此，折返线的长度不能太小。根据以上情况，折返线留有足够的长度对保证列车的折返安全和折返能力是必要的。为此，《地铁设计规范》（GB 50157—2013）根据功能要求对折返线有效长度分别确定如下，折返线、故障列车停车线有效长度见表 6-1。

（1）尽头式折返线敷设长度 = 列车长度 + 安全距离。其中列车长度 + 安全距离是前道岔基本轨接缝中心至车挡的距离。

（2）贯通式折返线敷设长度 =（列车长度 + 停车误差和信号瞭望距离）+ 安全距离。其中，列车长度 + 停车误差和信号瞭望距离是两端基本轨接缝中心之间的距离。

折返线、故障列车停车线有效长度 表 6-1

配线名称	有效长度 + 安全距离（不含车挡长度）（m）
尽头式折返线、停车线	远期列车长度 +50
贯通式折返线、停车线	远期列车长度 +10 +50

4. 折返线平纵断面技术标准

（1）平面技术标准。

列车进入折返线仍处于列车自动防护（Automatic Train Protection，ATP）系统保护下，一般会降低速度，并且随时准备停车。根据上海轨道交通的行车规则，当侧向通过 9 号道岔时，最高运行速度不超过 30km/h。因此，原则上其平面连接曲线半径可采用与正线相同的标准，但尾部宜保证有一节车厢和车挡位于直线上。

（2）纵断面坡度技术标准。

一般情况下，折返线坡度与车站站台范围内的线路纵断面坡度一致。如为地下线，折返线大多采用 2‰的坡度；如为地面线和高架线，在具有有效排水措施的情况下，可采用平坡。同时，如果折返线兼有停车功能，为了防止列车向车站溜车，确保停车安全，折返线应布置在面向车挡的下坡道上。

单元6.3 停车线

城市轨道交通系统复杂、设备多,且线路密度较大,列车运行间隔较小,列车在运营过程中难免发生故障。为不影响后续列车运行,设计上应能使故障列车及时退出运营正线,停放在停车线上,尽量减少对后续列车的干扰。

一、定义

停车线主要用于故障列车临时停放及夜间存车,以减少故障列车对正常行车的干扰和组织线路局部事故时的临时交路,横列式停车线布置示意图如图6-21所示。停车线一般设置在线路终点或线路中间,供列车停放使用。

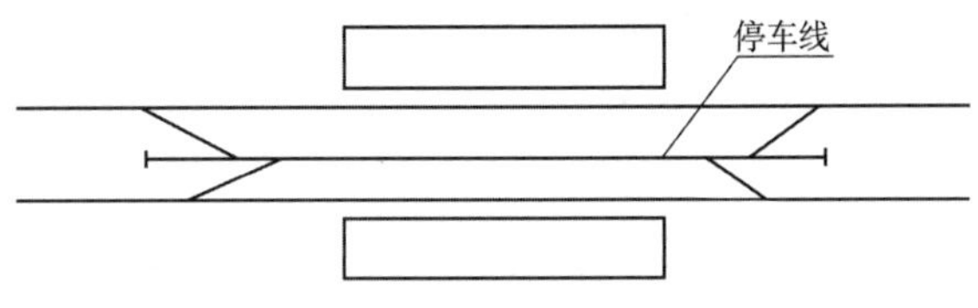

图6-21 横列式停车线布置示意图

二、设置目的

1. 故障列车停放

停车线主要用于故障列车暂时停放,使得列车发生故障时能够及时退出运营正线,不影响后续列车的正常运营,减少对正常行车的干扰。

2. 组织临时交路,兼作临时折返线

(1)用于线路局部事故时组织临时交路,尽量减少或者避免局部故障带来的负面影响。

(2)夜间进行线路和设备维修时,工程车辆可利用停车线灵活调度和折返,避免长距离绕行。

3. 备用车停放,提高运营效率

(1)运营期间停放备用车,提高故障情况下线路疏通能力,减少对运营正线的影响。

(2)运营前或者隔夜存放备用车,减小第二天上下行列车运营时间差,均衡全线收发车时间。

(3)为大型客流集散点的车站停放备用车,有利于组织运力,及时运送客流。

学习笔记

4. 快慢车组合运营线路，供快车越行

对于客流分布不均匀、线路较长的市域轨道交通线路，设置一定数量的越行线兼停车线，可满足快车与慢车混行时越行的需要。

三、布置形式

按与站台的位置关系，停车线可分为纵列式和横列式两种布置形式，这两种形式都有尽头式和贯通式之分。

尽头式停车线末端应设置车挡。贯通式停车线的末端可与一侧或两侧正线连通，实现停车线与正线之间 3 个方向或 4 个方向的连通，提高停车线使用的灵活性。贯通式停车线末端连接正线时宜设安全线。

1. 纵列式停车线

(1)纵列式停车线的布置形式。

纵列式停车线是指停车线与站台按纵列布置，停车线布置在站台一端。

纵列尽头式停车线的设置有两种情况，一种是与折返线合设，往往设于线路中间折返站或终点折返站，为双折返线布置形式，同时具有折返和停车功能。该种尽头式停车线车站，与折返线结合布置时，一般在功能上归于折返站，兼作停车线。纵列尽头式停车线如图 6-22 所示，其中图 6-22a)所示形式常用于地下线岛式站台折返站，图 6-22b)所示形式常用于高架线侧式站台终点折返站。这种情况下折返线与停车线各占一条，在使用上两者无严格的区分，可以混用。但在实际运营中，为了便于列车控制和行车组织，一般明确某线折返为优先模式。另外一种是不与折返线合设，作为单纯的停车线设置，但是也具有临时折返功能。上海地铁 6 号线上海儿童医学中心站配线示意图如图 6-23 所示，其为地下二层岛式车站，采用纵列尽头式停车线，当用地受限时，可采用此种配线形式。上海地铁 2 号线上海科技馆站配线示意图如图 6-24 所示，其为地下二层岛式车站，采用纵列尽头式双停车线形式，该种配线形式可同时停 2 列列车，且列车进出停车线较灵活，此种设置形式占地面积较大，在有条件的情况下可以采用。

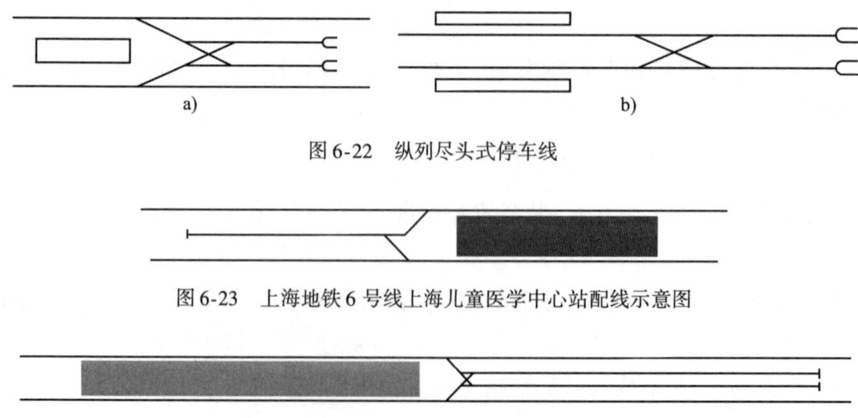

图 6-22　纵列尽头式停车线

图 6-23　上海地铁 6 号线上海儿童医学中心站配线示意图

图 6-24　上海地铁 2 号线上海科技馆站配线示意图

纵列贯通式停车线可贯通车站一端的两条运行正线，使双方向的列车进出更方便，但相比纵列尽头式停车线，其车站长度更长，车站规模更大。纵列贯通式停车线如图 6-25 所示，当线路有条件时，可采用贯通式双停车线[图 6-25a)]；当用地条件受限时，可采用贯通式单停车线[图 6-25b)]。上海地铁 18 号线康桥站配线示意图如图 6-26 所示，其为地下二层岛式车站，采用纵列贯通式双停车线，功能强大，不仅可同时停 2 列列车，且与正线贯通，列车进出停车线非常灵活，但是车站规模较大，在有条件的情况下采用。上海地铁 15 号线桂林路站配线示意图如图 6-27 所示，其采用纵列贯通式单停车线，当配线段用地条件宽度受限时，可采用此种设置形式。

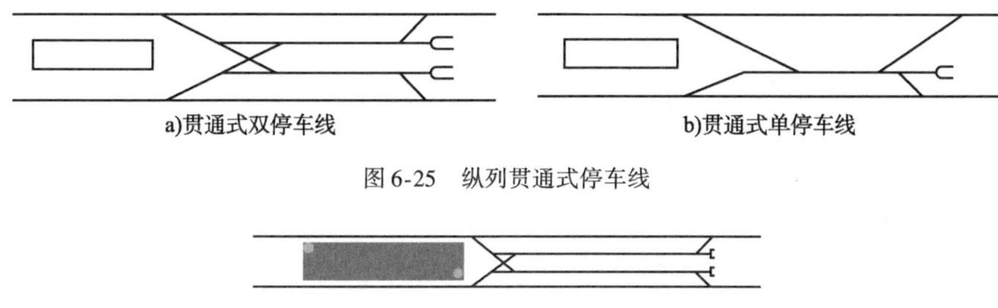

a)贯通式双停车线　　b)贯通式单停车线

图 6-25　纵列贯通式停车线

图 6-26　上海地铁 18 号线康桥站配线示意图

图 6-27　上海地铁 15 号线桂林路站配线示意图

(2)纵列式停车线的优缺点。

优点：乘客上下车与列车技术作业位置分离，便于列车检查与工程车存放；车站宽度较小，有利于在道路狭窄、建筑密集处设置。

缺点：一般而言，纵列式停车线长度较大，建设成本略高于横列式停车线。

2. 横列式停车线

(1)横列式停车线的布置形式。

停车线位于站台长度范围内，与站台平行布置，有尽头式和贯通式之分。

横列尽头式停车线如图 6-28 所示，横列尽头式停车线一般位于站台内侧或外侧，兼顾停车、存车和折返功能，常与折返线合设。上海轨道交通 16 号线龙阳路站配线示意图如图 6-29 所示，其为高架三层双岛式车站，双停车线位于站台外侧。

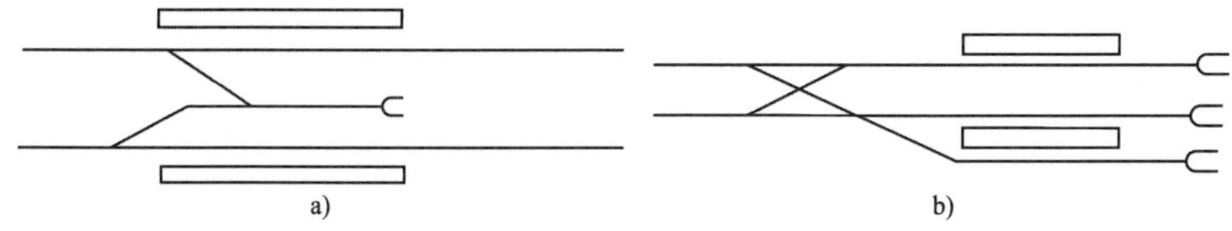

a)　　b)

图 6-28　横列尽头式停车线

根据停车线与正线和站台的位置关系，横列贯通式停车线可以分为内侧式、外侧式、岛侧式、双岛式四种，横列贯通式停车线如图 6-30 所示。

学习笔记

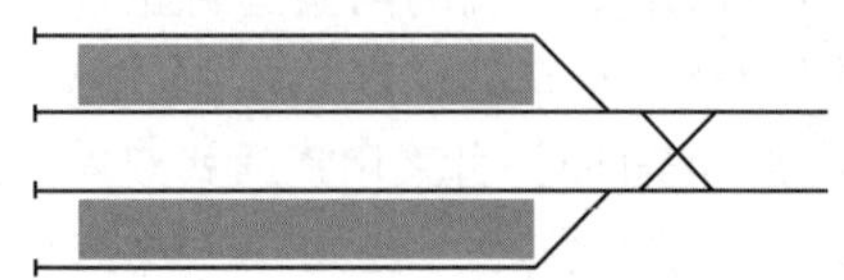

图 6-29　上海地铁 16 号线龙阳路站配线示意图

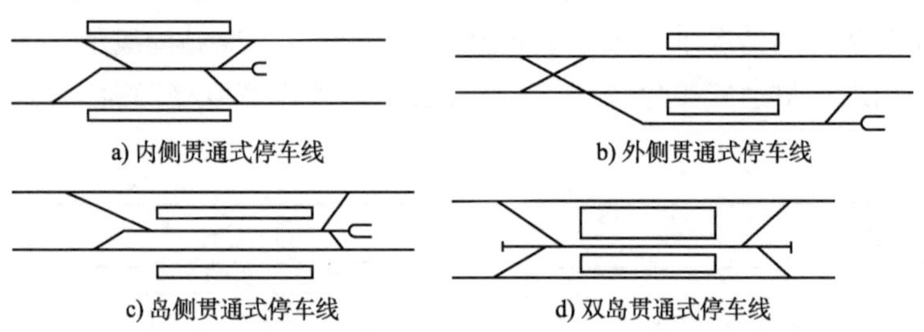

a) 内侧贯通式停车线

b) 外侧贯通式停车线

c) 岛侧贯通式停车线

d) 双岛贯通式停车线

图 6-30　横列贯通式停车线

内侧贯通式停车线如图 6-30a) 所示：双方向列车进出停车线都顺畅，进路灵活，使用方便，一般较多采用侧式站台和三开道岔，利用三开道岔可以缩短车站长度。上海地铁 14 号线一大会址 · 黄陂南路站配线示意图如图 6-31 所示，另外 10 号线宋园路站等都采用此种形式，内侧贯通式是较常采用的停车线形式之一。

图 6-31　上海地铁 14 号线一大会址 · 黄陂南路站配线示意图

外侧贯通式停车线如图 6-30b) 所示：单向列车进出停车线不方便；如果是地下车站，多采用岛式外侧贯通式停车线。上海地铁 2 号线威宁路站配线示意图如图 6-32 所示，其为地下岛式车站，采用的是该形式，4 号线蓝村路站和大木桥路站等也采用这种停车线形式；如果是高架车站，多采用侧式外侧贯通式停车线，上海地铁 1 号线通河新村站配线示意图如图 6-33 所示，上海地铁 11 号线马陆站配线示意图如图 6-34 所示，它们均为高架侧式车站，采用外侧贯通式停车线。

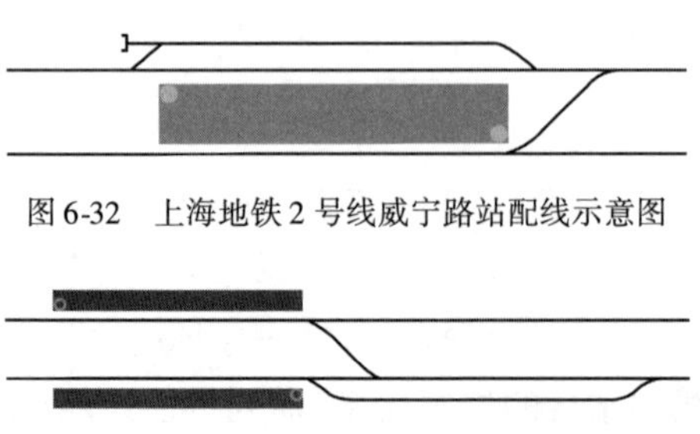

图 6-32　上海地铁 2 号线威宁路站配线示意图

图 6-33　上海地铁 1 号线通河新村站配线示意图

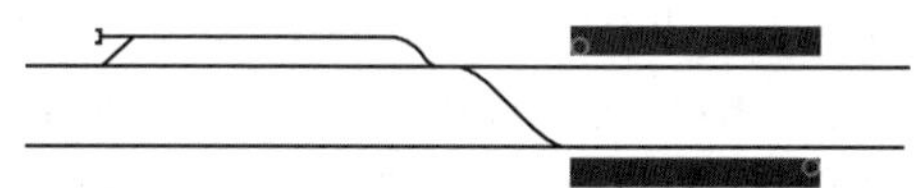

图 6-34 上海地铁 11 号线马陆站配线示意图

岛侧贯通式停车线如图 6-30c)所示:停车线和正线均有站台面,具有停车兼折返功能,使用方便,一般多采用一岛一侧式站台,车站规模大,应用比较广泛。上海地铁 14 号线曹杨路站配线示意图如图 6-35 所示,其为地下二层一岛一侧混合式车站,采用岛侧贯通式停车线。上海地铁 16 号线书院站配线示意图如图 6-36 所示,其为高架三层一岛一侧混合式车站,采用的也是此种配线形式。

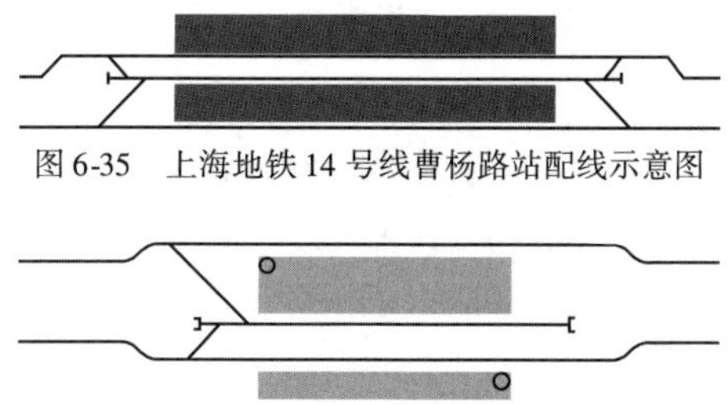

图 6-35 上海地铁 14 号线曹杨路站配线示意图

图 6-36 上海地铁 16 号线书院站配线示意图

双岛贯通式停车线如图 6-30d)所示:停车线有两个站台面,车站规模比岛侧贯通式更大,造价更高,但是使用功能强大,具有较好的灵活性,这种配线形式多用于横向用地条件较好的地下线。上海地铁 16 号线野生动物园站配线示意图如图 6-37 所示,其为高架三层双岛式车站,采用双岛贯通式停车线。

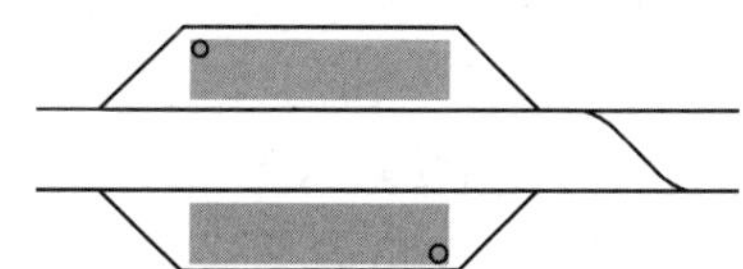

图 6-37 上海地铁 16 号线野生动物园站配线示意图

(2)横列式停车线的优缺点。

优点:布置紧凑,相对纵列式工程量较小;尤其采用横列贯通式布置形式时,由于停车线贯通上、下行正线,双方向列车进出停车线都顺畅,使用方便。

缺点:车站横向距离大,高架(或地下)车站建筑难度增加;横列尽头式布置的停车线,列车进出需要折返走行,对正线行车有一定的干扰。

四、设置要求

1. 停车线位置和设置密度

车辆段(停车场)具有停车功能,有些折返线也有临时停车功能,因此应当先考虑车辆段(停车场)和具有停车功能的折返线的位置,然后确定停车线的位置和数量,保证故障列车及时下线,减少对运营的干扰。

由于停车线设置的密度、运用方便性和灵活性与工程规模和造价密切相关,需

学习笔记

要在运营方便性与工程造价之间寻找到合适的平衡点。根据运营经验,结合车辆性能和线路技术标准,考虑故障救援过程中,故障列车总的救援时间包括故障列车与救援列车连挂阶段所消耗的时间 $T_{连挂}$、救援列车推送故障列车的时间 $T_{推送}$、救援列车进入与退出停车线阶段所消耗的时间 $T_{出入}$,设定故障列车推行按 25 ~ 30km/h 的运行速度计,走行时间($T_{连挂}+T_{出入}$)不大于 20min 为控制目标。经过计算,故障列车待避线的车站间距约 8 ~ 10km,预计一列故障列车处理下线退出运行的总时间平均可控制在 30min 以内。加设的渡线可作为停车布置间距较大时的补充,不仅可以为故障列车随时折返回车辆段(停车场)创造条件,而且也会为平时的运营管理创造灵活性。所以正线应每隔 5 座或 6 座车站或 8 ~ 10km 设置停车线,其间每相隔 2 座或 3 座车站或 3 ~ 5km 应加设渡线。

2. 停车线与折返线不宜兼用

停车线设在中间折返站时,应与折返线分开设置,在正常运营时段,两者不宜兼用。停车线尽量选择在与折返功能一致的方位上。为保障故障列车能及时被推进停车线,在停车线尾端应设置单渡线与正线贯通,以利于作业。

3. 停车线长度

故障停车线长度包括列车停留占用长度、考虑列车停车安全防护距离和信号系统控制要求的道岔信号区段长度,后两者都是因安全需要而配置,统称为预留安全距离。

根据《地铁设计规范》(GB 50157—2013)规定,停车线有效长度的确定同折返线长度,详见单元 6.2 中折返线长度部分内容。远期列车长度一般是指一列位的停车线长度。一般情况下,轨道交通故障列车(失去动力、无法运行的列车)救援一般采用后续列车顶送方式,即故障列车由后续正常列车清客后顶送至前方最近车站清客,然后顶送入最近停车线或直接进入停车场,有时故障列车还需要救援列车或其他列车牵引回段。故停车线的长度除要满足故障列车停放要求外,还应考虑救援列车或其他列车与故障列车连挂作业的要求。一列位停车线救援示意图如图 6-38所示。一列位停车线存在的问题是故障车在停车线上的连挂、解钩、换端作业需占用正线,影响正线运营,延长恢复运营时间。

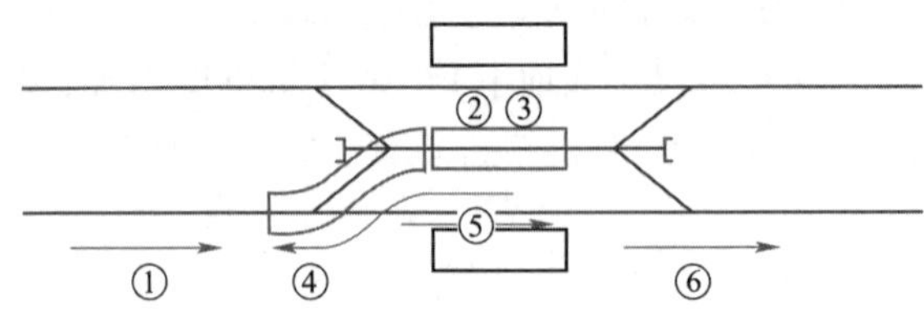

图 6-38　一列位停车线救援示意图

①-顶送速度 3 ~ 5km/h;②-两列车停稳;③-故障列车试制动后解钩;④-顶送列车反向驶入正线;⑤-顶送列车驶入站台上客;⑥-正线恢复运营

◆想一想:停车线长度是越大越好,还是越小越好?

在地块允许、动拆迁量较小、投资增加不多等情况下,停车线的长度最好适当加大。根据实际情况也可以考虑设置两列位的停车线长度。两列位停车线救援示意图如图6-39所示。两列位停车线可同时容纳故障列车与顶送列车,这样,故障列车进入停车线后,正线即可恢复运营,无须等待故障列车完成试制动、解钩、顶送列车退回正线等调车作业,对正线运营的影响会大大减少。

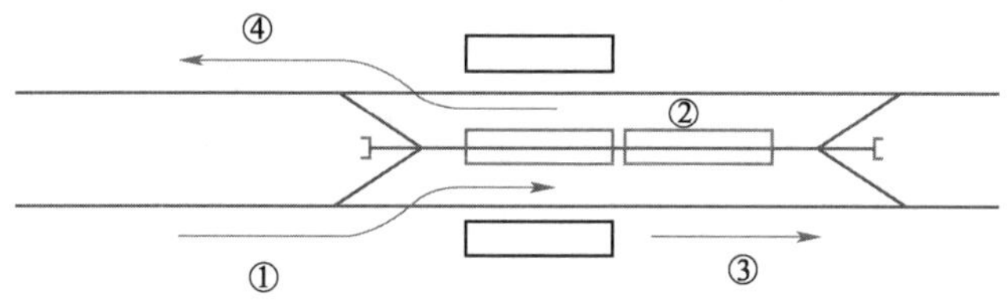

图6-39　两列位停车线救援示意图

①-顶送速度25km/h;②-两列车停稳;③-正线恢复运营;④-顶送列车待机驶入正线

上海地铁12号线国际客运中心站停车线示意图如图6-40所示,其为地下二层车站,采用了两列位停车线。上海地铁14号线源深路站也采用两列位停车线。该停车线的优点是如遇到故障列车进入该停车线,救援列车解钩、连挂、换端作业完全可以在停车线上进行,对正线正常运营影响很小;在运营高峰期可以同时停放2列备用车,提高运营效率。其缺点是车站规模大,造价高。所以在选用停车线长度时,应综合考虑线路条件、运营的需要、工程造价等因素。

图6-40　上海地铁12号线国际客运中心站停车线示意图

4. 停车线平纵断面技术标准

停车线的平面技术标准可采用与正线相同的标准。对于纵断面来说,《地铁设计规范》(GB 50157—2013)规定:具有夜间停放车辆功能的配线,应布置在面向车挡或区间的下坡道上,隧道内的坡度宜为2‰,地面和高架桥上的坡度不应大于1.5‰。停车线的纵断面坡度要求比折返线高,折返线可设于大于2‰的坡度上。

单元6.4　渡线

城市轨道交通列车在运行过程中难免会出现故障,线路等设施设备也有可能受外界因素影响出现故障。这些故障将对高密度、高速度的列车运行产生影响,从而影响乘客的安全性和舒适性,这种情况一旦发生,就会扰乱全线列车的运行秩序。为了减少故障对全线行车组织产生的负面影响,可加设渡线,以增加列车运行

学习笔记

的路径，提高行车组织的灵活性，缩小事故的影响范围。同时加设渡线也为夜间施工开行工程列车区段封锁提供方便，缩小对施工的影响范围，缩短车辆空驶里程。

一、定义

用道岔将上、下行线及折返线连接起来的线路称为渡线。

二、设置目的

渡线单独设置时，用于列车临时折返，提高运营列车调度灵活性，特别是方便组织临时交路和夜间工程车折返；在与其他配线合用时，增强其他配线的功能。

三、布置形式

渡线常见形式一般有三种，即单渡线、“八”字形渡线和交叉渡线，渡线形式示意图如图 6-41 所示。

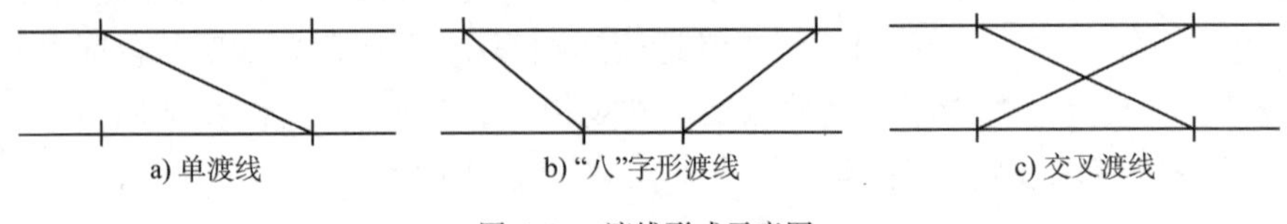

图 6-41　渡线形式示意图

学习笔记

1. 单渡线

单渡线[图 6-41a)]可实现两条线两个方向的直通联系，此形式应用最为广泛。

2. “八”字形渡线

“八”字形渡线[图 6-41b)]，用四副单开道岔和两段夹直线，实现两条线 4 个方向的直通联系。该方式结构简单，使用和维修方便，一般分开设置在车站两端，也可都设于车站一端，长度较大，往往由功能相同的交叉渡线代替，但“八”字形渡线可缩小线间距。

3. 交叉渡线

交叉渡线[图 6-41c)]的作用与“八”字形渡线相同，但其结构形式不同，交叉渡线用四副单开道岔和一组菱形交叉以及连接短钢轨组成，该方式结构比“八”字形渡线复杂，使用和维修也相对复杂，长度比“八”字形渡线可缩短 50% 以上，在实现折返功能的基础上，可最大限度地缩短车站长度、减少工程量及节省费用，同时提高线路使用的灵活性。

渡线设置有两种情况，一种是单独设置，另一种是与停车线、折返线、联络线、出入线等合设，提高配线的灵活性。上海地铁 10 号线同济大学站配线示意图如图 6-42所示，其采用单渡线形式，该种配线在上海每条轨道交通线路中均有广泛应用；上海地铁 3 号线上海南站配线示意图如图 6-43 所示，其采用站后“八”字形渡线形式,作为站后折返线;上海地铁5号线金平路站配线示意图如图6-44所示,其采用站前站后“八”字形渡线形式,该种配线较少采用;上海地铁7号线花木路站配线示意图如图6-45所示,其采用交叉渡线作为站前折返线;上海地铁5号线闵行开发区站配线示意图如图6-46所示,其采用交叉渡线作为站后折返线,该种配线也较常见。

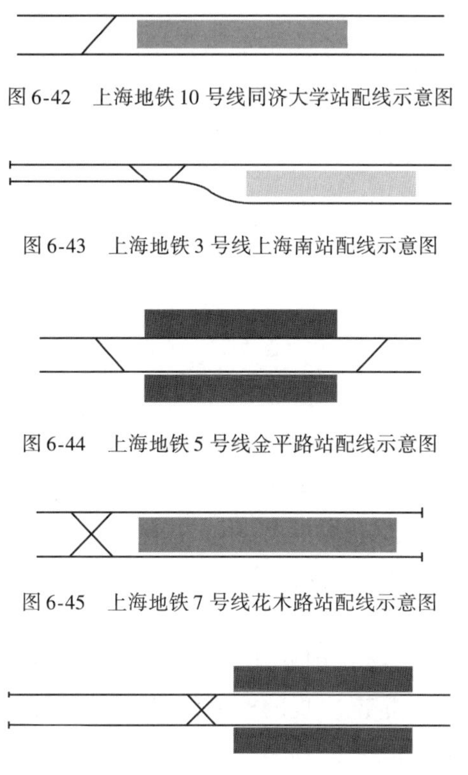

图6-42　上海地铁10号线同济大学站配线示意图

图6-43　上海地铁3号线上海南站配线示意图

图6-44　上海地铁5号线金平路站配线示意图

图6-45　上海地铁7号线花木路站配线示意图

图6-46　上海地铁5号线闵行开发区站配线示意图

◆想一想:交叉渡线和“八”字形渡线的优缺点有哪些?

四、设置要求

1.数量和位置合理性

渡线应在满足运营组织要求的基础上,结合全线折返线和停车线分布以及线路条件设置。渡线一般每隔2个或3个站设置或配合折返线和停车线设置。折返线和停车线本身一般也具有渡线的转线功能,在确定渡线的设置数量、位置和形式的时候,应综合考虑折返线和停车线的位置与数量。另外,联络线的设置也会影响渡线的布局,在设置联络线的地方,一般会设置渡线,方便列车灵活转线,缩短列车空走距离。

渡线应当根据车站的位置确定,尽量设置在车站附近,既方便建设工作,又便于今后的运营管理、应急抢修,提高效率。根据与站台位置的关系,“八”字形渡线可以设于站台两侧,也可以设于站台一侧;单渡线和交叉渡线可设于站前折返处,也可设于站后折返处。渡线位置不仅要便于运营管理,还要考虑线路设置的条件。

2. 列车运行安全

在大多数正常运营条件下,为了保证列车运行安全,《地铁设计规范》(GB 50157—2013)规定:单渡线应设在车站端部,一般中间站的单渡线道岔,宜按顺岔方向布置。渡线设置方向示意图如图6-47所示,顺岔布置是指道岔的辙叉向尖轨尖端处的方向,当车辆通过尖轨顺向运行,若尖轨与基本轨不密贴,可能发生挤压尖轨,但不易发生车轮出轨,偏于安全。当车辆通过尖轨逆向运行,如果尖轨与基本轨不密贴,可能发生撞击尖轨,容易发生车轮出轨,安全隐患较大。

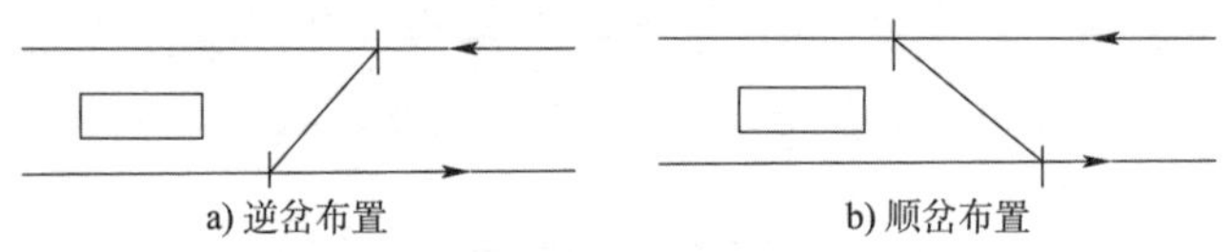

图6-47 渡线设置方向示意图

3. 行车调整需要

单渡线往往与其他线路配线组合,对于采用站后折返的尽头站,增设站前单渡线,按逆岔布置,有利于初期、近期发车对数不多时,采用站前折返。在非正常运行条件下,当列车需要改变原有进路时,在中间站设置渡线;当需要临时折返时,应使列车不折角就可直接运行至需到达的线路,以求作业的便捷性,并尽量减少对正线运行的干扰。

在实际设计过程中,具体选用顺岔布置还是逆岔布置,需要视对道岔的运行安全要求以及非正常运营情况出现的概率而定,在满足功能要求的前提下,渡线尽量顺岔布置。

五、正线渡线线间距的设置

正线道岔型号不应小于9号。单渡线和交叉渡线的线间距应符合表6-2的规定,特殊情况下无法符合表6-2的规定时,应进行特殊设计。

单渡线和交叉渡线的线间距要求 表6-2

道岔类型	道岔型号	导曲线半径(m)	侧向限速(km/h)	线间距(m)	
				单渡线	交叉渡线
正线道岔	60kg/m-1/9	200	35	≥4.2	4.6或5.0

因为单渡线与交叉渡线是单开道岔与菱形交叉道岔的组合,为了各个道岔的独立和定型化的组合,以及利于组装和维修更换,根据计算,单渡线和交叉渡线的线间距分别为4.2m和5.0m。其中,交叉渡线4.6m线间距,在工程改造或困难条件下使用。

单元6.5 出入线

一、定义

出入线是车辆基地与运营正线之间的连接线，是正线车辆出入车辆基地的通道。出入线接轨车站示意图如图6-48所示。如果出入线连接停车场，则称为出入场线；如果出入线连接车辆段，则称为出入段线。出入段线和出入场线，统称为出入线。以下内容中，车辆段、停车场统称为车辆基地。出入线可以设计为单线或双线，与正线平交或者立体交叉，应尽量在车站接轨。一般情况下，出入线设计为双线，与正线立体交叉，且与正线在车站接轨。

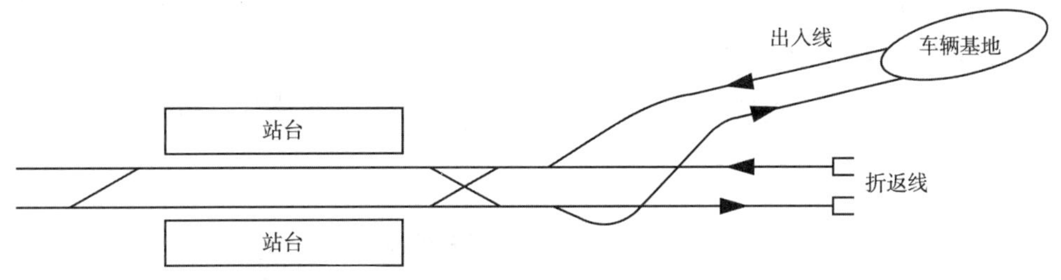

图6-48 出入线接轨车站示意图

二、设置目的

正常运营时，出入线担负着正线运营车辆进出车辆基地的运行任务，保证列车安全、可靠、迅速，且合理、经济地运行；故障情况和夜间维修时，出入线担负着夜间各种检修车辆和机具、材料进出车辆基地的运行任务。

三、布置形式

出入线通常位于线路的端部或中部，由此决定了不同的出入线布置形式。对于不同的车站和车辆基地的地理位置、站台形式、接车方式，出入线的接轨形式也有所差异。按接轨点的不同可分为终端接轨和中部接轨，具体如下：

1.终端接轨(车辆基地位于线路端部)

车辆基地设于线路终端，出入线与正线干扰少，有利于运营管理。无论是从车辆基地在全线中的位置还是从线路系统工程的追踪间隔时间及交路等情况分析，该接轨形式对运营来讲都是最为理想的。一般情况下，终点站出入线兼顾折返线功能，出入线与折返线、停车线等结合设置。通常情况下，地下车站以岛式车站与出入线接轨较多，地面和高架车站以侧式车站与出入线接轨较多。

(1)岛式车站与出入线的终端接轨形式。

地下岛式车站与出入线的终端接轨形式如图6-49所示,岛式车站一般以地下车站居多,若出入线与地下岛式车站接轨,两正线或折返线可以作为出入线贯通车辆基地。如果终点站预留远期延伸条件,一般以双折返线兼作出入线布置,但是出入线每次进出正线都需过岔,并且折返作业时出入段线使用也不便。

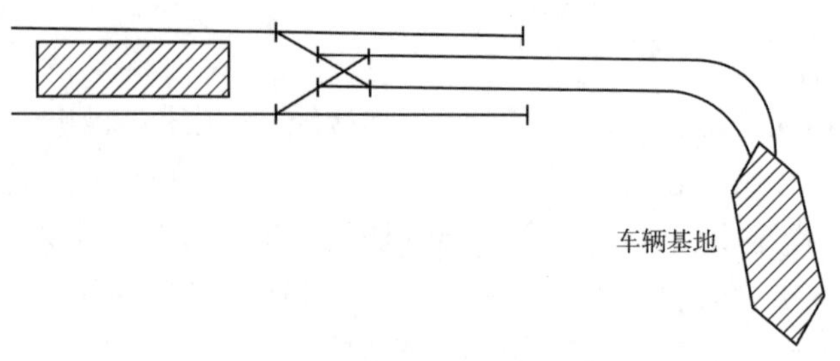

图6-49　地下岛式车站与出入线的终端接轨形式

上海地铁14号线封浜站出入线接轨示意图如图6-50所示,封浜站西端设置2股出入段线,兼作折返线使用。该方案使用出入段线折返,折返作业时出入段线使用不便,但在大小交路1∶1开行时能满足折返能力要求,土建规模稍小,经结构处理,能保留远期继续向西延伸的条件。

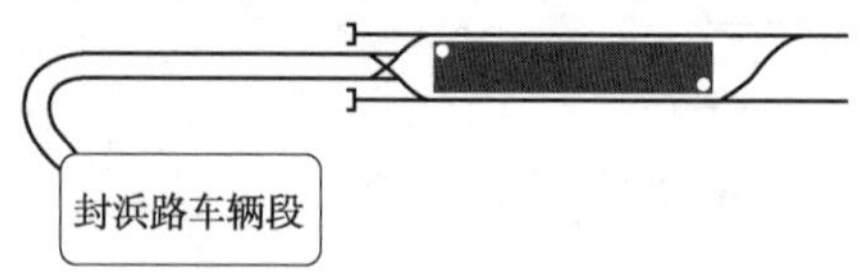

图6-50　上海地铁14号线封浜站出入线接轨示意图

如无预留延伸要求,则可以利用1股折返线与1股正线作为出入线。上海地铁14号线桂桥路站出入线接轨示意图如图6-51所示,由于出入线与停车场咽喉区距离短,为满足折返线坡度和出入线爬坡条件,采用站后设置1股专用折返线和2股出入线接轨金桥停车场。该接轨形式有专用折返线,列车折返作业与出入场线没有冲突,但土建规模稍大,也没有远期继续向东延伸的条件。

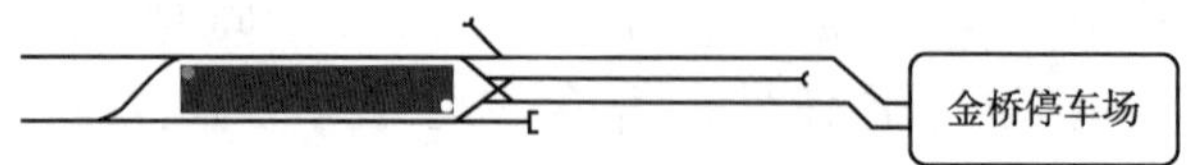

图6-51　上海地铁14号线桂桥路站出入线接轨示意图

(2)侧式车站与出入线的终端接轨形式。

侧式车站与出入线的终端接轨形式如图6-52所示,一股正线作为专用折返线,另一股正线和平行线作为出入线,折返作业与出入线作业没有冲突。

上海地铁12号线金海路站出入线接轨示意图如图6-53所示,金海路站为浅埋地下二层侧式车站,出段线与下行正线平行设置,上行正线与入段线贯通。

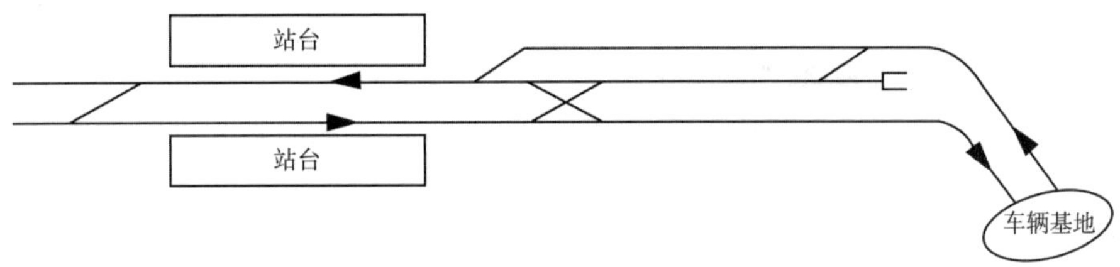

图 6-52 侧式车站与出入线的终端接轨形式

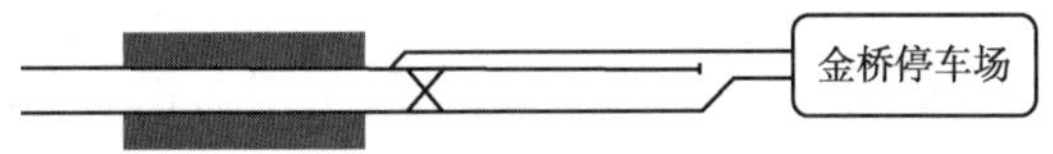

图 6-53 上海地铁 12 号线金海路站出入线接轨示意图

2. 中部接轨(车辆基地位于线路中部)

当车辆基地位于线路中部,出入线与正线的接轨点应在车站端部,不宜在区间接轨,以利于运行安全和运营管理。按出入线与车站的接轨数量,中部接轨可以分为一站式接轨和两站式接轨。

(1)一站式接轨。

地下岛式车站出入线接轨形式如图 6-54 所示,高架、地面侧式车站出入线接轨形式如图 6-55 所示,不论是地下岛式车站出入线接轨形式还是高架、地面侧式车站出入线接轨形式,列车出入车辆基地都比较方便,早晚收发车顺畅,不存在行车干扰,有利于运营管理。车辆段出入线与正线立体交叉,解决了发、收车与正线的交叉干扰问题。但是这两种形式下的正线与出入线均存在立体交叉,会造成正线上跨或者下穿出入线,线路纵断面坡度较大,给线路设计与运营带来不便。上海地铁 6 号线华夏西路站出入线接轨示意图如图 6-56 所示,该车站采用一站式接轨形式。

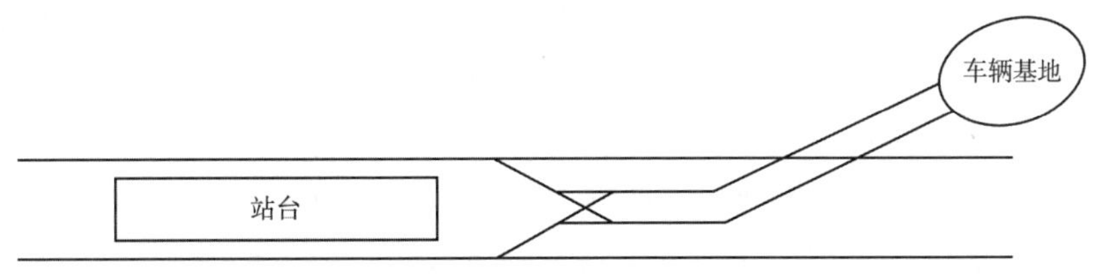

图 6-54 地下岛式车站出入线接轨形式

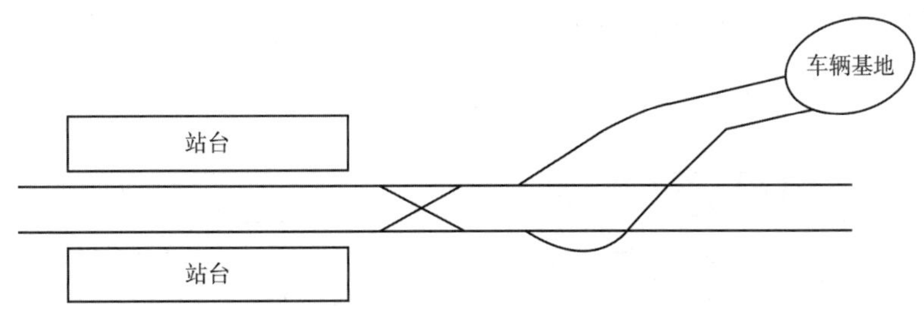

图 6-55 高架、地面侧式车站出入线接轨形式

学习笔记

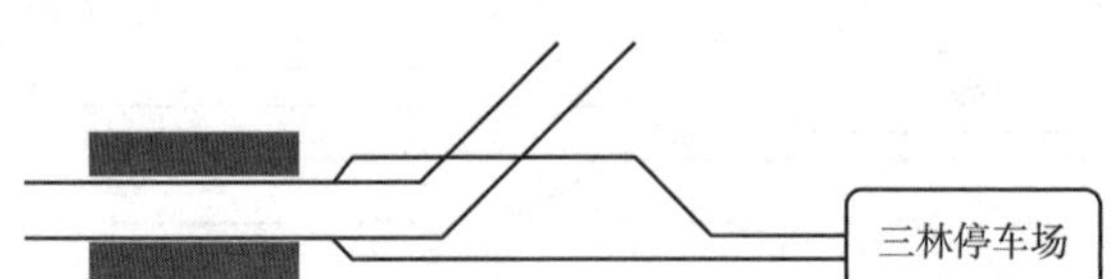

图 6-56　上海地铁 6 号线华夏西路站出入线接轨示意图

(2)两站式接轨。

两站式接轨形式,也称为“八”字形接轨形式,即设“八”字形出入线与正线立交,两线双方向使用,上下行发、收车均较均衡、顺畅。利用“八”字形出入线,其优点是可兼顾列车掉头功能,在不增加较多投资的基础上较能有效解决车辆的偏磨问题,适合追踪间隔小、车辆段两端客流较均衡的轨道交通系统;其缺点是占地面积大。

岛式车站两站式接轨形式如图 6-57 所示,该接轨形式多用于地下车站的接轨,车站两端出入线与正线平行设置后上跨正线引出,对城市景观影响较小,与正线不存在进路干扰,是较多采用的“八”字形接轨形式。上海地铁 13 号线北翟路车辆段出入线接轨示意图如图 6-58 所示,该车站采用两站式接轨。

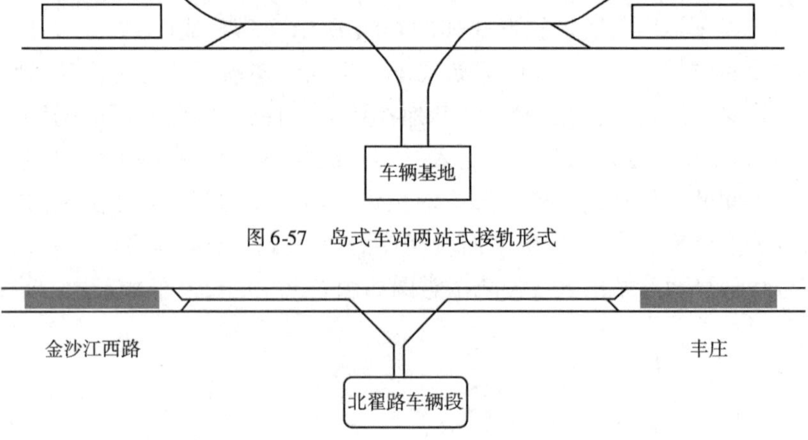

图 6-57　岛式车站两站式接轨形式

图 6-58　上海地铁 13 号线北翟路车辆段出入线接轨示意图

侧式车站两站式接轨形式如图 6-59 所示,其一般多用于高架车站与出入线的接轨,左端车辆段出入线发车对正线运营有干扰,须检算后确定能否利用其发车。出入线占地范围较大,对城市景观影响较大,不利于城市的整体规划。上海地铁 5 号线剑川路车辆基地出入线接轨示意图如图 6-60 所示,该站采用两站式接轨形式。

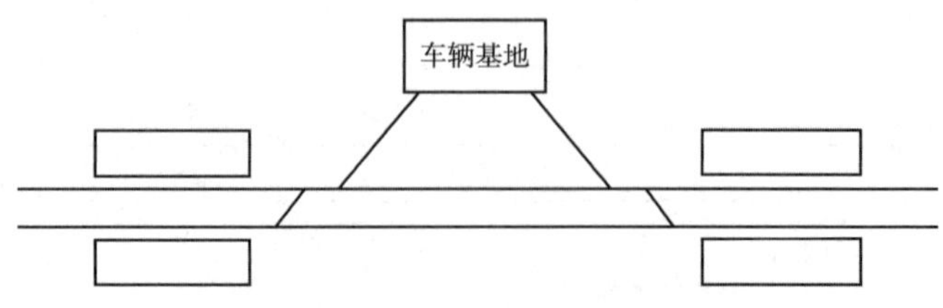

图 6-59　侧式车站两站式接轨形式

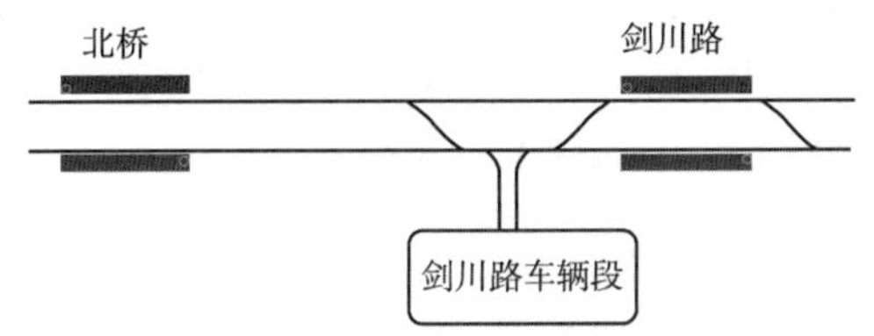

图6-60 上海地铁5号线剑川路车辆基地出入线接轨示意图

出入线设置为“八”字形的条件，首先是车辆段位于两车站之间，有利于两座相邻车站分别接轨，距离适当。其次是满足功能要求：①满足车辆掉头换边运行需要；②车辆段位置接近线路中段，满足提高早发车效率需要。

四、设置要求

(1)车辆段出入线应连通上下行正线。当车辆段出入线与正线发生交叉时，宜采用立体交叉方式。

为了保证列车能从车辆段出入线方便地到达正线，或从正线方便地进入车辆段或停车场，出入线应该连通上下行两条正线。由于平面交叉会对正常运行的列车进路产生影响，降低区间或车站的通过能力，当出入线与正线交叉时，车辆段或停车场出入线最好采取与正线立交的方式，并在设计中对其收发车能力进行计算核定。

(2)车辆段出入线要按照降低工程造价的原则设计。车辆段出入线可设置双线或单线，应根据远期线路的通过能力计算确定。尽头式车辆段出入线宜采用双线，按双向运行设计，贯通式车辆段可在车辆段两端各设一条单线。

为保证车辆出入方便和相互备用，保证出入线在功能上的灵活性和安全性，尽头式车辆段一般均采用双线出入线，贯通式车辆段由于两端均有出入线，可以采用两端各设置一条单线的形式。但根据贯通式车辆段或停车场在线路上的位置和接轨条件，一般在主要方向上仍建议采用双线出入线。

(3)出入段线设计应根据行车和信号的要求，满足必要的信号转换作业的需要；出入线宜在车站端部接轨，并应具备一度停车再启动条件。

若出入线与正线无平行进路，为保证安全，出入线在接轨道岔区之前，应具备一度停车再启动条件。一度停车条件不是指每列车必须停车，而是指可能停车条件，即在正线道岔警冲标之前，留有列车临时停车和再启动的地段，其长度不小于(一列车长度+安全距离)。根据上海地方标准，出入线坡度一般不宜大于18‰。

(4)规模较小的停车场，其工程实施确受条件限制时，在不影响功能的前提下，可采用单线双向设计。

若是小型停车场(12个停车列位以下)，功能受到极大限制，在工程条件受到限制的情况下，经过论证，能满足该停车场功能要求时，可以设置单线出入线。上

学习笔记

海地铁5号线莘庄辅助停车场示意图如图6-61所示，该停车场共6个停车列位，出入线单线接轨5号线莘庄站，平时供辅助停车使用。上海地铁7号线龙阳路辅助停车场，共12个停车列位，出入线也是单线设置。

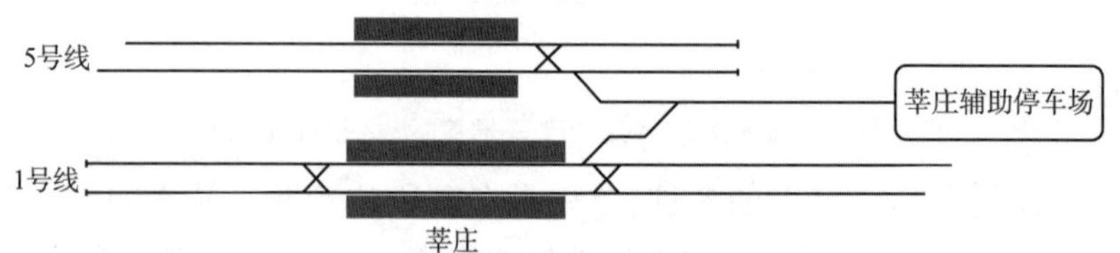

图6-61　上海地铁5号线莘庄辅助停车场示意图

(5)当出入线兼顾列车折返功能时，应对出入线与正线间的配线进行多方案比选，并应满足正线、折返线、出入线的运行功能要求。

起终点站出入线往往兼顾列车折返功能，配线形式也有多种，关键是要满足折返能力和出入线进出能力需求，进行合理的运行组织和能力分配。同时根据合理配线形式，进行多方案的配线设计，选择工程量不大、配线简单、满足功能需求、运行安全的配线方案。

(6)符合出入线的主要技术标准。

①出入线最小曲线半径，A型车一般情况下为250m，B型车一般情况下为200m，困难情况下为150m。

②出入线的圆曲线最小长度，A型车不宜小于25m，B型车不宜小于20m，在困难情况下不得小于一个车辆的全轴距。

③出入线上两相邻曲线间的夹直线长度(不含超高顺坡及轨距递减段长度)，A型车不宜小于25m，B型车不宜小于20m，困难情况下不得小于一个车辆的全轴距。

④出入线最大坡度一般不大于35‰，困难情况下不大于40‰(均不计各种坡度折减值)。

⑤两相邻坡段的坡度代数差大于或等于2‰时，应设圆曲线形竖曲线连接，出入线竖曲线半径采用2000m。

学习笔记

单元6.6　联络线

一、定义

联络线是为沟通两条独立运营线路而设置的连接线，供两线列车实现过线运行，联络线示意图如图6-62所示。单线联络线一般以不载客车辆为主，双线联络线可载客运营。

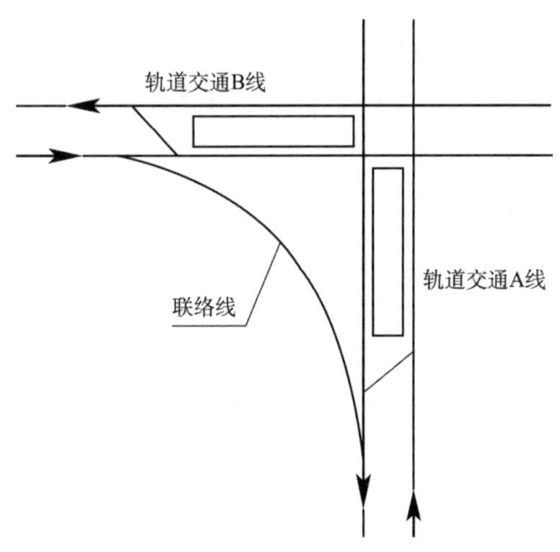

图6-62 联络线示意图

二、设置目的

1. 车辆调配和送修,实现资源共享

发挥线网的整体作用,使各轨道交通线路之间建立一定的联系,满足线网车辆资源共享的需要,包括各线车辆调配和车辆送修。

(1)调转运营车辆。

各轨道交通线路的配属车辆数,理论上是根据线路运输能力计算得出的。但在实际运营过程中,各线的配属车辆数会受到不同时期的客运需求、运营企业的经济实力和运营管理水平及车辆状况等多方面因素的影响,导致运营需求和实际车辆数之间产生差异。因此,通过各轨道交通线路之间的联络线,可以实现各线运营车辆的相互调转。

(2)检修车辆送修。

当城市轨道交通线路数大于车辆段数量,或本线车辆段能够进行的修程等级较低时,可通过设置车辆段的线路与不同线路间的联络线,保证车辆送修通道的顺直和通畅。另外,当2条线路共用1个车辆段完成存车或修车任务时,与车辆段没有直通进路的线路必须设置联络线与直通线路互通。

(3)工程车辆调配。

如果两相邻线路间共享工程维修车辆、磨轨车,则运输材料货物或大型设备时,联络线也为这些车辆提供转线之用。

2. 跨线救援

在非正常条件下,联络线可作为两独立运营轨道交通线路之间车辆救援、乘客转移撤出的通道。联络线作为路网的重要配线,对提高城市轨道交通系统的可靠性具有重要意义。

学习笔记

学习笔记

3. 跨线运营

目前,国内外均有跨线运营的案例,国内如重庆地铁4号线、环线和5号线,北京地铁房山线和9号线等均实现了跨线运营;国外如日本的10条地铁线路均实现了与其他线路的跨线运营,减少了乘客换乘,提升了出行效率。

三、布置形式

1. 单线联络线

在两条交叉的线路,或者两条相近的平行线路之间,仅为车辆检修或调转运营车辆而设置的联络线一般采用单线,图6-62即为单线联络线,这种形式的联络线使用最广、数量最多。上海地铁7号线和12号线的龙华中路站联络线示意图如图6-63所示,上海地铁11号线和18号线的御桥站联络线示意图如图6-64所示,它们采用的都是单线联络线。

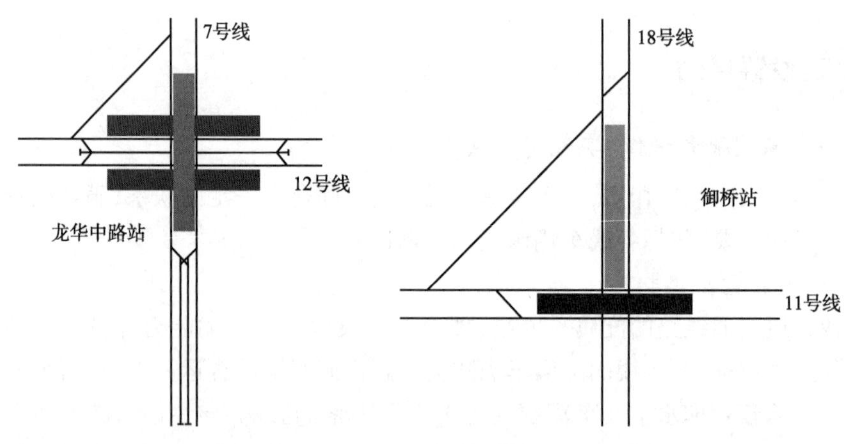

图6-63　上海地铁7号线、12号线龙华中路站联络线示意图

图6-64　上海地铁11号线、18号线御桥站联络线示意图

2. 渡线联络线

两条线路采用同站台平行换乘方式时,其车站可采用平面双岛四线式车站或上下双岛重叠四线式车站,这种车站可采用单渡线将两条线路连通,渡线联络线示意图如图6-65所示。上海地铁2号线、10号线、17号线虹桥火车站渡线联络线示意图如图6-66所示,其中2号线与17号线、10号线与2号线均采用单渡线联络。

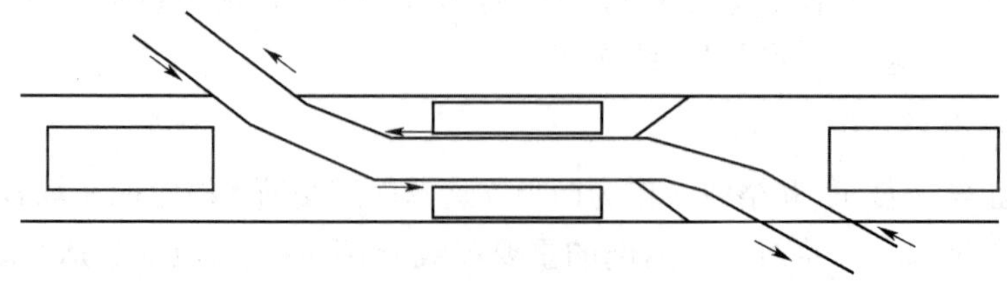

图6-65　渡线联络线示意图

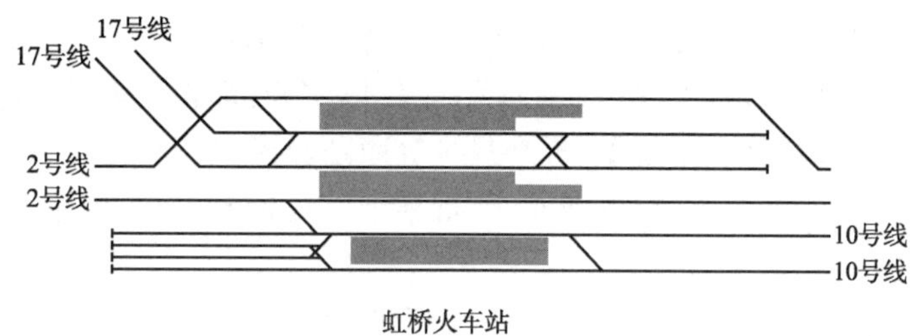

图6-66　上海地铁2号线、10号线、17号线虹桥火车站渡线联络线示意图

3. 双线联络线

为满足跨线运营需要或作为临时运营正线使用的联络线应采用双线，双线联络线示意图如图6-67所示。这种联络线工程量大、造价高，采用时要慎重考虑。

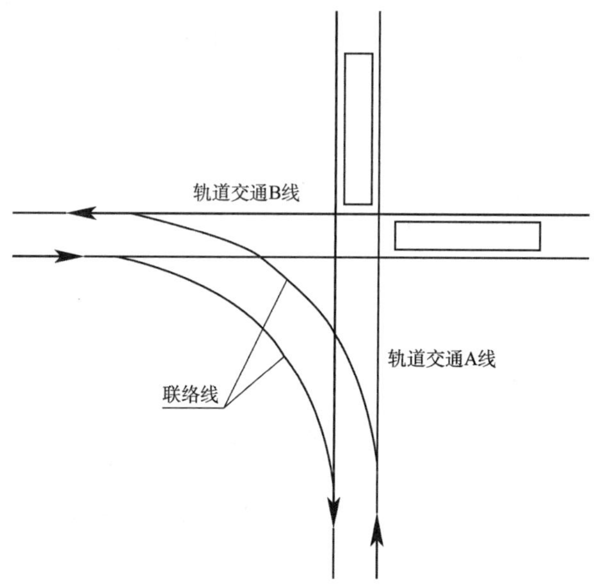

图6-67　双线联络线示意图

四、设置要求

(1)联络线应结合车站配线或渡线设置，从功能上要求能够连通线路的上下行正线。一般情况下为减小工程规模，应与全线配线统筹考虑，尽量与有配线的车站结合设置。联络线与车站的停车线或折返线统一布置时，会增强运营组织的机动灵活性。因此，条件许可时，联络线宜结合其他配线一并布置。上海地铁11号线、14号线真如站联络线示意图如图6-68所示，其中联络线与11号线采用停车线结合设置，与14号线采用渡线结合设置。

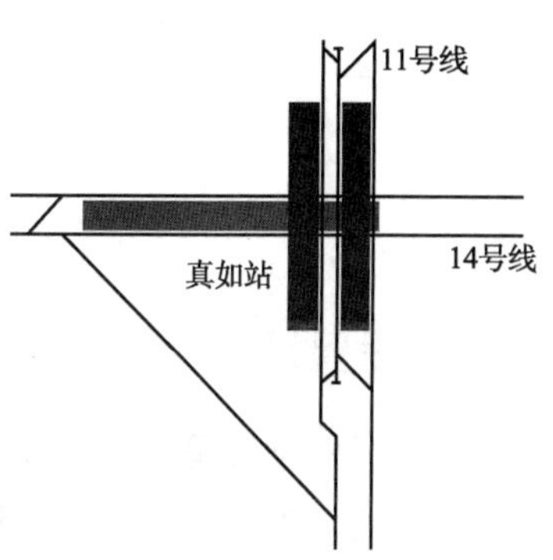

图6-68　上海地铁11号线、14号线真如站联络线示意图

(2)正线之间的联络线位置应根据线网规划、车辆基地分布位置和承担任务范围设置。如果是单线联络线,那么联络线具体位置,即位于两线交叉的哪一象限,应根据工程简单、施工干扰小、拆迁量少等原则选择。

(3)联络线一般都按单线双向运行设计,其设计标准可取配线中的下限值。

(4)为运送大修车辆设置的联络线,要尽可能设在最短路径的位置上,同时要考虑工程实施的可能性。

(5)考虑线网的修建顺序,使后建线路通过联络线从先建的线路上运送车辆和设备。

(6)联络线尽量在车站端部出岔,以便于维修和管理。困难情况下也可在区间出岔,但应注意避免造成敌对进路。

(7)联络线的设置应考虑运营组织方式,要注意信号制式及限界的兼容性。

学习笔记

单元6.7 安全线

一、定义

安全线是将列车运行进路隔开的线路,如果列车在行进方向未经允许进入另一列车已占用的进路,可以设置一条岔线作为安全防护线路,并用车挡加以保护,安全线示意图如图6-69所示;如果列车行进方向是尽端线,则需要延伸一段距离作为安全防护线路,并加设车挡保护,该延长的线路也为安全线。一般情况下,安全线是一条专线,并设有车挡。

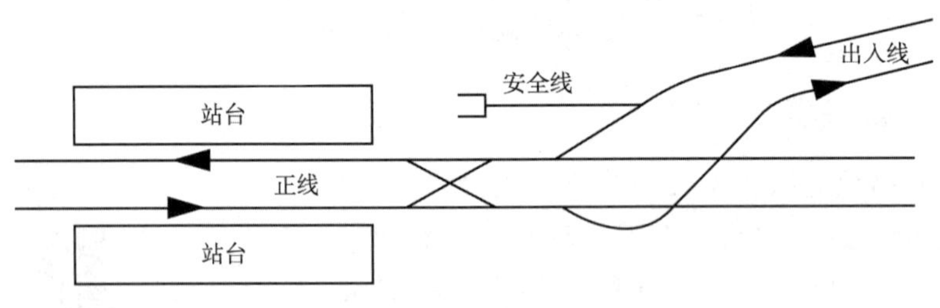

图6-69 安全线示意图

二、设置目的

安全线的设置是为了防止在车辆段(停车场)出入线、折返线或停车线、支线上行驶的列车未经允许进入正线,与其他正线列车发生潜在的冲突,从而保证列车安全、正常运行。

为保证正线列车运行准点和安全,避免对正线运行的列车产生干扰,支线或车辆段出入线与正线的接轨点宜设在车站端部,并具备站外一度停车的条件。停车区段的长度不仅应满足一列车停放的要求,也应满足信号安全距离的要求,保证列车不会因故障而进入正线进路的保护范围。如果在接入正线前不能满足信号安全距离的要求,或线路处于大下坡地段,对停车安全不利,则应设置安全线。

三、设置要求

城市轨道交通安全线一般在以下三种情况下设置,车辆段(停车场)出入线进入正线、折返线或停车线进入正线、支线进入正线。根据《地铁设计规范》(GB 50157—2013),以上三种情况的设置规定如下。

1. 车辆基地出入线进入正线时的安全线设置

车辆基地出入线,在车站接轨点前,线路不具备一度停车条件,或停车信号机至警冲标距离小于 50m 时,应设置安全线,车辆段出入线与正线接轨布置图如图 6-70所示。

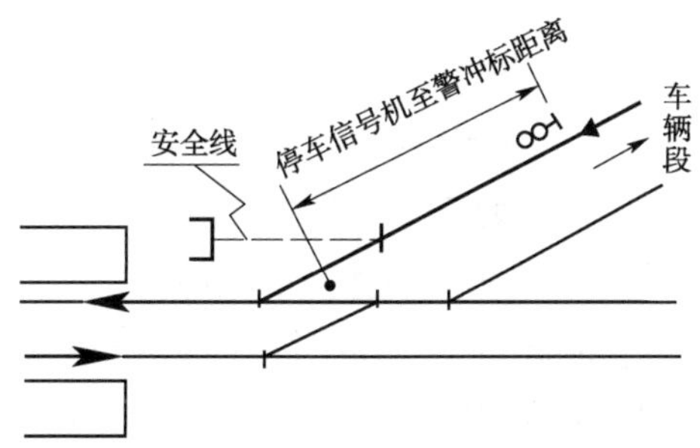

图 6-70 车辆段出入线与正线接轨布置图

根据上海地铁运营实践,实际运营中,列车接近停车信号机前时速度会降低,若发生列车冒进信号,司机要采用紧急制动措施,此时如果出入线的一度停车信号机与接轨点前的警冲标距离大于或等于 50m(非地下线路大于 65m),就可以在警冲标前使列车制停。在此情况下,制动距离保证了列车运行安全,则不用设置安全线。

上海地铁 14 号线桂桥路站配线设置方案示意图如图 6-71 所示,桂桥路站距离停车场咽喉区很近,出入场线长度较小,信号转换轨端部至站前警冲标距离仅为 380m 左右,且这一段线路采用 35‰以上超大坡度,如果信号转换不成功,此处又在超大坡度上,采用人工驾驶,则存在安全隐患。为此,应在警冲标前面加设 1 条安全线,以提高运营安全性。

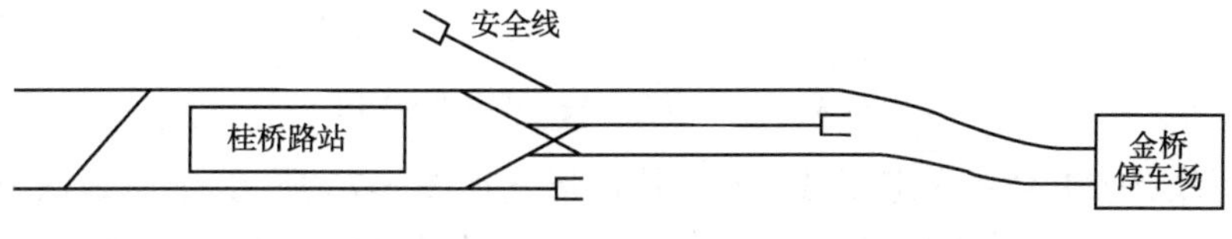

图 6-71 上海地铁 14 号线桂桥路站配线设置方案示意图

2. 折返线、停车线进入正线时的安全线设置

列车折返线与停车线末端均应设置安全线。安全线自道岔前端基本轨缝(含道岔)至车挡长度应为50m(不含车挡)。在特殊情况下,缩短长度可采取限速和增加阻尼措施。尽头式折返线安全线布置示意图如图6-72所示,贯通式停车线安全线布置示意图如图6-73所示。

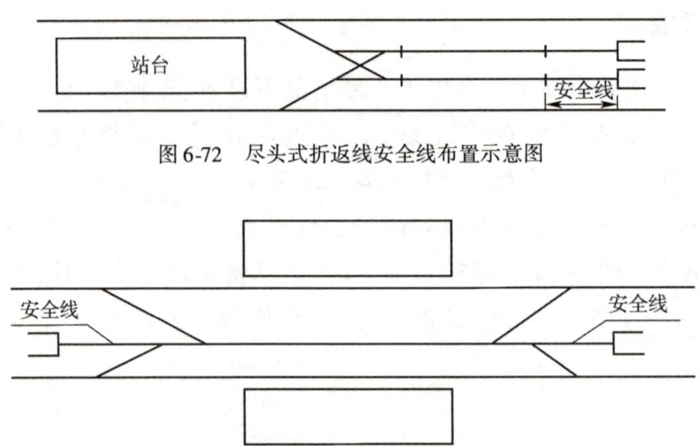

图6-72　尽头式折返线安全线布置示意图

图6-73　贯通式停车线安全线布置示意图

3. 干支线接轨时的安全线设置

支线与干线接轨的车站应设置平行进路;在出站方向接轨点道岔处的警冲标至站台端部距离,不应小于50m,小于50m时应设安全线;安全线长度50m,是按9号道岔,导曲线半径为200m,车辆侧向通过速度为35km/h,由信号专业计算确定的。

干支线接轨站安全线布置示意图如图6-74所示,当支线与干线接轨的车站设置平行进路时,仅在下行方向存在列车接车的会合交叉进路,但正线列车和支线列车在接车时分进不同的进路。一般情况下,站台端部(即列车停车位)至道岔处警冲标的距离应超过列车的安全保护距离,这样支线列车即使发生非正常情况,ATP系统也能够顺利制动列车,不影响行车安全,一般不需要专设安全线防护。当干支线行车密度高时,也可以增设安全线,形成隔开进路。

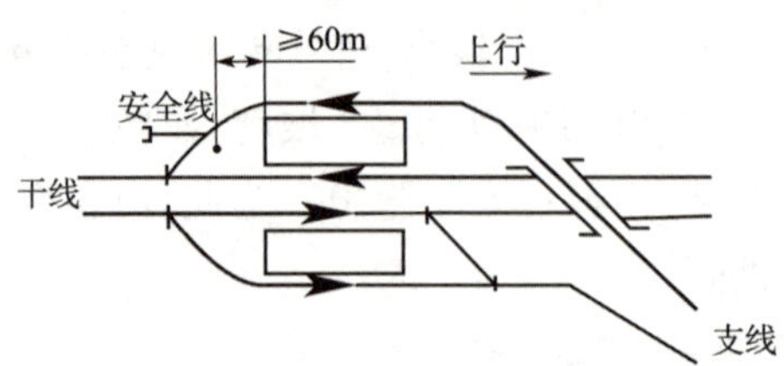

图6-74　干支线接轨站安全线布置示意图

上海地铁11号线嘉定新城站支线接轨形式如图6-75所示、上海地铁10号线龙溪路站支线接轨形式如图6-76所示,这两个干支线接轨站均未设置安全线。

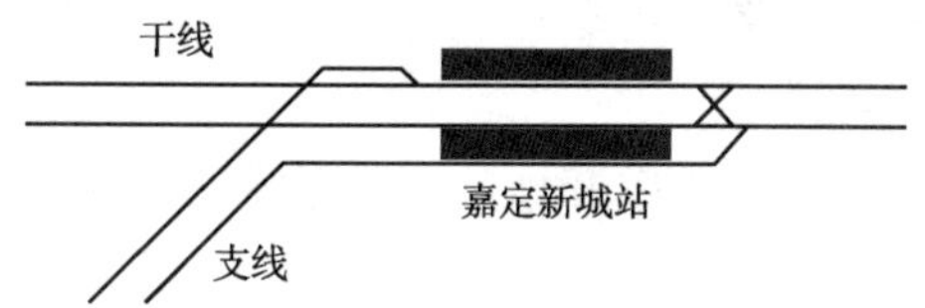

图6-75 上海地铁11号线嘉定新城站支线接轨形式

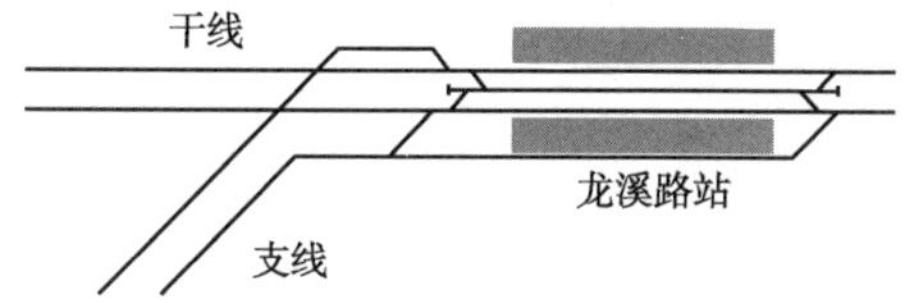

图6-76 上海地铁10号线龙溪路站支线接轨形式

单元6.8 配线设计

一、配线功能定位

全线配线应根据功能需求确定,以满足日常运营需要、运营调整需要以及线网互相联系的需要。根据配线的功能,可以将配线分为以下三类:

第一类,取决于在线网规划中的地位以及与其他线路的关系的配线。这些线路的设置不取决于行车组织要求,而是根据线网规划的整体要求确定。例如,相邻线路的联络线设置,取决于线网规划对联络线的功能定位;车辆基地出入线的接轨站点取决于车辆基地的位置;支线引入的接轨站点,在线网规划时确定。

第二类,满足正常情况下乘客出行需求的配线。这些线路的设置取决于列车运行组织要求。例如折返线设置时主要根据线路客流变化特点和线路运能分布情况,确定列车的正常运行交路,选定折返站设置位置,并选定适宜的站型。

第三类,满足运营时间内故障情况下运营调整需要的配线。如通过停车线和渡线的设置,既可满足故障列车临时待避、改变列车运行方向的需要,还可以满足夜间停运后其他维修工程车辆的运行和折返要求。

二、配线设置原则

(1)符合客流的集散规律。例如折返线的设置,除起讫车站外,还宜在相邻区段断面客流量突变明显的中间站设置折返线。

(2)为列车运行调整和组织优化提供基础。合理设置配线形式、适当加大配线设置密度,可使列车运行方案编制更加灵活、机动,当发生运营故障时,也为系统恢复正常提供了条件。

学习笔记

(3)要考虑轨道交通线路的行车控制方式,配线的设置位置与方向应有利于行车组织和行车调度指挥。

(4)方便施工。配线应尽量避开地形复杂和施工困难车站或区间,以降低施工难度。

(5)远近结合,做好规划。配线的分布应立足于城市轨道交通线网统筹考虑。根据线网的建设和客流量的增长情况,可逐步建设,以达到系统最优的目标。但地下车站的配线应一次建成。

普通单开道岔的结构

三、配线与道岔

道岔是指机车车辆从一股道转入另一股道的线路连接设备。无论哪一种配线类型,都是由不同类型的道岔和轨道组成的,配线与道岔密不可分。如果要进行配线设计,必须掌握道岔的相关知识。

1. 道岔分类

道岔中心线表示

道岔的基本形式分为轨道的连接、轨道的交叉以及轨道连接与交叉的组合。根据道岔的构造特点、用途和平面形状,地铁系统中常用的道岔主要有普通单开道岔、复式对称道岔(三开道岔)和交叉渡线。

(1)普通单开道岔。

学习笔记

钢轨工作边表示单开道岔

普通单开道岔线路中心线示意图如图6-77所示,这种道岔保持主线为直线,侧线在主线的左侧或右侧岔出(面对道岔尖端而言)。侧线向右侧岔出的,称为右向单开道岔,简称右开道岔;侧线向左侧岔出的,称为左向单开道岔,简称左开道岔。在各种类型道岔中,普通单开道岔使用最广泛,占90%以上。

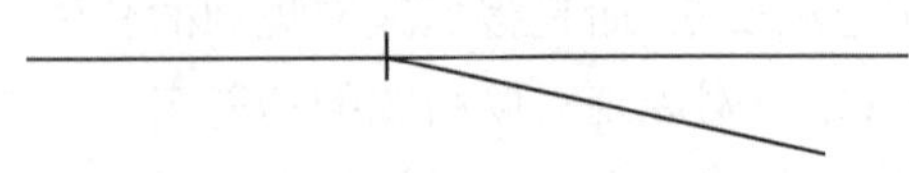

图6-77　普通单开道岔线路中心线示意图

(2)复式对称道岔。

复式对称道岔线路中心线示意图如图6-78所示,复式对称道岔是指主线为直线,用同一部位的两组转辙器将线路分为三条,两侧对称分支的道岔。

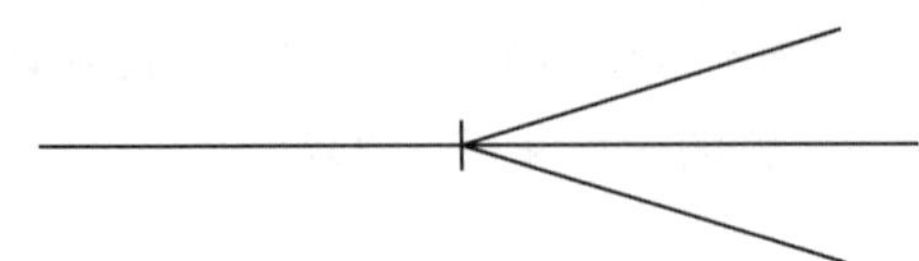

图6-78　复式对称道岔线路中心线示意图

(3)交叉渡线。

交叉渡线线路中心线示意图如图6-79所示,交叉渡线是指在两条相邻线路上互相交叉过渡的道岔。交叉渡线由四组单开道岔、一组菱形交叉并连接轨道组成。

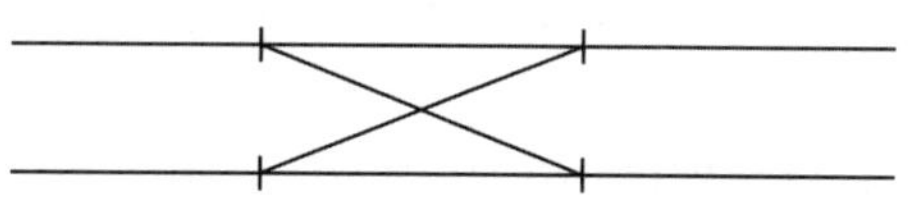

图 6-79 交叉渡线线路中心线示意图

道岔号数及其步量法

2. 道岔尺寸

配线同正线一起,绘制在线路平面图上。在线路平面图中,配线是以中心线来表示。所以从配线设计的角度出发,需要掌握道岔辙叉角、道岔全长 L、道岔前长 a 和道岔后长 b 等数据,才能绘制配线,单开道岔主要几何要素示意图如图 6-80 所示。城市轨道交通地铁系统中,一般情况下,正线采用 9 号道岔,车场线采用 7 号道岔。各城市轨道交通采用的道岔尺寸略有不同,上海市地铁系统常见的不同类型道岔尺寸见表 6-3。

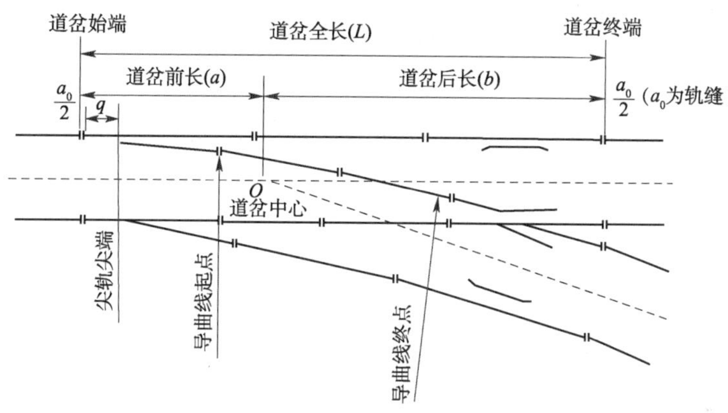

图 6-80 单开道岔主要几何要素示意图

上海市地铁系统常见的不同类型道岔尺寸 表 6-3

道岔类型	道岔前长 a(m)	道岔后长 b(m)	道岔全长 L(m)	辙叉角(° ′ ″)	侧向过岔速度(km/h)
9 号单开道岔	12.570	15.730	28.300	6 20 25	35
9 号交叉渡线	12.5475	15.752	—	6 20 25	35
9 号三开道岔	12.6265	15.752	28.379	6 20 25	35
7 号单开道岔	10.897	12.070	22.967	8 07 48	25
12 号单开道岔	16.592	21.208	37.800	4 45 49	50

3. 道岔设置的技术要求

根据《地铁设计规范》(GB 50157—2013),道岔设置还需满足下列要求:

(1)道岔附带曲线可不设缓和曲线和超高,但其曲线半径不得小于道岔导曲线半径。

(2)正线及配线的圆曲线最小长度不宜小于 20m。

(3)正线及配线上两相邻曲线间的夹直线长度不应小于 20m。

(4)道岔应设于直线地段,道岔端部至曲线端部的距离不宜小于 5m。

学习笔记

(5)道岔宜靠近车站布置,但道岔基本轨端部至车站站台端部的距离不应小于5m。

(6)无砟道床道岔宜设于坡度不大于10‰的坡道上。

(7)道岔不得与竖曲线重叠设置,二者的距离不小于5m。

四、配线设计方法

在配线设计中,联络线和出入线的接轨站点是在线网层面确定的,具体的配线形式是在具体线路设计中确定的;折返线、停车线和渡线的位置设置是从一条线整体层面考虑的,具体的配线形式要根据行车组织的需求和线路情况综合确定。具体设计方法如下:

(1)从线网层面确定联络线和出入线接轨站点。

(2)在线路起终点设置折返线。

(3)根据预测客流量,确定列车运行交路形式后,设置起终点之外的交路折返站。

(4)每隔5座或6座车站或8~10km设置停车线,其间每相隔2座或3座车站或3~5km加设渡线。

学习笔记

单元6.9 配线与行车组织

一、配线与运营模式

城市轨道交通运营模式可以分为正常运行模式、非正常运行模式、维修模式、资源共享模式,如图6-81所示。

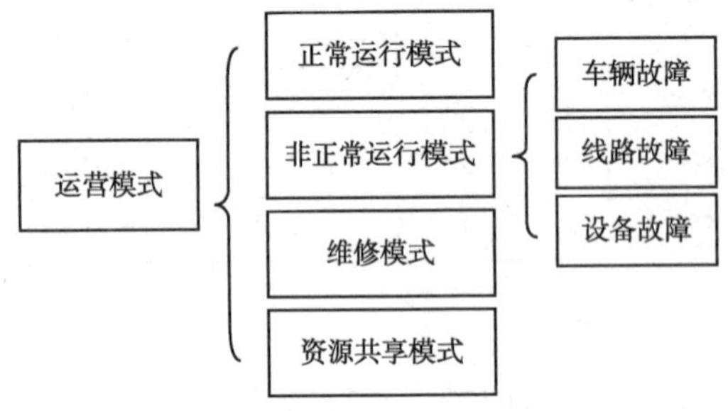

图6-81 城市轨道交通运营模式

(1)正常运行模式下,需要保证列车按预定的行车计划运行,应设折返线、渡线。

(2)非正常运行模式下,当车辆故障时,需要考虑故障列车待避,保证其他列车正常运行,应设停车线及渡线;当线路故障时,如暴雨、大雪等恶劣的天气条件,常常会对轨道交通线路产生影响，导致部分轨道积水等，应组织分段临时运行，并设渡线；当设备故障时，一般主要是供电、信号设备故障，应根据故障影响范围组织分段临时运行，并设渡线。

(3)维修模式下，轨道交通维修作业只能在非运营时段进行，必须利用各种配线——折返线、停车线和渡线，组织工程车、维修车辆单线(或分段)运行。

(4)资源共享模式下，如果需要从一条线路调车到另外一条线路，应设联络线和渡线。

所以，配线与运营模式关系密切，配线主要为城市轨道交通运营服务。

二、配线设计与行车组织

1.配线与行车组织的关系

从满足正常运行模式和非正常运行模式下的行车组织需求角度出发，折返线、停车线、渡线的设置与行车组织关系紧密，它们能够实现列车合理调度，提高列车组织的机动性，满足行车组织调整多样化的需要。配线与行车组织的关系主要体现在以下方面：

(1)适应正常行车交路，加快车辆周转，提高运行效益。

随着线路位置、长度、运行时段等因素的不同，不同线路的客流断面会呈现出不同的客流分布特点。当列车全程运行时，难免导致部分区段运能浪费。利用配线可以实现多样化的运营组织方式，在满足乘客需要的前提下，组织列车在不同区段运行，例如大小交路、短交路等形式，从而减少车辆的空驶里程数，加快车辆周转，减少运用车辆数，降低运营成本，提高运行效益。该功能主要通过折返线的设置实现。

(2)备用列车停放，适应夜间停车，或迎峰加车运行。

备用列车停放有两种方式：一是供次日早发车的列车在夜间停放。由于线路起讫点车站离车辆段或停车场较远，为减少早晨车辆远距离空驶消耗，宜在终点站或中间折返站增加配线，为次日早发车服务。这种配线主要在停运后的夜间时段使用，可与折返线兼用。二是备用加开列车的停放。有的车站位于大型客流集散点，有经常性突发客流，需要备用加车；或按计划为迎接高峰客流时段加车，也可设置备用列车停车线。此类配线多在非高峰时段使用，但使用概率较低。该功能主要通过停车线的设置实现。

(3)组织全线多站点发车，提高服务水平。

首班车通常由两端车站始发，中间各站的第一次列车到达时间随线路长度延长而延迟，线路越长，延迟时间越长，造成中间站服务水平越低，有效服务时间越短。增加配线，可灵活组织多车站同时发车，提高服务水平。该功能主要通过停车线的设置实现。

(4)提高故障状态下的行车调整灵活性。

全线运营过程中，难免会遇到各类故障。一种是车辆本身的故障，另一种是地

学习笔记

面设备故障,如信号、轨道(道岔)和各类电气设备等的故障。还会遇到局部故障,如地下线局部受淹、高架线遇恶劣天气(暴风雨雪)影响等,使局部地段停运,列车不能正常运行。在这些情况下,列车须绕行故障点或局部折返运行,维持非故障区段的正常运行。合理设置各类配线,能够提高列车运行调度的灵活性,最大限度地减小对正常运行线路的影响。该功能主要通过渡线的设置实现,辅以停车线和折返线。

(5)故障车辆下线,恢复正常运行秩序。

列车由于故障不能正常运行时,由于城市轨道交通线路的特性限制,必须尽快退出正线,尤其是在高峰运行时段,为避免故障列车对正线运行的影响,故障列车应就近退出正线,待非高峰运行时段再将列车送回车辆段检查和修理。为此,沿线相隔一定距离设置能够供故障列车待避的配线是非常有必要的。该功能主要通过停车线的设置实现。

2. 具备临时折返功能的配线

在城市轨道交通正常运行模式下,配线根据其自身的主要功能来发挥作用。为了使整条线路各种配线之间的功能能够共享,需要在它们各自功能的基础上,从全线的角度,对配线进行优化整合。在城市轨道交通非正常运行模式下,配线中的折返线和停车线还要发挥次要功能,即临时折返的功能,与渡线一起,用于组织临时交路。具备临时折返功能的配线包括渡线、停车线和折返线。影响临时折返点选址的因素如下:

(1)全线客流分布特征。在断面客流量较大的区段应该多设临时折返点,以减小该区段发生区间堵塞时对全线服务水平的影响。

(2)线路建设需要。先期建设线路的终点折返站,在线路延伸后可以改造为全线的临时折返点车站。在某些特殊区间两端,如过江段区间两端的车站,宜配置临时折返点,并要考虑与其他配线的配合。

(3)各临时折返点折返能力。根据临时折返点的配线形式,确定可能的临时交路,进而确定临时交路下的临时折返点折返能力,合理安排列车临时运营。

(4)临时折返站的疏散能力要考虑临时折返站的其他交通方式(主要是常规公交)对轨道交通客流的疏散能力,以便在特殊情况下,乘客可以改乘其他交通方式快速疏散。

3. 区间堵塞及区间堵塞时的行车组织

城市轨道交通是一个复杂的大系统,在运营过程中,不可避免地会产生各种故障,区间堵塞是可能发生的一种故障。区间堵塞时,运营部门须采取各种措施进行处理,包括调整列车运行方式、车站作业方式和设备运行方式等,而配线的配置形式是列车运行方式调整的基础条件。

(1)区间堵塞。

地铁在运营过程中,线路上发生的意外情况有可能导致行车中断,引起区间堵塞。一般来说,区间堵塞主要有以下 4 种情况:

学习笔记

①列车在区间内出现严重故障甚至脱轨,无法继续运行,在对故障列车进行救援之前,可视为区间堵塞。

②在牵引供电系统中,接触网系统的某一部分断裂,在恢复正常工作以前,部分区段可能停止运营,可视为区间堵塞。

③道岔故障,包括正线道岔故障和折返线道岔故障。正线道岔发生故障时,正常的进路无法实现,区间车站必然发生堵塞,此时列车运行转为区间堵塞模式。终点折返站如果因道岔故障导致一条折返进路不能实现,当有两条折返进路时,可以利用另一条进路进行列车折返,以维持全线列车运行。如果由于道岔故障两条进路都不能办理列车折返,列车将采用区间堵塞模式运行。

④在城市轨道交通发生事故或火灾等紧急情况时,根据紧急情况下的处理预案,部分区段可能停止运营,可视为区间堵塞。

除了上述4种情况外,各种突发事故都有可能造成区间堵塞。如果在短时间内不能解决,正常的运行交路无法实现,就需要利用渡线、停车线、存车线和折返线等组织临时交路。根据临时交路安排列车运行,根据故障发生的地点和严重程度,采取相应的行车组织,尽可能维持城市轨道交通其他区段的运营。

(2)区间堵塞时的行车组织。

区间堵塞时,为了维持城市轨道交通其他区段的运营,可采取两种行车组织措施:一种是组织列车按临时小交路运行,另一种是组织列车在局部地段按单线双向运行,维持全线低水平的贯通运行。几种常用的行车组织方法如下:

①临时交路运行。

当线路中部双向线路发生堵塞时,在堵塞区段两端利用渡线或停车线等折返掉头,组织线路两端按小交路运行,线路中部发生堵塞时的行车组织方法如图6-82所示。

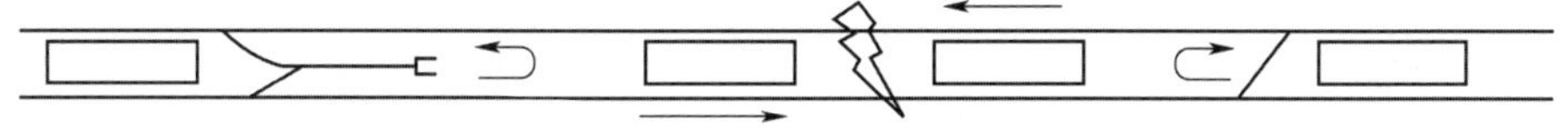

图6-82 线路中部发生堵塞时的行车组织方法

当线路一端发生堵塞时,可把该段线路甩掉,列车利用渡线或停车线等配线临时折返,采用短交路运行,线路一端发生堵塞时的行车组织方法如图6-83所示。

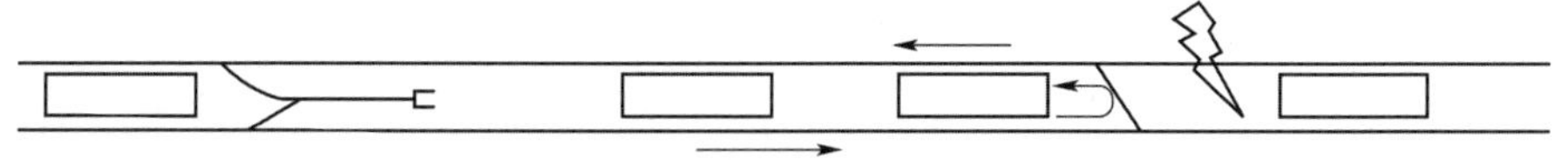

图6-83 线路一端发生堵塞时的行车组织方法

②单线双向运行。

当线路中部局部区间一侧线路堵塞时,可组织列车利用非故障线路按单线双向的方式运行。列车单线双向运行是地铁行车组织中一种有效的调度调整方式,其特点是在一条固定进路上同一时间内只有一趟列车往返运行,线路中部局部区

学习笔记

间发生堵塞时的行车组织方法如图 6-84 所示。列车运行交路因与拉风箱的动作类似,也被形象地称为"拉风箱"运行。"拉风箱"运行是应急情况下对地铁全局性的行车组织进行科学合理的调整,以最大限度地发挥地铁设备、设施的潜能,维持一定限度的地铁降级运输能力,把突发事件对运营的影响降到最低。

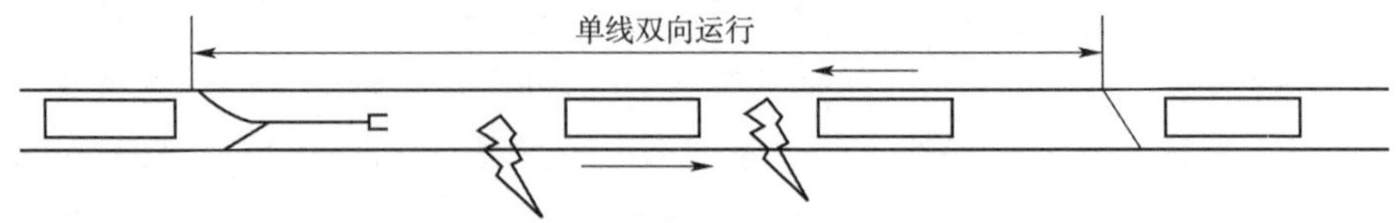

图 6-84 线路中部局部区间发生堵塞时的行车组织方法

复习思考题

1. 城市轨道交通配线有哪些类型?简述各配线定义及设置目的。
2. 折返线按折返作业方式分类,可以分为哪几种?并简述其优缺点。
3. 请分别绘制单折返线和双折返线的配线示意图。
4. 停车线按与站台的位置关系,可以分为哪几种?并简述其优缺点。
5. 请分别设计横列式停车线和纵列式停车线的配线示意图。
6. 渡线的布置形式有哪些?简述其优缺点。
7. 出入线的接轨形式有哪些?简述各种接轨形式的优缺点。
8. 出入线的设置要求有哪些?出入线的主要技术标准有哪些?
9. 联络线的布置形式有哪些?
10. 安全线一般在什么情况下设置?
11. 具有临时折返功能的配线有哪些?
12. 简述配线与行车组织的关系。
13. 什么是区间堵塞?区间堵塞时的行车组织方法有哪几种?
14. 请选择某条城市轨道交通线路,指出各配线类型及配线形式。
15. 简述配线设计方法。

学习笔记

模块 7

城市轨道交通车辆基地站场设计

问题导入

车辆基地作为城市轨道交通的重要组成部分，是车辆停放和检修、设备维修和材料供应、人员培训的场所，是保证轨道交通系统中各项设备处于良好状态并确保行车安全的场所。城市轨道交通车辆基地有哪几种类型？分别由哪些内容组成？站场平面设计技术标准有哪些？不同的平面段式有什么区别？纵断面又是如何设计的？本模块将回答这些问题。

学习目标

知识目标

1. 掌握城市轨道交通车辆基地功能定位及分类。
2. 掌握城市轨道交通车辆基地站场平面图识图。
3. 了解城市轨道交通车辆基地站场平面图布置的考虑因素。
4. 掌握城市轨道交通站场平面图、纵断面设计考虑因素及相关技术标准。

技能目标

1. 能区分车辆段和停车场，并能说出两者的不同功能。
2. 能识读城市轨道交通地铁站场平面图施工图图纸的各部分内容。
3. 能根据已知条件对城市轨道交通车辆基地进行概略布局。
4. 能合乎规范地使用站场平面、纵断面设计的相关技术标准。

素质目标

1. 具有规范严谨的设计理念、求真务实的工作态度和高度的责任感。
2. 具有良好的职业道德和规范、安全与质量控制等职业素养。
3. 具有良好的团队协作、人际交往和协商沟通的能力。
4. 具有良好的城市轨道交通工程伦理和环保意识。

建议学时

8 学时

案例引入

上海地铁 10 号线(一期)工程,荣获菲迪克"优秀工程项目奖",获奖的原因除了是中国境内首次采用全自动无人驾驶、成功实施盾构区间穿越运行中的机场跑道,还包括成功实施停车场上盖物业开发的工程。10 号线吴中路停车场是国内首个停车场上盖物业开发的项目,融入商业、市政、绿化、公益等元素,打造了一个综合性的新概念城市空间。吴中路停车场也是国内首个高度自动化的地铁停车场,展现了先进的轨道交通技术和管理水平。

上海地铁 10 号线吴中路停车场整体呈长方形,东西长约 800m,南北宽约 180m,用地面积约为 23.34 万 m^2,开发总面积约为 51.6 万 m^2(不含停车场建筑),地处闵行区吴中路以南、虹莘路以西、虹泉路以北。吴中路停车场综合开发的建筑综合体可划分为 3 个层面:地下商业空间、地面层的轨道交通停车场、盖上层的地铁博物馆及商业和办公综合体。

位于地面层的吴中路停车场有停车列检线 24 股、月检线 3 股等合计 44 股。该停车场承担上海地铁 10 号线配属车辆的定(临)修工作以及运行车辆的停放、列检、清洁、消毒和月检工作等。停车场设有停车列检库、洗车库、检修库、不落轮镟轮库、联合车库、综合楼及混合变电所、物资总库、易燃品库等设施。

吴中路停车场盖上层的商业开发分为商业办公区、综合商业区、酒店式办公区和国内首个地铁博物馆等,各种业态通过空中廊道、空中广场等连为一体,再通过功能上的分区和互补,融入商业、办公、公益等元素,打造了高品质的商业综合体,最大限度地提升了项目的整体价值。该项目因地制宜,根据吴中路停车场的特点与条件,明确开发项目以轨道交通博物馆、创意中心、商业广场等为主题,以服务周边地区普通市民为目的,吸引广大市民乘坐轨道交通、参观轨道交通,由轨道交通串联商业,由交通引导发展,具体体现在以下几个方面:

(1)土地资源集约使用:吴中路停车场综合开发并有效整合了土地资源,实现了土地资源的集约使用,提高了空间利用率,符合城市可持续发展的需求。

(2)带来社会效益和经济效益:综合开发带来了显著的社会效益和经济效益,不仅提升了地块价值,还促进了周边商业、办公等多元化发展,为城市更新提供了助力。

(3)交通便利性提升:作为地铁 10 号线的停车场,吴中路停车场为地铁列车的停放、维修和保养提供了便利;同时,其上盖开发的商业综合体也为市民提供了便捷的购物、休闲和办公场所。

(4)区域功能升级:吴中路停车场的综合开发推动了区域功能的升级,万象城的建成使吴中路商圈成为一个商业商务新领地,提升了整个区域的品质和形象。这种节约土地、尊重环境、创新的规划设计模式,对国内城市轨道交通车辆基地的

学习笔记

建设起到了重大示范作用。

单元7.1 城市轨道交通车辆基地概述

车辆基地是城市轨道交通系统的重要组成部分,是供轨道交通车辆和设备系统日常维护、保养、检修、更新改造,保证轨道交通各项系统、设备处于良好状态,确确保使用安全的场所;也是物资储备和人员培训的场所。其具有占地面积大的特点。

车辆运用、检修库房和车间及其主要设备

车辆基地包括车辆段(停车场)、综合维修中心、物资总库、培训中心和其他生产、生活、办公等配套设施。

一、功能定位及分类

车辆基地根据功能可分为车辆段和停车场。

车辆段

学习笔记

1. 车辆段和停车场的设置

(1)车辆段根据其检修作业范围可分为大/架修段和定修段。

①大/架修段承担车辆的大修和架修及其以下修程的作业。

②定修段承担车辆的定修及其以下修程的作业。

(2)停车场主要承担列检和停车作业,根据需要可承担双周/双月检及临修作业。

(3)停车场隶属相关车辆段。

2. 车辆段和停车场的作业范围

(1)车辆段。

①列车管理与编组工作。

②列车停放、列检、双周/双月检及清扫洗刷、定期消毒等日常维修保养工作。

③段内配属列车的乘务工作。

④车辆的定修、架修、大修等定期检修及检修后的列车试验。

⑤车辆的临修。

⑥段内设备、机具的维修和调车机车、工程车的整备及维修。

(2)停车场。

①列车管理与编组工作。

②列车停放、列检及清扫洗刷、定期消毒等日常维修保养工作,必要时可以承担双周/双月检和临修工作。

③场内配属列车的乘务工作。

知识链接

车辆检修修程

车辆各种修程的主要检修内容和范围如下：

(1)列检。

列检是对主要部件做外观检查,检查制动系统、门系统和车载信号系统功能是否正常。

(2)周检。

周检是对主要部件做外观检查,检查蓄电池液面、牵引电机换向器和碳刷、轮对制动闸瓦等。

(3)月检。

月检是对车辆外观和一般功能进行检查,即对车辆主要部件的技术状态进行外观检查和必要试验,对危及行车安全的故障部件进行全面修理。

(4)定修。

定修主要是预防性的修理,对各大部件的技术状态和作用做较仔细的检查,对检查发现的故障部件进行针对性修理,对车上的仪器和仪表进行校验,根据需要开展静态调试和试车工作。

(5)架修。

架修主要是检测和修理大型部件(如走行部、牵引电动机、传动装置等),同时,经架车操作,对车辆各部件进行解体和全面检查、修理、试验,对计量的仪器、仪表进行校验,车体要重新油漆、标记,组装后进行静态调试和试车。

(6)大修(厂修)。

大修是进行全面恢复性修理。要求对车辆进行全面解体、检查、整形、修理和试验,完全恢复其功能。组装后要重新油漆、标记,进行静态调试和试车。大修后车辆基本上要达到新车出厂水平。

二、车辆检修制度

每座车辆基地规模,应根据列车运行交路、列车编组、车辆技术参数和车辆检修制度等计算确定。车辆的检修宜采用日常维修和定期计划修理相结合的检修制度。每个城市的检修制度可能存在差异,在运营线路达到一定里程后,为更好地保障运营,提高运营质量,维保单位也有可能对检修制度做出适当调整。

车辆检修修程和检修周期应根据车辆技术条件和质量标准,并综合考虑既有车辆基地的检修经验制定。车辆定期检修和日常维修周期见表7-1。

车辆定期检修和日常维修周期表 表 7-1

检修种类	定期检修			日常维修		
	大修	架修	定修	月检	周检	列检
走行里程(万 km)	120	60	15	3	0.5	—
时间间隔	10 年	5 年	1.25 年	3 个月	0.5 个月	1 天或 2 天
检修时间(d)	35	20	7	2	0.5	—

注:数据来源于《地铁设计规范》(GB 50157—2013)。

车辆检修工艺流程

车辆检修工艺流程一般如下:

(1)列检作业。

车辆进段→车体外皮清洗(2 天 1 次)→入库→列检、清扫、消毒→待班→出段。

(2)双周检作业。

车辆入库→重要部件技术检查→交验→待班→出段。

(3)双月检作业。

车辆入库→清洁→检测→全面检查→交验→待班→出段。

(4)定修作业。

车辆入库→车体底部电机、电气设备封闭→车体底架清扫、吸尘→回库拆封→检修测试→蓄电池充放电或更换→不落轮镟轮→静态调试→动态调试→待班→出库。

(5)临修工艺流程。

车辆入库→解钩→架车→更换故障转向架→车体连挂→静态调试→动态调试→交验→出库。

(6)大/架修工艺流程。

车辆入库→车体底架、顶部清洗→吹扫→解钩线列车解钩→单元车入库大架修→修竣车静态调试→动态调试→交验→出库。

学习笔记

三、车辆基地的组成

车辆基地总体上主要分为 2 个部分:线路部分和库房部分。车辆段库房与线路图如图 7-1 所示(请扫描二维码)。

图 7-1 车辆段库房与线路图

1. 线路

车辆基地线路俗称车场线,车场线通过出入线与正线连接起来,停放在车辆基地里的列车通过出入线往返于正线。车场线根据担负的任务可分为停车线、列检线、周/月检线、定修线、大/架修线、洗车线、不落轮镟轮线、喷漆线、吹扫线、静调线、牵出线、试车线、调机停放线、工程车停放线、材料装卸线、回转线、联络线、咽喉区部分线路等。

停车线、牵出线、出入段线

具体介绍如下：

①停车线。城市轨道交通系统不是全日 24h 运营，夜间列车须回段停放。

②列检线。用于对与列车行车安全相关的部分进行日常性技术检查。

③周/月检线。双周检是对易损件和磨耗件、部件的空气滤尘器进行检查。双月检是进行车辆重点部件及系统状态检查，以及部件清洁、润滑，更换磨耗件。每条线都设检查坑。根据车辆基地总平面布置的不同类型，周/月检线可以采取一线一列位或者一线两列位形式。一线一列位是指一股道上停放一列车，一线两列位是指一股道上停放两列车。

检修线、临修线

④定修线。主要进行车辆的各项系统状态检查、检测；各部件全面检查、清洁、润滑，以及部分部件如空调机组、受电弓或集电器的清洁、测试；蓄电池充放电和修理，列车的全面调试。根据检修工作量确定线路数，线路不宜采用多列位设置，一般采用一线一列位形式。

静调线、试车线、洗车线

学习笔记

⑤大/架修线。大修是对车辆各部件和系统进行全面的解体、检查及整修、调试，可结合技术改造对部分系统进行全面的更换。架修是对车辆的重要部件，特别是转向架及轮对、电机、电器、空调机组、车钩缓冲器装置、制动系统等进行分解、清洗、检查、探伤、修理，更换报废零部件。大/架修线用于对电气部件进行清洁和测试，对蓄电池进行充放电或者更换，对检修后的车辆进行全面检测、调试及试验。根据检修工作量确定线路数，线路不宜采用多列位设置，一般采用一线一列位形式。

⑥洗车线。为保持列车的清洁，须设置洗车线。洗车线有尽头式和贯通式两种布置形式，以贯通式布置形式使用最为方便，但需狭长形用地，用地具备条件方可布置。尽头式洗车库两端线路有效长度均需保证一列车长，且库两端宜保证有一辆车长度的直线段。洗车作业时不得影响其他列车的正常作业和运行，洗车线宜单独设置，不与其他线路共用。

⑦不落轮镟轮线。不落轮镟轮车床是保证城市轨道交通车辆安全运行、提高车辆运行效率的重要设备，对于列车运行过程中因摩擦产生的擦伤、偏磨等不良故障，可以在列车不解体的情况下进行镟轮作业，从而保障列车的安全运行。不落轮镟轮线有效长度按设备前后各满足一列车的停放要求确定，作业区段应为平直线路。

⑧牵出线。用于车辆段内调车作业，根据段内车库位置设 1 条或 2 条。线路有效长度至少应满足一列车长、调机长及安全距离之和，并设置在方便调车作业、能与车辆段内各条线路连通的位置。

⑨试车线。列车经定修、架修或大修后，要求在线路上进行动态试验，检验列

车维修后不同速度下的各种工况指标，主要是在试车线上对整列车的运行性能、状态及车载通信信号设备进行检测、试验。试车线一般靠近检修库设置，便于列车上线试验。试车线长度应根据车辆性能和技术参数以及试车综合作业要求计算确定。试车线应为平直线路，困难条件下允许在线路端部设部分曲线，并应满足列车试验速度的要求；试车线的技术标准宜与正线标准一致。

⑩喷漆线。列车大修作业后一般应对车体重新喷漆，线路长度可按列位或单元长度设计，数量则根据检修工作量确定。目前多以喷漆车间与检修库合并形式设置，列车在大/架修线上解体后通过移车台转至喷漆线车间作业。

⑪吹扫线。为进行列车定修及架修（或大修）作业，须设置吹扫线，对待修前的列车底架和车下设备进行清洁，以便列车解体和检修作业。线路作业长度按一列位长度设计。吹扫线多组合设置于检修库内，但其检修库宜作为独立库房。

⑫静调线。一般设静调库，合并设置于检修库内，主要对列车重要部件进行低压通电检查，对车门、空调及列车控制等系统功能进行调试，测试各电气部件的动作是否符合技术要求。

⑬调机停放线。用于停放和检修段内配属的调车机车，可根据配属的数量确定线路数。

⑭工程车停放线。用于停放工程车组以及正线救援用调车机车，一般紧邻咽喉区，以顺向连接出入线即方便上正线为宜。

⑮材料装卸线。车辆段设置材料库，存放供全线使用的原材料、备品、备件、工器具等，材料装卸线须便于设备、材料、备品备件的运输，并以顺向连接出入线为宜。

⑯回转线。列车长期运行，会产生轮缘偏磨。在有条件的情况下，可在车辆段内设置回转线。回转线可根据车辆段的地形和布置特点，采用灯泡线或三角线布置形式，也可根据车辆段出入线的布置情况，采用“八”字线布置形式。回转线需占用较大用地，须视用地条件确定是否设置。

⑰联络线。若车辆段用地周边分布有铁路，在有条件的情况下，车辆段内可设置与铁路相连的联络线，以连通城市轨道交通与铁路，解决城市轨道交通材料、大型设备运输以及新车入段的问题。

⑱咽喉区部分线路。

在车辆基地里，通过道岔组合实现上述功能性线路的连通。通过道岔开叉出线，由一开始的2根出入线渐次分岔成几十根线路，连接大库及其他车场线，此类区域称为咽喉区。咽喉区的设计，需要保证必要的平行作业，尽可能减少列车在车辆基地内调车作业的折返次数并缩短折返路径，提高作业效率。咽喉区的总长度要尽量缩短，以节省用地。

2. 库房

（1）服务于车辆运用整备工作的车库。

该车库包括停车库、列检库、双周检/双月检库和列车清洗库，上述库房内含相应线路以及必要的办公、生活房屋和设施。停车库、列检库宜合建为停车列检库。

学习笔记

根据总平面布置条件,双周检/双月检库宜与停车列检库合建组成运用库,也可独立设置,或与定修库等检修厂房合建组成联合检修库。停车列检库线、双周检/双月检库线均应与出入线顺畅连接。

停车列检库、双周检/双月检库应根据列车日常运行、整备和列检作业的需要,配备运转值班室,司机出乘室,客室清扫消毒、车辆车载设备检测、工具存放、备品储存和工作人员更衣休息等生产、办公、生活房屋。上述房屋宜设置于车库的附跨内或邻近地点。根据车辆基地运用管理模式的要求,可在停车列检库、双周检/双月检库附跨内设置车辆段控制中心(Depot Control Center,DCC)用房。

(2)服务于车辆检修工作的车库。

该车库包括定修库、大修/架修库、临修库、吹扫库、静调库、不落轮镟轮库及其辅助生产房屋及设施,应根据功能和检修工艺要求设置。定修段应设定修库、临修库、吹扫库、静调库,并根据需要设置不落轮镟轮库和相应线路以及辅助生产房屋。大修/架修段除上述定修段各种生产房屋外,尚应增设大修/架修库和必要的部件修理车间。承担定修及以上修程作业的车辆基地还应设置试车线。

此外,还应有设备车间,负责定修段内的动力设施及通用设备的维修。

(3)综合维修中心。

综合维修中心主要负责城市轨道交通各系统设备和设施的维修管理,涉及线路、路基、轨道、桥梁、涵洞、隧道和房屋建筑等设施的维修、保养,以及供电、通信、信号、机电设备和自动化设备的运用、维修和检修工作。

(4)物资总库。

物资总库担负着轨道交通各系统材料、配件、设备和机具,以及劳保用品等的采购、储存、发放和管理工作。物资总库宜与综合维修中心邻近设置,并设有库房、料棚和必要的办公、生活房屋,以及材料堆放场地。

(5)救援办公室。

车辆基地内应设救援办公室,受控制中心指挥,其内应设时钟、自动电话和直通控制中心防灾调度电话。

列车救援设备宜包括救援平板车、救援汽车、指挥车、车辆复轨设备、牵引设备、强力扩张器、快速切割机、轮对代行器、组装式轻便轨道小车、小型气割设备、小型焊接设备、小型发电机组、照明设施及其他救援器材等。

综合维修中心宜按照工务、供电、通信信号等专业配备相应抢修设备。

救援和抢修设备、设施的日常管理、维护和检修,以及人员的培训和演练等均宜由车辆基地相关部门兼管。

(6)培训中心。

培训中心负责组织和管理职工的技术教育以及培训,原则上一个城市轨道交通网络集中设置一个或多个培训中心。培训中心宜设于车辆基地内,便于利用车辆基地的既有设施对职工进行操作培训。培训中心内应设司机模拟驾驶装置及其他系统模拟设施,并设教室、阅览室、实验室、教职员工办公室以及配套设施。

学习笔记

车辆段库房与线路布置详图如图7-2所示,上述库房中运用库、检修库、洗车库、不落轮镟轮库通过一系列线路有效连接,车辆通过线路在运用库、检修库之间调转,进行日常保养、定期检修作业,力争上述作业工艺流畅、用地紧凑,此即站场设计的核心内容。

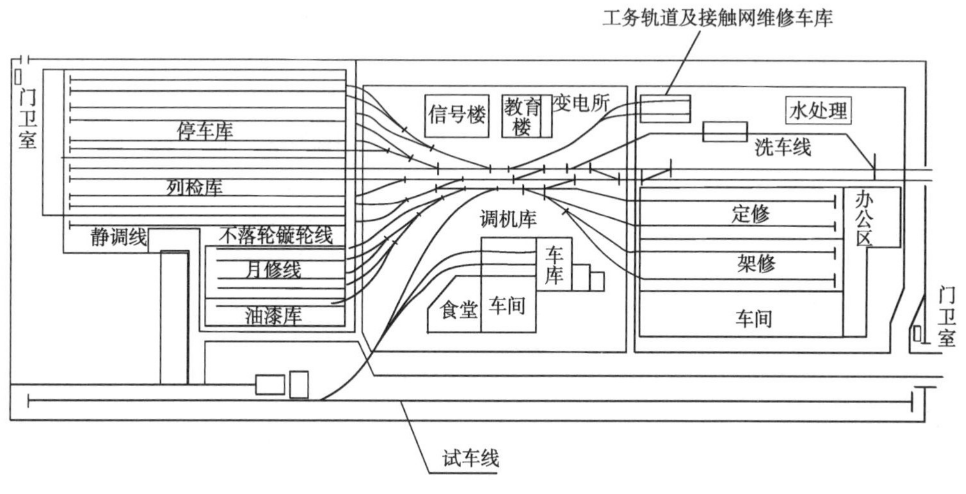

图7-2　车辆段库房与线路布置详图

学习笔记

单元7.2　城市轨道交通车辆基地站场平面图识图

一、站场平面布置图内容

城市轨道交通车辆基地站场平面布置图是反映车辆基地总体布局的图纸,包括用地界、基地出入口、线路、库房、道路、办公生活配套设施、绿化分布位置等内容。通过此图,可一览车辆基地的建设规模、库房布置等情况。需要说明的是,车辆基地设计涉及的相关专业会出具平面布置图,如工艺总平面图、建筑总平面图、给排水总平面图等,站场平面图侧重线路布置,重点围绕线路相关要素开展设计,像库房布置仅示意建筑轮廓线,详细设计须查看建筑专业图纸。站场专业在各个设计阶段,包括工程可行性研究、总体设计、初步设计、施工图设计等阶段均会绘制站场平面布置图。站场专业是车辆基地设计的"龙头专业",站场平面布置图基本上决定了整个车场的布局及用地规模。站场专业各阶段的图纸设计深度有所不同,施工图设计阶段作为最终阶段,图纸体现的要素最多也最详细。

二、站场平面布置图组成

下面基于地铁系统A型车,以某条线路的车辆基地站场平面布置图施工图为

图 7-3 站场平面布置图图样

学习笔记

例进行识图，站场平面布置图图样如图 7-3 所示（请扫描二维码）。

站场平面布置图（后面没有另外说明，都是指地铁施工图设计阶段站场平面布置图）由站场平面布置图图样、附表、附注和图例、图签栏、会签栏 5 部分组成。其中，站场平面布置图图样、附表是最主要也是最重要的两部分内容。从图幅上看，站场平面布置图图样布置在图幅的左侧，附表布置在图幅的右侧。图签栏和会签栏同前面线路设计章节，在此不再赘述。

1. 站场平面布置图图样

站场平面布置图图样主要由用地界、线路、库房、道路等要素构成。

（1）用地界。

用地界示意图如图 7-4 所示，车辆基地用地界一般由闭合的多段粗实线围成，转折处以冠号“D”加数字依次连续编号（如图 7-4 中“D3”“D4”字样），此范围为工程用地范围，一般在施工图设计阶段建设单位已完成征地相关程序，使用地权属合法化。

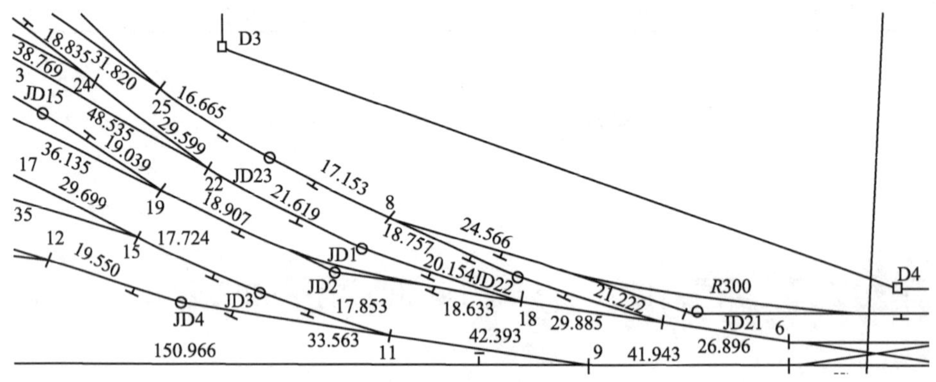

图 7-4 用地界示意图

（2）线路。

预留股道标识示意图如图 7-5 所示，图上线路大部分采用实线，但某些线路会采用虚线。采用虚线的线路一般是指远景预留线路，即不属于本次工程项目实施范围，待远期另行立项建设，仅在本阶段一次性规划，以保证将来在目前用地条件下实施的可行性。此部分线路股道编号会带有方括号“[ ]”，行业内约定俗成，在设计说明书中会加以说明。

咽喉区线路集中布置有很多组道岔，线路标识较多，咽喉区示意图如图 7-6 所示。如道岔标志，垂直于线路的小短线即为道岔岔心位置，其边上数字为道岔编号，两组紧邻道岔间数字为两组道岔岔心之间直线段距离。曲线有曲线头标志“T”、切线、交点编号等。《地铁设计规范》（GB 50157—2013）规定，A 型车车场线一般曲线半径为 150m，非 150m 半径的曲线须标出其曲线半径，如图 7-4 中最右端 JD21 处曲线标识 *R*300，即代表此曲线半径为 300m；另外，须在附注中说明“曲线半径未标识代表其半径为 150m”。在咽喉区线路与大库连接的最后一个曲线后标识的数字代表曲线头至库前直线段距离，此距离对库门是否需要加宽有影响，距离越短，代表曲线离库门越近，库门需要加宽的值越大，设计时须注意核算此处大门宽度，一般设计时考虑留有不少于 10m 长度为宜。

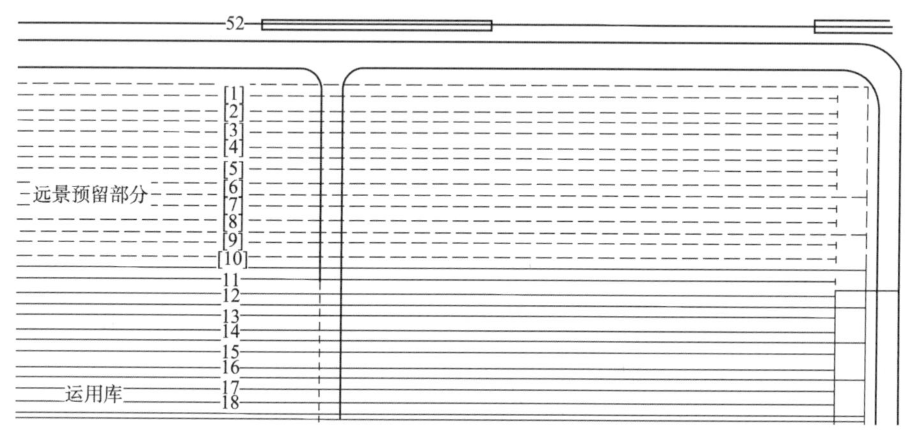

图 7-5 预留股道标识示意图

车辆基地内线路通过咽喉区线束收拢最终与出入线贯通，为了将两者联系起来，一般选择将入段线或者出段线的线路设计终点里程延续至车辆基地内的某一条贯通线路的终点作为车辆基地线路设计终点，而入段线或者出段线的线路设计终点同时也定义为车辆基地线路设计起点，此处也是出入线与车辆基地线路设计的分界点。

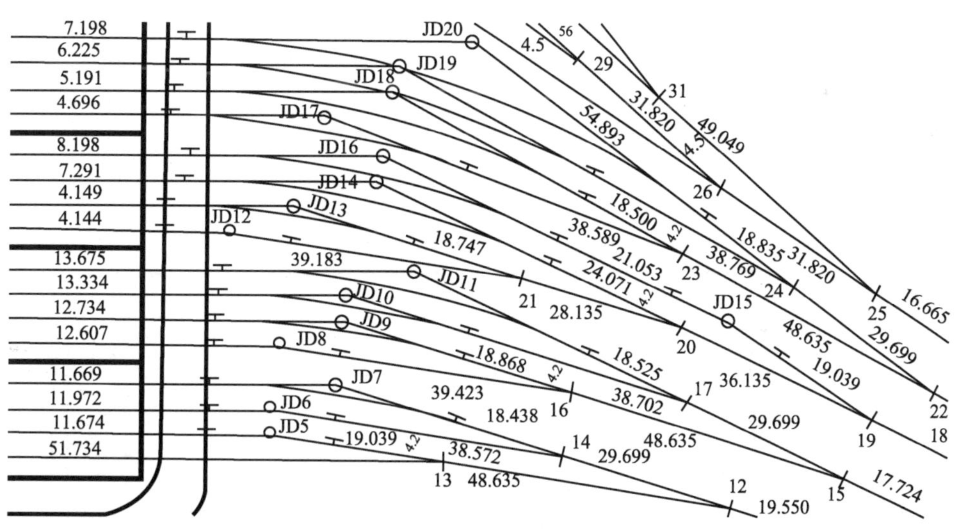

图 7-6 咽喉区示意图

定义线路平面设计里程后，还须进行纵断面设计。线路平面及纵断面参数标注示意图如图 7-7 所示，车辆基地线路纵断面设计在站场平面图上的表现方式为插坡，纵断面插坡起终点即为前述线路平面设计的起终点。平面里程标识与纵断面插坡可根据情况合并设置，如图 7-7 右端所示，19 股道车挡为车辆段线路设计终点，此处轨顶标高为 5.70m，相邻的坡段为长 736.423m 的平坡。

学习笔记

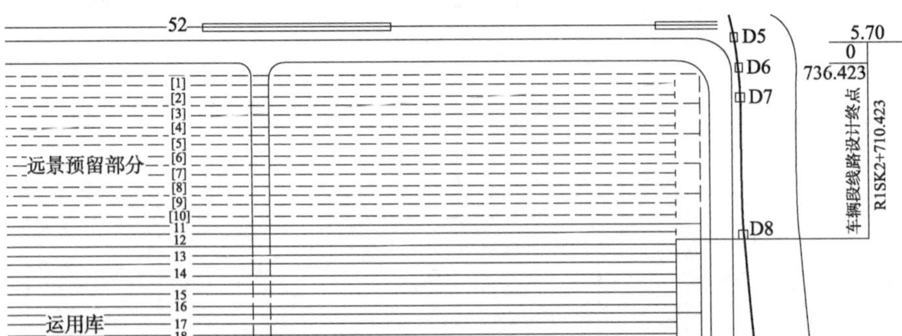

图 7-7　线路平面及纵断面参数标注示意图

(3)库房。

停车列检库库线示例如图 7-8 所示,图中粗实线为库房结构轮廓线或柱跨分隔线,图中细实线为库房内股道线路,每根细实线最左端的竖直小短线代表车挡,即铺轨终端。图 7-8 中每一跨结构内布置有 4 股道,一般称之为 4 线跨(可根据每跨的线路数量定义其为几线跨),跨与跨之间规则布置结构柱。

出图时须标识库房名称(图 7-8 中的"停车列检库")、股道编号(图 7-8 中的数字编号 1 ~ 16,现场的每股道标识牌即按照此编号顺序制作)、线间距(图 7-8 中线间距为 4.2m)、库内铺轨长(图 7-8 中库内铺轨长为 308m;普通 A 型车 6 节编组列车长度约为 140m。长度 308m 的轨道可停放 2 列车,一般称之为一线两列位;若一股道停放 1 列车,一般称之为一线一列位。故查询库内总的停车列检列位数要注意库内线路长度)。

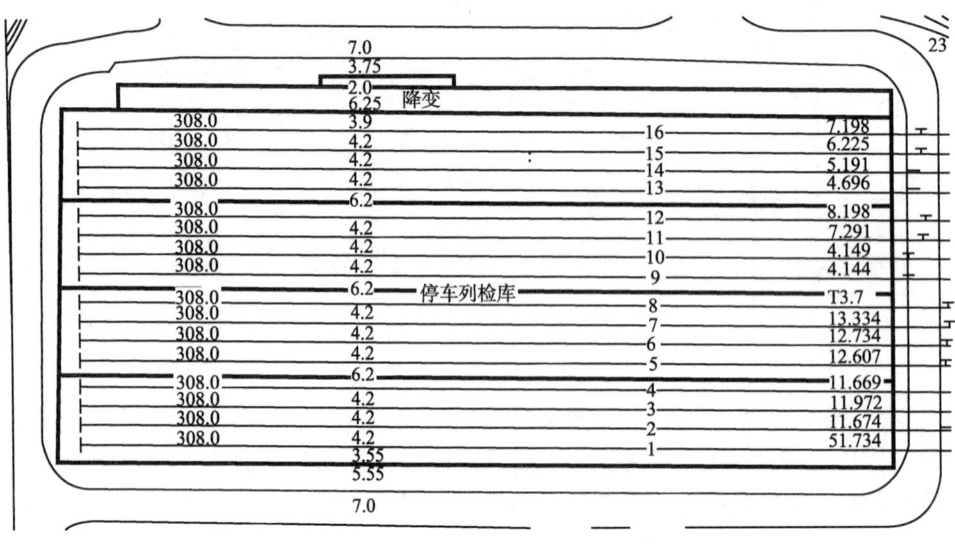

图 7-8　停车列检库库线示例

检修库库线示例如图 7-9 所示,相关参数含义基本同停车列检库库线。注意检修库一般每股道为一线一列位,以避免前后干扰。考虑到人员检修作业空间、设备需求,其线间距比停车列检库库线略大。

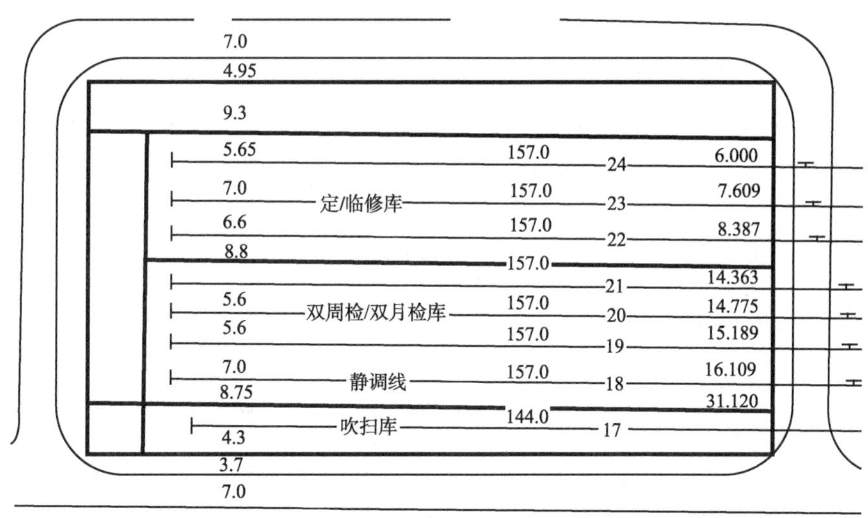

图 7-9 检修库库线示例

(4)道路。

主要库房周围一般有环形道路分布,满足消防和日常使用需求,通常按双车道考虑,道路宽度为 7m(图 7-8 中最上部和最下部双实线处标识的 7.0 即为道路宽度),用地紧张时道路最小宽度须满足消防使用要求[《地铁设计规范》(GB 50157—2013)要求为 4m]。

2. 附表

附表主要由股道表、曲线表、道岔表、车挡坐标表、用地界坐标表等表格构成。

(1)股道表。

股道表示例如表 7-2 所示,股道表由股道编号、股道名称、起讫点、全长、库内线路长/库外线路有效长、铺轨长组成。

股道表示例 表 7-2

序号	股道编号	股道名称	起讫点			全长(m)	库内线路长/库外线路有效长(m)	铺轨长(m)	附注
			起点	经由	终点				
1	[1]	远景预留停车列检线	[17]	—	车挡	415.729	325	403.296	
2	[2]	远景预留停车列检线	[15]	[16]	车挡	474.187	325	438.127	
3	[3]	远景预留停车列检线	[19]	—	车挡	419.250	325	406.817	

学习笔记

续上表

序号	股道编号	股道名称	起讫点			全长(m)	库内线路长/库外线路有效长(m)	铺轨长(m)	附注
			起点	经由	终点				
4	[4]	远景预留停车列检线	[14]	[15][19]	车挡	500.050	325	440.363	
5	[5]	远景预留停车列检线	[20]	[21]	车挡	454.462	325	418.402	
6	[6]	远景预留停车列检线	[21]	—	车挡	402.947	325	390.514	
7	[7]	远景预留停车列检线	13	[14][20][22]	车挡	525.776	325	442.462	
8	[8]	远景预留停车列检线	[22]	—	车挡	381.476	325	369.043	
9	[9]	远景预留停车列检线	[24]	[25]	车挡	458.726	325	422.666	
10	[10]	远景预留停车列检线	[25]	—	车挡	376.409	325	363.976	
11	11	停车列检线	27	—	车挡	379.381	325	366.948	

“股道编号”与站场平面图上的线路编号一一对应，每根股道起点大部分为道岔，终点为车挡，中间可能经由其他道岔，所以表7-2中“起点”“经由”2项所标示数字为站场平面图中相关道岔的编号。注意，个别线路起点不一定是道岔，比如试车线，其起点和终点都是车挡；个别线路终点也不一定是车挡，比如联络线，其起点和终点往往都是道岔。

“全长”为站场平面图上整条线路全长，若线路起点为道岔、终点为车挡，则全长为道岔岔心至车挡终端的距离。

“库外线路有效长”为列车可实际停放的线路长度，须扣除警冲标、信号机至道岔岔心的距离和车挡安装距离。

“铺轨长”为该股道实际铺设所需要的钢轨距离，须扣除道岔在此股道内所占用的长度(道岔为整组设备，插入铺设即可，不需要再铺轨)，但是不需要扣除车挡安装距离。因为目前的车挡基本上在安装时仍要铺设钢轨，若后续有新型车挡出现，安装时不需要铺设钢轨，则此时“铺轨长”可扣除车挡安装距离。

◆*想一想：“全长”“铺轨长”“库外线路有效长”三者哪个最大、哪个最小？*

股道的“全长”肯定是三者中最大的，因为该长度不扣除任何长度。

若股道的起点为道岔岔心，终点为车挡，且不经由任何其他道岔，在此种情况下，股道的“铺轨长”仅扣除第一幅道岔岔心至道岔尖端或道岔根部的距离。轨道交通车辆基地内道岔一般采用7号道岔，以目前上海常用道岔型号为例，道岔 a 值(道岔岔心至道岔尖端距离)为11.194m，道岔 b 值(道岔岔心至道岔根部距离)一般为12.433m。而“库外线路有效长”不仅要扣除警冲标、信号机至道岔岔心的距离,此距离一般为30～40m(以具体信号专业要求为准),已经远大于上述的a、b值,还须扣除车挡占用的轨道长度。以目前上海车辆基地常用车挡型号为例,车挡占用长度为3m、5m、8m、15m、25m不等,显然是更短了。所以,这种情况下,“铺轨长”大于“库外线路有效长”。

其实,“铺轨长”更多的是为了辅助轨道工程量的计算,站场设计更关注“库外线路有效长”的取值,以保证列车有足够的空间停放,保证作业时的进路安全,若列车冲出所在股道,可能发生与相邻股道列车碰撞事件。

(2)曲线表。

车辆基地内曲线集中分布在库前咽喉区与库内股道连接处。曲线表示例如表7-3所示,曲线表包括交点编号、交角、曲线半径、切线长度、曲线长度、交点坐标等内容。交角为曲线两端直线相交的角度。目前地铁A型车车场线半径一般取值为150m,故表7-3中示例的曲线半径多为150m,表格按实际情况填写。填写交点坐标时注意坐标系的选用,须与正线采用的坐标系保持一致。轨道交通坐标系统一般与城市坐标系统不一致,两个坐标系之间要进行转换。

曲线表示例 表7-3

序号	交点编号	交角	曲线半径(m)	切线长度(m)	曲线长度(m)	交点坐标		附注
						Y	X	
1	JD[1]	24°23′24″	150	32.417	63.853	11200.719	10458.048	
2	JD[2]	24°23′24″	150	32.417	63.853	11198.152	10454.094	
3	JD[3]	25°53′24″	150	34.479	67.780	11198.047	10446.668	
4	JD[4]-1	01°30′00″	400	5.236	10.472	11255.681	10392.033	
5	JD[4]-2	17°45′36″	150	23.436	46.496	11186.991	10445.857	
6	JD[5]-1	02°00′00″	300	5.237	10.472	11241.496	10394.787	
7	JD[5]-2	18°15′36″	150	24.107	47.805	11186.701	10438.500	
8	JD[6]	10°07′48″	150	13.295	26.520	11175.663	10437.682	
9	JD[7]-1	02°00′00″	300	5.237	10.472	11238.911	10392.185	
10	JD[7]-2	10°07′48″	150	13.295	26.520	11171.758	10431.664	
11	JD[8]	02°00′00″	300	5.237	10.472	11165.524	10429.067	
12	JD[9]	08°07′48″	150	10.660	21.284	11163.939	10422.189	
13	JD11	08°07′48″	150	10.660	21.284	11162.424	10410.380	

(3)道岔表。

道岔表示例如表7-4所示,道岔表包括道岔编号、钢轨类型、道岔号数、开向、坐标等内容。

学习笔记

道岔表示例　　表 7-4

序号	道岔编号	钢轨类型	道岔号数	开向	坐标		附注
					X	Y	
1	[1]			右	11538.186	10295.076	
2	[2]			右	11473.295	10299.683	
3	[3]			右	11505.384	10282.518	
4	[4]			左	11472.239	10294.796	
5	[5]			左	11445.950	10300.476	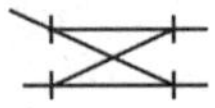
6	[6]			右	11412.795	10312.754	
7	[7]			右	11447.006	10305.363	
8	[8]			右	11411.739	10307.867	
9	[9]	50kg/m	7	左	11384.611	10323.192	
10	[10]			右	11353.525	10340.036	
11	11			左	11386.347	10327.881	
12	12			右	11351.789	10335.347	
13	13			左	11326.567	10344.687	
14	14			左	11300.291	10358.925	
15	15			左	11276.293	10376.735	
16	16			左	11256.299	10396.529	
17	17			右	11236.582	10422.545	
18	18	60kg/m	9	左	11140.462	10504.357	

“道岔编号”与站场平面图上标示一一对应，表 7-4 中道岔编号带有方括号的，代表该道岔位于预留股道，待远期建设，一般会在附注中加以说明。

“钢轨类型”栏中“50kg/m”“60kg/m”分别代表目前地铁常用的 2 种轨型，俗称 50 轨、60 轨，车场线大部分为 50 轨，60 轨一般用于试车线。

“道岔号数”栏中“7”“9”分别代表 7 号道岔、9 号道岔，车辆基地内道岔大部分为 7 号道岔，9 号道岔一般用于试车线、出入线等。

“开向”为道岔侧股左开、右开情况。

“坐标”标注的是道岔岔心坐标，同样须与正线采用的坐标系保持一致。

表 7-4“附注”中，对应[5]~[8]号、[9]~12 号道岔标识有交叉渡线图样，代表此 4 组道岔为交叉渡线所在。

(4) 车挡坐标表。

车挡坐标表示例如表 7-5 所示，车挡坐标表主要包括车挡所在股道、坐标等内容。“坐标”标注的是车挡设备端部的坐标。

车挡坐标表示例 表 7-5

序号	车挡所在股道	坐标		附注
		X	Y	
1	[1]	10857.268	10585.240	
2	[2]	10855.670	10580.926	
3	[3]	10853.239	10574.362	
4	[4]	10851.641	10570.048	
5	[5]	10849.211	10563.484	
6	[6]	10847.613	10559.170	
7	[7]	10845.182	10552.606	
8	[8]	10843.584	10548.292	
9	[9]	10841.154	10541.728	
10	[10]	10839.556	10537.414	
11	11	10837.125	10530.850	
12	12	10835.527	10526.536	

(5)用地界坐标表。

用地界坐标表示例如表 7-6 所示,用地界坐标表主要包括点位、坐标等内容。“点位”为用地界各转点编号,“坐标”为该转点的坐标。

用地界坐标表示例 表 7-6

序号	点位	坐标		附注
		X	Y	
1	D1	11942.941	10215.733	以 $R = 1015$m 的曲线连接
2	D2	11916.438	10224.325	
3	D3	11890.181	10233.642	
4	D4	10847.494	10619.784	

3. 附注和图例

(1)附注。

附注示例如图 7-10 所示,附注主要对本图采用的尺寸单位、坐标系统、高程系统及其他需要说明的事项进行补充注释。

学习笔记

附注：

1. 车辆段线路设计范围为 R1SK2 +029.541 至设计终点 R1SK2 +710.423。
2. 本图尺寸除注明者外均以米计。
3. 本图坐标采用上海地铁坐标系统，根据上海市测绘院提供的地形绘制。
4. 图中所注标高为吴淞高程系统。
5. 图中道岔除注明者外均为 50kg/m，7 号道岔。
6. 图中线路曲线半径除注明者外，其余均为 150m。
7. 坡度标所注高程除注明者外均为轨面高程。
8. 图中线路坡度以千分数计，道路坡度以百分数计。
9. 里程冠号 R1SK 为入段线里程冠号；C1SK 为出段线里程冠号；SSK 为试车线里程冠号；J1K、J2K 为车辆段基线里程冠号。
10. 车挡坐标为铺轨终点坐标，车挡形式详见轨道专业图纸。
11. 出入线设计详见线路专业有关图纸。
12. 警冲标位置详见轨道专业有关图纸。
13. 接触网柱布置详见接触网专业有关图纸。
14. 房屋设计及上盖开发柱网详见建筑等专业有关图纸，区间环控机房非本工程设计范围。
15. 向阳路改造跨线桥及上盖平合匝道仅为示意，具体设计详见道路、桥梁分册图纸。
16. 轨行区围栏具体位置、范围详见工艺、建筑专业有关图纸。

图 7-10 附注示例

（2）图例。

图例示例如图 7-11 所示，预留线路、道岔、库房等相关要素均以虚线标识。

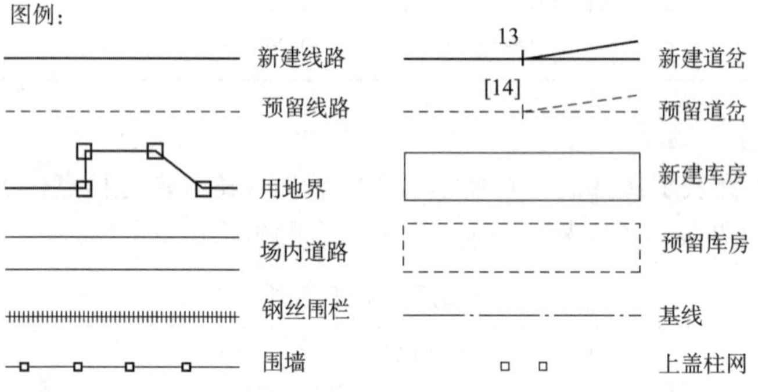

图 7-11 图例示例

单元 7.3 城市轨道交通车辆基地站场平面图布置的考虑因素

一、布局及选址

（1）车辆基地的设计应包括车辆段（停车场）、综合维修中心（工区）、物资总库、培训中心和其他生产、生活、办公等配套设施。车辆基地的布局、功能和各项设施的配置应根据工程运营需要，结合网络车辆基地布局规划、既有及规划网络车辆联络通道、车辆基地选址条件等综合研究确定,应实现资源共享,减少车辆大、架修设施的布点,提高设备利用率、节省投资。

(2)车辆基地的选址,应遵循方便运营、减小列车空驶距离、减少用地面积的原则。一般当轨道交通线路运行里程超过20km时,可在车辆段的基础上再设置停车场,而且一段一场布置在线路两端,更加方便运营组织。假设全线只有一处车辆基地且选址于线路一端,若想线路两端同一时间开始运营,那么早上发往线路另一端的列车需要提前发出,列车空驶距离长、能耗增加,并且早班司机上班时间也需提前,人工成本增加;同理,若想线路两端同一时间结束运营,晚班列车全部回库的时间也会推迟。这都会压缩夜间正线的检修时间,不利于保障运营。所以在这种情况下往往会采取线路两端开始和结束运营时间不一致的方案,但是这会给线路另一端有早出晚归需求的乘客带来不便,他们会发现早上头班车来得有点晚、晚上末班车又结束得太早。因此,一般线路长度超过一定距离时,要考虑在线路两端都设车辆基地。

车辆基地选址应符合下列要求:

①应符合城市总体规划的要求。如选址应尽量避开城市非建设用地、军事用地、重大市政工程用地,以及绿化、水系等规划用地;若确实无法避开,需向有关部门提出调整规划的需求,得到相关部门批准后方可进行选址。

②应靠近正线,具有良好的接轨条件,便于列车高效、快速上线,并减小空驶距离。

③应有足够的用地面积并考虑一定的远期发展余地。土地资源日益紧张,适当地提前考虑一定远期发展余地是有必要的。

④宜避开工程地质和水文地质不良地段。

⑤应便于电力、通信、给排水和天然气(煤气)等市政管道的接入,以及出入口与市政道路的连接。车辆基地除车辆运用、检修设施外,还设有食堂、浴室、司机宿舍等生活配套设施,定员会有几百人,故上述市政管道的接入是非常必要的。

二、出入线接轨条件

车辆段、停车场出入线宜在车站接轨(若区间接轨易对运营造成干扰),接轨站宜为线路的终点站或折返站。有条件的情况下,可结合车辆段、停车场位置和接轨条件,布置两站接轨形式,实现列车掉头转向功能,如"八"字线形式就是一种两站接轨形式。

三、总图设计原则

(1)车辆基地的设计应初期、近期、远期结合,统一规划,分期实施。站场股道、房屋建筑和机电设备等应按近期规模设计;用地范围应按远期规模并在远期站场股道及房屋布置规划的基础上确定。当近期、远期规模差别不大或远期扩建困难时,可按远期规模一次建成。

学习笔记

(2)车辆基地总平面布置应根据车辆运行、检修作业要求和场址地形条件,以车辆设施为主体,充分考虑综合维修、物资仓储设施和其他设备设施的功能要求,以及道路、管线、消防、绿化、环保、气象条件等要求,宜人性化布置建筑朝向,按有利于生产、管理和方便生活的原则进行设计。各项设备、设施宜分区明确、相对独立,满足车辆基地生产和生活区域分级管理的要求。总平面布置应充分考虑远期发展条件。

单元 7.4 城市轨道交通车辆基地站场平面图设计

车辆基地是车辆停放、检修的场所,为便于人们的生产与生活,区别于正线,基地内的线路多为平坡且尽量采用统一的轨顶标高。故纵断面设计成果一般在平面图上采用插坡方式体现,不再另行出具纵断面设计图纸,即站场平面图涵盖车场线平面和纵断面设计成果。

一、平面设计

学习笔记

1. 段式选择

(1)贯通式(停车列检库双咽喉区接轨)。

贯通式车辆基地示意图如图 7-12 所示,停车列检库两侧各设咽喉区与正线接轨,其中左侧设 1 条出入线,右侧设 2 条出入线。此种情况下,对用地在长度方向有一定条件要求,但两侧均可收发车,效率高,运营灵活便利,上海地铁 1 号线梅陇基地采用的就是贯通式。停车列检线每股道可由常规的一线两列位增至一线三列位。洗车线也可利用地块双咽喉区创造的长度条件布置成贯通式,列车回段即可上洗车线进行清洗。

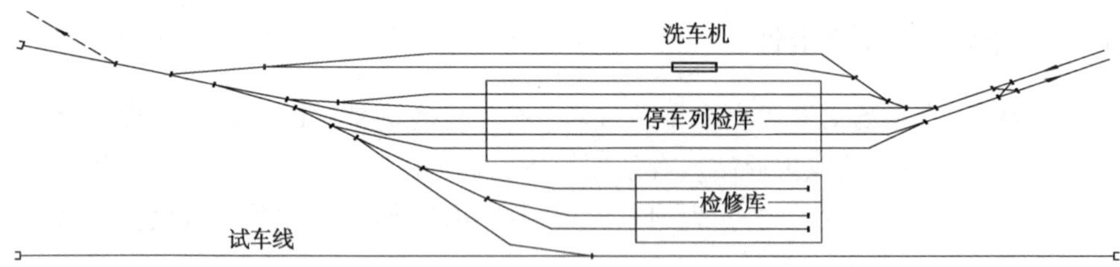

图 7-12 贯通式车辆基地示意图

(2)顺向布置、尽头式。

停车列检库与检修库均为尽头式,仅单侧布置咽喉区,单侧收发车,运营没有贯通式灵活。停车列检库与检修库为顺向布置,列车往返于 2 个大库之间的调车作业一次牵出即可,仅在出入线侧布置牵出线。顺向布置还可分为并列式(顺向布置、并列尽头式示意图如图 7-13 所示)和纵列式(顺向布置、纵列尽头式示意图如

图 7-14 所示），其主要差别在于停车列检库与检修库的排列方式，2 个大库前后纵向排列的为纵列式，在用地宽度不满足停车列检库与检修库并列所需的宽度要求时可尝试采用纵列式。上海地铁 2 号线、13 号线北翟路车辆段采用顺向布置、并列尽头式；深圳地铁 5 号线塘朗车辆段采用顺向布置、纵列尽头式。

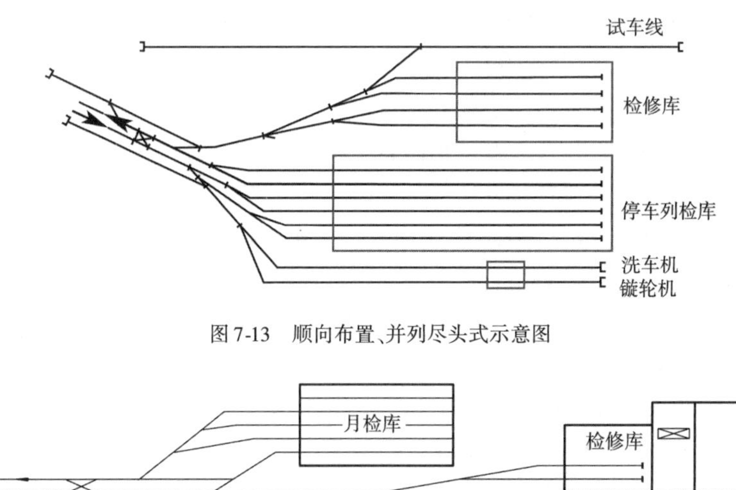

图 7-13　顺向布置、并列尽头式示意图

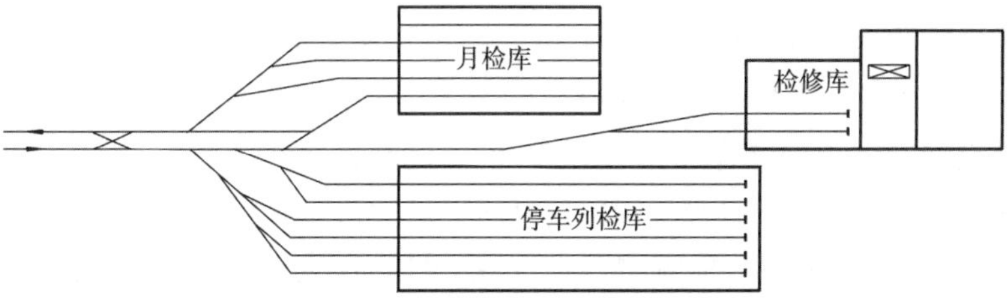

图 7-14　顺向布置、纵列尽头式示意图

（3）逆向布置、尽头式。

逆向布置、尽头式示意图如图 7-15 所示，停车列检库与检修库均为尽头式，且停车列检库与检修库为逆向布置，连接库房的咽喉区两侧均布置牵出线，列车往返于 2 个大库之间的调车作业存在“之”字形走行，需比顺向布置多调转一次车头，工艺流程较不便。但逆向布置段式在用地宽度上较顺向布置要小。上海地铁 10 号线吴中路车辆段采用逆向布置、尽头式。

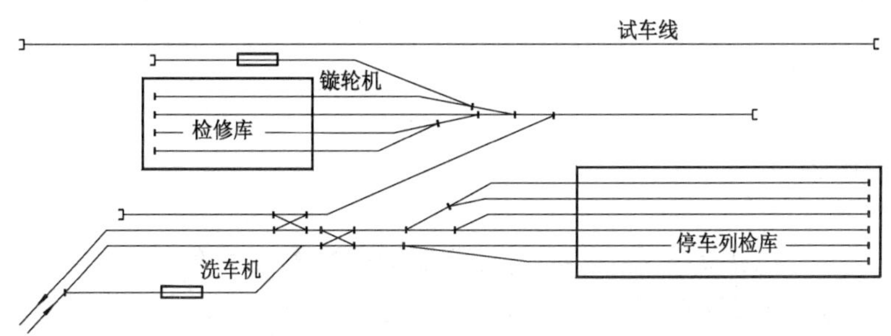

图 7-15　逆向布置、尽头式示意图

段式的选择取决于库线规模、车辆基地用地范围及形状的适配程度以及与接轨站的位置关系。若用地长度很长，可考虑贯通式，如山谷地带；若地块宽度不满足停车列检库与检修库并列放置的要求，可考虑采用尽头式中的纵列式或者逆向

学习笔记

布置。站场平面图设计的原则,除了满足各种生产功能的要求外,还要避免列车在段内迂回行走或相互干扰,所以一般优先考虑顺向布置,逆向次之,能采用贯通式更佳。在选址阶段,设计人员就要对段式布局进行方案比选,分析各个地块的适配性,从优选择;但段式还与城市规划、动迁成本、工程可实施性等紧密相关,需经综合比选后确定,目前国内已建成车辆基地中采用逆向布置的倒也不罕见。

2. 平面设计相关技术标准

(1)线路。

《地铁设计规范》(GB 50157—2013)中对地铁车场线的线路平面设计相关技术标准规定如下:

①出入线及国铁专用线最小曲线半径,A 型车不应小于 250m,B 型车不应小于 200m;困难时不应小于 150m。

②试车线应为平直线路,困难时,在满足试车速度要求条件下可设适当曲线。

③车场其他线路最小曲线半径不应小于 150m。其中使用调机作业的牵出线最小曲线半径不宜小于 300m;曲线间夹直线最小长度可为 3m。

(2)物资仓储设施和其他设备设施的布置要求。

物资仓储宜邻近检修库布置,便于检修所需更换零部件物资取用;易燃品库房宜布置在基地一隅相对独立的位置;变电所一般邻近负荷中心布置,以靠近停车列检库、检修库等用电量大的建筑物为宜;雨水泵房宜靠近河道或者邻近市政管网布置,便于车辆基地内的雨水排放;水处理用房一般与雨水泵房邻近布置,生产废水经处理达标后可就近排入雨水泵房;办公用房、食堂等生活设施宜布置在靠近基地出入口位置,与生产人员较集中的停车列检库、检修库也不宜距离太远,为工作人员提供便利,且在有日照要求的城市宜朝南布置;还要考虑一定面积的绿化区域,以满足城市绿化管理部门的相关要求。

综上,站场平面图设计是一项综合性的工作,核心是线路设计,但还要考虑道路布置、相关配套设施单体的布置,各因素在设计过程中不断交互,直至获得相对较优的方案,供下游专业如轨道、建筑、结构、给排水、环控、动力照明等进一步开展细化设计。

上盖开发车辆基地站场平面图布置技术路线

近年来城市土地资源日益紧张,为节约并综合利用土地资源,行业内陆续开始实践车辆基地上盖开发模式。带上盖开发的车辆段较常规车辆段结构体系更复杂,为立体化开发的结构形式,需由结构柱这个“钢筋混凝土森林”支撑起上盖平台及盖上开发建筑群,上下结构体系不同(上部民建、下部工建)。如何在满足车辆段功能前提下开发创造更优的结构落柱条件,即解决上下结

学习笔记

构体系的矛盾为立体化开发总平面布置的核心任务。站场平面图布置针对不同区域采取的技术路线如下：

(1)出入线、咽喉区范围。

轨道交通车辆段咽喉区线路一般以固定的7号道岔偏角8.13°开岔，线束一分二、二分四，故结构柱网可落地的区域多呈楔形，难以规则排布，结构体可承受的荷载较小。为配合开发，适当增大股道线间距或者加长岔间插入短轨，以满足上盖开发个别落柱的空间需求。

出入线两侧若布置有牵出线，也往往需增大牵出线与出入线的线间距以满足落柱条件。

(2)库房区范围。

车辆段核心筒、剪力墙落地开发方式示意图如图7-16所示(请扫描二维码)，可通过局部增大线间距、库房与其消防环道间距使核心筒直接落地或剪力墙尽可能多落地(图7-16中阴影区域)。落地结构可以与车辆段上盖结构分开，下部的振动噪声不易传递到盖上，上下互不干扰，可用于高层住宅或写字楼的开发。

图7-16 车辆段核心筒、剪力墙落地开发方式示意图

(3)白地——平面设计适度留白。

因白地区域结构布置灵活，开发方案可发挥性大，总平面图布置需尽可能地为开发创造可利用的白地。综合楼等人员办公用房移至盖上，既可为员工提供良好的办公环境，又可腾挪出部分白地供开发使用；尝试采用双层停车列检库的布置方案，可留出该库房占用的一半土地资源作为白地开发使用等。

学习笔记

二、纵断面设计

纵断面设计的首要工作是确定车辆基地的场坪标高，注意，该标高反映的是整个场地大部分区域的标高值，并不是每个点的具体确切的标高值。当然，为便于人员生产、生活，也建议基地内标高尽量一致，但遇山区类地形标高差异较大的情况时，为节省土石方工程投资，也可考虑结合地形分区确定场坪标高。场坪标高的合理选取，对安全性(如基地内人员、设施设备的防洪除涝)、经济性(如土石方工程费用)等均会产生重要影响，是场地开展竖向设计的前提。

车辆基地场坪标高的确定，与区域及选址基础水文地形资料、选址周边市政现状和规划情况、出入线设计条件、土石方工程量等因素有关，设计人员开展"确定场坪标高"工作的原则，应为在满足防洪除涝需求的前提下，优化出入线设计条件、兼顾土石方平衡，即确保安全，兼顾适用性、经济性。出入线设计方案若受纵断面坡度限制，可尝试调整出入线、车辆基地平面布置方案，多方案综合研究、交互，最终达到技术方案相对理想、工程费用相对经济的总体目标。

场坪标高确定好后，加上上部轨道结构高度就得到了车辆基地的轨顶标高(目前地铁A型车车辆基地常用的轨道类型上部轨道结构高度约为0.8m)，接着就可以开展车辆基地内线路的纵断面设计了。通常,车辆基地内线路轨顶标高为一个统一的值,即线路均为平坡;但有时受工程条件限制,做不到完全统一,则停车列检库、检修库、不落轮镟轮库、工程车库等库内有列车停放需求的线路需为平坡,这样才能保证列车在库内停放时的安全;其他库外线路视条件采用的坡度也应尽可能小。对车场线的线路纵断面设计也有规定,《地铁设计规范》(GB 50157—2013)中就有以下条款:

(1)出入线及国铁专用线最大坡度为35‰;竖曲线半径为2000m。

(2)试车线应为平直线路,困难时,在满足试车速度要求条件下可设适当曲线。

(3)车场其他线路应符合下列要求:线路宜设于平道上,困难时库外线路的坡度可按不大于1.5‰设计。

归纳来讲,库内线、试车线宜为平坡,库外线不大于1.5‰,咽喉区道岔坡度不宜大于3.0‰。然后根据上述规定对车辆基地内线路进行细化设计,个别线路如遇上跨河道、道路等需局部抬高轨顶标高时,需注意纵坡设计值不能超过规范的规定值。目前设计中,遇出入线纵坡受限时,会借助咽喉区整体设1.5‰~3‰的坡至大库前,咽喉区长度一般在300~400m。假设咽喉区设置1.5‰的坡度,标高就可抬高或降低0.45~0.6m,为出入线纵坡优化提供可能。

学习笔记

复习思考题

1.城市轨道交通车辆基地根据功能定位分为哪几类?其作业范围分别为什么?各自的区别在哪里?

2.城市轨道交通车辆基地主要由哪几部分组成?库房及配套设施组成有哪些?

3.城市轨道交通车辆基地由哪些线路组成?说明其功能。

4.城市轨道交通车辆基地平面布置段式主要有哪几种?各自优缺点是什么?哪种段式更优?

5.城市轨道交通车辆基地站场平面设计需要考虑哪些因素?

6.城市轨道交通车辆基地站场纵断面设计需要考虑哪些因素?

参考文献

[1] 李飞燕,冀秉魁. 城市轨道交通线路与站场[M]. 北京:人民交通出版社股份有限公司,2019.

[2] 韩宜康,林瑜筠. 城市轨道交通线路与站场[M]. 北京:中国铁道出版社有限公司,2013.

[3] 何静,司宝华,陈颖雪. 城市轨道交通线路与站场设计[M]. 北京:中国铁道出版社有限公司,2010.

[4] 上海申通地铁集团有限公司轨道交通培训中心. 城市轨道交通概论[M]. 北京:中国铁道出版社有限公司,2009.

[5] 中华人民共和国住房和城乡建设部. 地铁设计规范:GB 50157—2013[S]. 北京:中国建筑工业出版社,2014.

[6] 上海市住房和城乡建设管理委员会. 城市轨道交通设计规范:DG/TJ 08—109—2017[S]. 上海:同济大学出版社,2017.

[7] 中国城市轨道交通协会. 城市轨道交通分类:T/CAMET 00001—2020[S]. 北京:中国铁道出版社有限公司,2020.

[8] 中华人民共和国建设部,中华人民共和国国家发展和改革委员会. 城市轨道交通工程项目建设标准:建标 104—2008[S]. 北京:中国计划出版社,2008.

[9] 上海申通地铁集团有限公司轨道交通培训中心. 城市轨道交通线路技术[M]. 北京:中国铁道出版社有限公司,2011.

[10] 中华人民共和国住房和城乡建设部. 城市轨道交通工程项目规范:GB 55033—2022[S]. 北京:中国建筑工业出版社,2023.

[11] 中华人民共和国住房和城乡建设部. 城市轨道交通工程基本术语标准:GB/T 50833—2012[S]. 北京:中国建筑工业出版社,2012.

[12] 中华人民共和国住房和城乡建设部. 城市轨道交通线网规划标准:GB/T 50546—2018[S]. 北京:中国建筑工业出版社,2018.

[13] 中华人民共和国住房和城乡建设部. 城市轨道交通车辆基地工程技术标准:CJJ/T 306—2020[S]. 北京:中国建筑工业出版社,2020.

[14] 中华人民共和国住房和城乡建设部. 城市有轨电车工程设计标准:CJJ/T 295—2019[S]. 北京:中国建筑工业出版社,2020.

[15] 中华人民共和国住房和城乡建设部. 跨座式单轨交通设计标准:GB/T 50458—2022[S]. 北京:中国建筑工业出版社,2022.

[16] 中华人民共和国住房和城乡建设部. 高速磁浮交通设计标准:CJJ/T 310—2021[S]. 北京:中国建筑工业出版社,2021.

[17] 中华人民共和国住房和城乡建设部. 中低速磁浮交通设计规范:CJJ/T 262—2017[S]. 北京:中国建筑工业出版社,2017.

[18] 中华人民共和国住房和城乡建设部. 自动导向轨道交通设计标准:CJJ/T 277—2018[S]. 北京:中国建筑工业出版社,2018.

[19] 中华人民共和国住房和城乡建设部. 市域快速轨道交通设计标准:CJJ/T 314—2022[S]. 北京:中国建筑工业出版社,2022.

[20] 中华人民共和国住房和城乡建设部. 城市轨道交通直线电机牵引系统设计规范:CJJ 167—2012[S]. 北京:中国建筑工业出版社,2012.

[21] 中华人民共和国国家质量监督检验检疫总局,中国国家标准化管理委员会. 城市轨道交通运营管理规范:GB/T 30012—2013[S]. 北京:中国标准出版社,2014.

职业教育·城市轨道交通类专业教材

城市轨道交通线路与站场

实训任务单

主　编　何再瑜　相颖慧
副主编　聂良涛　吕希奎
主　审　李　磊　朱蓓玲　陈文曦

班　　级：________________

姓　　名：________________

学　　号：________________

人民交通出版社
China Communications Press